中国人民大学研究报告系列

中国能源国际合作报告
——厚积薄发的中国能源发展

2019／2020

CHINA ENERGY INTERNATIONAL
COOPERATION REPORT

CHINESE ENERGY INDUSTRY IN THE FAST
TRACK OF DEVELOPMENT

主　编　许勤华

中国人民大学出版社
· 北京 ·

总序

陈雨露

当前中国的各类研究报告层出不穷，种类繁多，写法各异，成百舸争流、各领风骚之势。中国人民大学经过精心组织、整合设计，隆重推出由人大学者协同编撰的"研究报告系列"。这一系列主要是应用对策型研究报告，集中推出的本意在于，直面重大社会现实问题，开展动态分析和评估预测，建言献策于咨政与学术。

"学术领先、内容原创、关注时事、咨政助企"是中国人民大学"研究报告系列"的基本定位与功能。研究报告是一种科研成果载体，它承载了人大学者立足创新，致力于建设学术高地和咨询智库的学术责任和社会关怀；研究报告是一种研究模式，它以相关领域指标和统计数据为基础，评估现状，预测未来，推动人文社会科学研究成果的转化应用；研究报告还是一种学术品牌，它持续聚焦经济社会发展中的热点、焦点和重大战略问题，以扎实有力的研究成果服务于党和政府以及企业的计划、决策，服务于专门领域的研究，并以其专题性、周期性和翔实性赢得读者的识别与关注。

中国人民大学推出"研究报告系列"，有自己的学术积淀和学术思考。我校素以人文社会科学见长，注重学术研究咨政育人、服务社会的作用，曾陆续推出若干有影响力的研究报告。譬如自2002年始，我们组织跨学科课题组研究编写的《中国经济发展研究报告》《中国社会发展研究报告》《中国人文社会科学发展研究报告》，紧密联系和真实反映我国经济、社会和人文社会科学发展领域的重大现实问题，十年不辍；近年又推出《中国法律发展报告》等，与前三种合称为"四大报告"。此外还有一些散在的不同学科的专题研究报告也连续多年出版，在学界和社会上形成了一定的影响。这些研究报告都是观察分析、评估预测政治经济、社会文化等领域重大问题的专题研究，其中既有客观数据和事例，又有深度分析和战略预测，兼具实证性、前瞻性和学术性。我们把这些研究报告整合起来，与中国人民大学出版资源相结合，再做新的策划、征集、遴选，形成了这个"研究报告系列"，以期放大规模效应，扩展社会服务功能。这个系列是开放的，未来会依情势有所增减，使其动态成长。

中国人民大学推出"研究报告系列"，还具有关注学科建设、强化育人功能、推进协同创新等多重意义。作为连续性出版物，研究报告可以成为本学科学者展示、交流学术成果的平台。编写一部好的研究报告，通常需要集结力量，精诚携手，合作者随报告之连续而成为稳定团队，亦可增益学科实力。研究报告立足于丰厚素材，常常动员学生参与，可使他们在系统研究中得到学术训练，增长才干。此外，面向社会实践的研究报告必然要与政府、企业保持密切联系，关注社会的状况与需要，从而带动高校与行业企业、政府、学界以及国外科研机构之间的深度合作，收"协同创新"之效。

为适应信息化、数字化、网络化的发展趋势，中国人民大学的"研究报告系列"在出版纸质版本的同时将开发相应的文献数据库，形成丰富的数字资源，借助知识管理工具实现信息关联和知识挖掘，方便网络查询和跨专题检索，为广大读者提供方便适用的增值服务。

中国人民大学的"研究报告系列"是我们在整合科研力量，促进成果转化方面的新探索，我们将紧扣时代脉搏，敏锐捕捉经济社会发展的重点、热点、焦点问题，力争使每一种研究报告和整个系列都成为精品，都适应读者需要，从而铸造高质量的学术品牌、形成核心学术价值，更好地担当学术服务社会的职责。

目录 ▶

地区篇

主题篇

引篇：在世界转型临界点时展现"碳中和"承诺兑现的大国实力与担当

许勤华

2020 年 12 月 21 日，国务院新闻办公室发布《新时代的中国能源发展》白皮书，全面展现中国能源工业建国至今 71 年，特别是党的十八大以来中国能源发展进入新时代 8 年的伟大成就。2020 年是不平凡的一年，百年未有之大变局叠加百年未有之新冠疫情，开启了世界发展的转型征程，气候与能源因素正在重塑全球政治经济社会基础，并影响建立于基础之上的上层建筑即全球治理。白皮书回答了中国能源适应世界转型的理念与方法。

2020 年 9 月 22 日，中国国家主席习近平在第 75 届联合国大会上提出"中国将提高国家自主贡献力度，采取更加有力的政策和措施，二氧化碳排放力争于 2030 年前达到峰值，努力争取 2060 年前实现碳中和"。2020 年 12 月 12 日，在气候雄心峰会上，习近平主席进一步宣布"到 2030 年，中国单位 GDP 二氧化碳排放将比 2005 年下降 65% 以上，非化石能源占一次能源消费比重将达到 25% 左右，森林蓄积量将比 2005 年增加 60 亿立方米，风电、太阳能发电总装机容量将达到 12 亿千瓦以上"。中国将只有不到 40 年的时间来完成欧美国家需要 60～80 年才能实现的脱碳任务。

白皮书响应了承诺，选择这一时机发表，以厚积薄发的中国能源工业，在世界转型临界点时，展现"碳中和"承诺兑现的大国实力与担当。中国能源发展正在进一步地从实力到权力，由更多实力产生更大影响，联合世界人民在推动高质量发展中促进经济社会发展全面绿色转型、绿色复苏和绿色发展，为全球应对气候变化做出贡献。这加强了世界对中国能源兑现承诺的信心与信任。

党的十八大以来的新时代，在能源安全新战略和能源政策新理念的指引下，中国能源实力不断增强，主要体现于推动"四个革命、一个合作"工作与成效中——

白皮书概括为"能源供应保障能力不断增强、能源节约和消费结构优化成效显著、能源科技水平快速提升、能源与生态环境友好性明显改善、能源治理机制持续完善、能源惠民利民成果丰硕"。在积极保障能源供应安全的同时，凸显了两个发展理念，一是"生态兴则文明兴"，二是"坚持以人民为中心的发展思想"。

主要成效有：原生产和利用方式发生重大变革，基本形成了煤、油、气、电、核、新能源和可再生能源多轮驱动的能源稳定供应体系，能源利用效率显著提高，能源消费结构向清洁低碳加快转移。2012年至2019年，中国以能源消费年均2.8%的增长，支撑了国民经济年均7%的增长。清洁能源占能源消费总量比重达到23.4%，比2012年提高8.9个百分点。能源的绿色发展对碳排放强度下降起到了重要作用。中国2019年碳排放强度比2005年降低48.1%，提前实现了2015年提出的碳排放强度下降40%～45%的目标，扭转了二氧化碳排放快速增长的局面。

需要突出的有：可再生能源开发利用规模快速扩大，水电、风电、光伏发电累计装机容量均居世界首位；建立了完备的水电、核电、风电、太阳能发电等清洁能源装备制造产业链，成功研发制造全球最大单机容量1000MW水电机组，具备最大单机容量达10MW的全系列风电机组制造能力，不断刷新光伏电池转换效率世界纪录；坚定不移推进能源领域市场化改革，还原能源商品属性，形成统一开放、竞争有序的能源市场。2019年，全国市场化交易电量约2.71万亿千瓦时，约占全社会用电量37.5%。

新时代中国能源发展将更加厚积薄发，再一次在国家发展中勇挑重担，站在改革开放的最前沿，为实现共同促进全球能源可持续发展的中国主张提供坚实的能源资源保障。白皮书指出了中国能源发展的未来方向，在世界转型的临界点，中国碳中和努力的起始点，2020年承上启下，孕育着勃勃生机。能源革命将在以下五点深刻展开：一是全面推进能源消费方式变革，推动终端用能清洁化；二是建设多元清洁的能源供应体系，优先发展非化石能源；三是发挥科技创新第一动力作用，支持新技术新模式新业态发展；四是全面深化能源体制改革，健全能源法治体系；五是全方位加强能源国际合作，着手推进共建"一带一路"能源合作。

白皮书最后强调了中国的能源安全是"共同安全和合作安全"的国际化理念：与90多个国家和地区建立了政府间能源合作机制，与30多个能源领域国际组织和多边机制建立了合作关系。中国在国际多边合作框架下积极推动全球能源市场稳定与供应安全、能源绿色低碳转型发展、能源可及性、能效提升等倡议的制定和实施；倡导区域能源合作，推动能力建设与技术创新合作，为18个国家提供了清洁能源利用、能效等领域的培训；倡议探讨构建全球能源互联网，推动以清洁和绿色方式满足全球电力需求。

　　未来，中国将全方位加强国际合作，实现开放条件下能源安全；坚持互利共赢、平等互惠原则，全面扩大开放，积极融入世界；推动共建"一带一路"能源绿色可持续发展，促进能源基础设施互联互通；积极参与全球能源治理，加强能源领域国际交流合作，畅通能源国际贸易，促进能源投资便利化，共同构建能源国际合作新格局，维护全球能源市场稳定和共同安全。

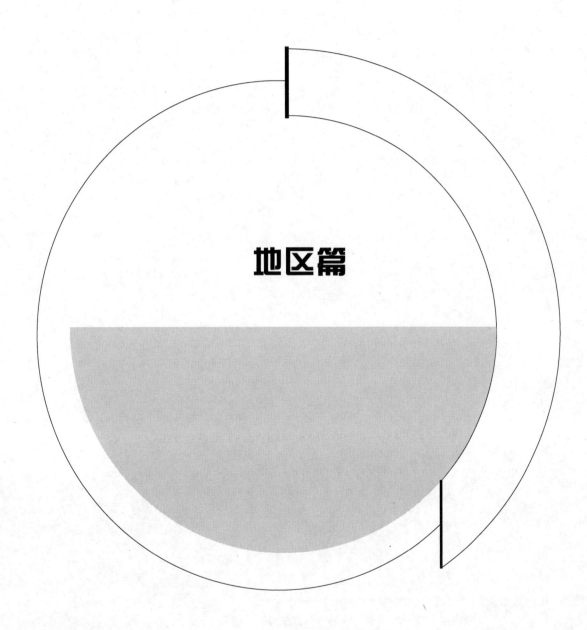

地区篇

原苏联地区

李文琪　Nata

一、2019 年原苏联地区政治经济形势综述

（一）原苏联地区政治形势

1. 俄美关系波折不断

近年来，俄美之间在乌克兰问题、叙利亚局势以及美国"通俄门"调查等方面矛盾重重。2019 年 8 月 2 日，由于美国坚持退出，《苏联和美国消除两国中程和中短程导弹条约》（简称《中导条约》）失效。俄美两国有结构性矛盾，短期内可能无法缓和。特朗普上台以后，伴随着美国从一系列多边国际进程的撤离，同时开始了从美俄双边已有战略协议框架中的进一步脱离。在俄罗斯看来，美国通过指责俄方，推诿退出《中导条约》的责任。但实际上，退出《中导条约》，不过是世纪之交以来美国一系列单边战略行动中的一部分而已。用普京的话来说，这是俄美关系走向倒退的根本原因；而且，包括北约东扩在内的一系列战略扩张，旨在挤压削弱俄罗斯的战略空间，这导致了俄美关系恶化，也导致了战略武器领域竞争的卷土重来。

而在美国看来，俄罗斯不仅在乌克兰危机中敢于对峙，在叙利亚战场上已经取得优势，而且俄罗斯军队已经开始列装优越性远远大于中程导弹的高超音速武器等一系列先进武器。因此，美国不仅要退出《中导条约》，要在波兰和罗马尼亚部署反导系统，大大强化在北约东部战线地面部队的应急部署；而且要通过经济制裁、政治施压、网络攻击等一系列手段，围堵俄罗斯。随着美俄战略武器竞争态势的重

新回归，全球安全形势的稳定受到直接挑战。

近年来，俄美关系持续紧张，从是否延长《新削减战略武器条约》到朝核谈判僵局再到叙利亚和平进程，两国分歧重重。

美国总统特朗普和俄罗斯总统普京在一次电话会议上讨论了两国关系的现状。普京在电话中还感谢美方提供情报，帮助俄方挫败一起针对圣彼得堡的恐怖袭击图谋。普京与特朗普同意继续双边合作，打击恐怖主义。俄罗斯最新挫败恐袭图谋，得益于美国情报部门出手相助。此外，美俄两国一起压迫乌克兰，要求乌克兰销毁核武器。总的来看，美俄关系依然存在结构性矛盾，其合作基于共同利益。

2. 俄乌关系好转

在乌克兰前总统彼得·波罗申科执政期间，决定不再与俄罗斯续签友好条约，并不断联合美国与北约对俄罗斯发起军事威胁，这使得俄乌关系陷入了极度僵化的境地，而在这期间，顿巴斯冲突、刻赤海峡冲突等使得俄乌双方都有士兵被俘，在异国他乡遭受着不一般的对待。而俄乌双方政府自然不会对此置之不理，就在2019年的最后几天的日子，这些战俘终于回家了。这是2017年顿巴斯冲突以来，乌克兰政府与乌克兰东部民间武装首次大规模交换在押人员，而这也被看做俄乌关系冰释前嫌的重要一步。

在天然气合作方面，俄罗斯天然气工业股份公司（俄气）同乌克兰石油天然气公司（乌油气）于2009年签署天然气过境运输协议时，俄乌双方在天然气供应价格、过境费等问题上龃龉不断。在斡旋下，俄乌签署了长达5年的俄乌天然气过境运输协议，种种行动都显示俄乌关系似乎趋于好转。对乌克兰而言，新协议保证乌方可以在未来5年继续收取俄天然气过境费。对俄罗斯而言，俄乌协议的签署客观上是对"北溪-2"项目的支持，有利于俄罗斯在同美国竞争欧洲能源市场中获得更有利地位；对欧盟国家而言，俄乌达成协议，避免了在寒冷的冬季再次出现"断气风波"。俄乌互相释放善意并做出具体的相向而行的举动，是基于各自国家利益做出的决定。缓解双边紧张关系，有利于推进彼此之间的经贸合作，促进各自经济增长。

3. 俄罗斯与OPEC＋机制

俄罗斯与OPEC之间的关系错综复杂，历史上曾有多次合作失败的事例。在页岩革命后，美国在世界能源格局中的角色转变引发了世界能源市场与地缘政治格局的改变。面对美国页岩油生产与出口的增长，作为传统石油生产国和出口国的俄罗斯与OPEC抱团取暖。2019年1月，卡塔尔正式退出OPEC，不仅表明OPEC内部出现了深刻裂痕，而且折射出美国加强对能源地缘政治核心区的争夺、OPEC 影响力下降的国际格局调整。2019 年 6 月，普京宣布同意将 OPEC＋协议持续到 2020 年。OPEC 正式与俄罗斯及其他石油生产国签署一项长期协议，以促进稳定石油市场和价格的合作。减产协议的常态化和机制化将重组影响国际油价的传统力量。沙特和俄罗斯联手打造 OPEC＋机制以获取更大的石油垄断利益，扩大能源话语权。俄罗斯在限产保价策略上的配合对 OPEC 作用的发挥有着重要的影响，但沙特与俄罗斯之间追求的地缘政治目标存在差异甚至竞争，这种内在的矛盾决定了双方未来合作的不确定性。

4. 俄罗斯国内政治维持稳定

在经历 2017 年的政策大辩论和议会大选、2018 年的总统大选和退休制度改革引起的风波后，2019 年俄罗斯政治总体上趋于平静。街头抗议运动虽然规模超过以往，但多由体制外政治力量发起，具有即时性、局部性特点，其诉求也较为单一、具体，对社会稳定并未造成根本冲击。从全年情况看，俄罗斯政治议程的主导权仍掌握在执政当局手中，执政精英希望维持社会和政治稳定，在稳定中求发展求壮大。

在意识形态上，普京的谋士们试图总结出普京的治国理政经验，谋求为后普京时代确立政治共识。在提高政府效能上，俄罗斯政府进一步完善地方行政长官考核制度，加大反腐败力度，对地方加强控制。在社会治理上，俄罗斯政府加强对互联网和社交媒体的管理和控制。在政府优先事项上，俄罗斯政府加快落实"国家项目"，谋求经济取得突破性发展。

总之，2019 年俄罗斯的政治思潮、政治力量和社会情绪并未发生根本变化，各大政治力量到年底又回到了原点。各大政治力量的民意支持率保持相对稳定，这说明普京执政 20 年来政治制度的稳定性和政策的可预见性为民众提供了安居乐业的心理预期，拥有广泛的支持度。从国际能源合作的角度来看，俄罗斯国内政局的稳定为国际能源合作奠定了基础。

5. 中亚地区地缘政治

中亚地区的五个国家即哈萨克斯坦、吉尔吉斯斯坦、乌兹别克斯坦、塔吉克斯坦和土库曼斯坦，这些原苏联国家利用其重要且极富欧亚内陆特征的地理空间禀赋，在苏联解体之后，开始重新发挥它们在历史传统中的衔接欧亚文明板块的西侧、北方以及阿拉伯半岛与东亚之间的通商贸易交通枢纽的作用，并依此实现了显著的经济发展，特别是在能源及其他自然资源领域取得了一些重要成就，大幅提升了该区域在世界政治经济体系乃至全球化进程中的地位。

2019年，哈萨克斯坦执政近30年的前总统努尔苏丹·纳扎尔巴耶夫，在年初宣布主动辞职后，总统选举顺利举行。相关国际专家认为，新总统卡瑟姆若马尔特·托卡耶夫将来会确保该国政治格局稳定，而不会发生像2016年乌兹别克斯坦总统伊斯兰·卡里莫夫去世后的那样的显著变革。由于哈萨克斯坦政府设立了在2050年之前成为世界30个先进国家之一的目标愿景，因此对托卡耶夫总统而言，保持其前任的友好开放的外交方针至关重要。①

吉尔吉斯斯坦是一个完全内陆型的国家，且地形多山。该国交通受到地形影响，这导致了经济发展迟缓。该国拥有黄金等矿产资源和丰富的水能，但没有大量的石油或天然气矿藏。因此，吉尔吉斯斯坦可以被列为原苏联最贫穷的国家之一。其多山的地形促进了内部政治和社会的重大分化，特别是在其北部和南部地区之间。2019年8月，吉尔吉斯斯坦对前总统阿尔马兹别克·阿坦巴耶夫采取抓捕行动，导致安全部队与其支持者在Koi-Tash村发生冲突。② 前总统被捕，引发了北部地区的骚乱，但基本政治局面稳定，仍存在地区间发生社会性大规模治安事件的风险。

乌兹别克斯坦在2020年不会发生剧烈变化，沙夫卡特·米尔济约耶夫政府的改革进程稳定而有效，杜尚别当局有力地控制着改革节奏，防止该进程失去平衡并出现不必要的风险，由此可见，该国在未来的崛起有望且可期。

2019年11月6日在塔吉克斯坦和乌兹别克斯坦边境，一支由20名不明身份的蒙面人组成的武装小队使用枪支袭击了位于塔吉克斯坦境内的苏丹纳巴德边境支队的第4哨所伊什科博德。当月8日，恐怖组织"伊斯兰国"南亚分支（前"乌兹别克斯坦伊斯兰运动"）声称对袭击事件负责。③ 由此可见，塔吉克斯坦的地缘政治风险较大，且风险和危机均具有隐蔽性、不确定性、离散性特征。

土库曼斯坦在边界安全问题上，面临阿富汗塔利班以及"伊斯兰国"等恐怖主义威胁。土库曼斯坦地缘政治愿望比较广泛。自中国宣布"一带一路"倡议以来，土库曼斯坦借助自身地理位置，在该倡议中扮演区域枢纽、能源伙伴和交通走廊的角色，且这种愿望愈发明显。为此，土库曼斯坦建设了铁路，完善了能源管网和贸易海关设施④，并与哈萨克斯坦、俄罗斯、伊朗、阿塞拜疆4个里海沿岸国家领导

---

① https://www.geopoliticalmonitor.com/kazakhstans-presidential-transition-and-central-asian-geopolitics/.

② https://worldview.stratfor.com/situation-report/kyrgyzstan-arrest-former-president-prompts-violent-clashes-near-bishkek.

③ https://www.rferl.org/a/tajik-security-official-clouds-events-in-deadly-attack-on-border-post/30293292.html.

④ https://theglobalobservatory.org/2018/07/turkmenistan-limits-economic-security-challenges/.

人于 2018 年 8 月在哈萨克斯坦签署了一份有关里海法律地位的公约。该公约将有助于缓和里海地区的地缘竞争和领土领海争议局势，旨在求同存异，搁置争议，优先求发展和重合作，促进里海地区石油和天然气勘探开采工程的顺利推进。① 虽然土库曼斯坦的天然气储量丰富，但是受地理位置的束缚，其周边又都是能源生产国，这就使得其本身在天然气出口上受到很大的客观因素的限制。2016 年，俄罗斯停止进口土库曼斯坦天然气。土库曼斯坦向俄罗斯妥协后，2019 年 3 月恢复对俄出口，但是价格显然远低于国际市场价。若里海天然气管道修通，那么土库曼斯坦就可以经阿塞拜疆、格鲁吉亚向土耳其输送天然气。

6. 阿塞拜疆与亚美尼亚之间的纳卡冲突

2019 年 9 月 22 日，亚美尼亚和阿塞拜疆外交部长在纽约联合国大会首脑会议会晤的前一天，两国在纳戈尔诺-卡拉巴赫地区（简称纳卡地区）东南发生冲突事件，并造成了人员伤亡，其结果是阵亡的阿塞拜疆士兵的尸体仍留在阿塞拜疆与亚美尼亚阵地之间的领土内。2019 年 9 月 28 日，阿塞拜疆外交部长埃尔玛·马梅德亚罗夫在第 74 届联合国大会上指责，自 2018 年开启谈判以来，由于亚美尼亚方面的恶劣态度，阿塞拜疆与亚美尼亚之间在纳卡冲突的解决上没有取得任何进展。亚美尼亚不愿接受任何试图单边改变当前边界的行动，因为这意味着将不可避免地不仅失去纳卡地区，甚至可能导致亚美尼亚本身的领土损失。而对于阿塞拜疆，其对目前的现状是绝对不能接受的，并意在推动单边改变现状。② 因此，纳卡冲突是两国间陷入的一场持久性零和博弈。

7. 黑海地区地缘政治

2019 年，乌克兰在地缘政治难题中的地位发生一些变化。首先，值得注意的是，2019 年 7 月 25 日美国总统与乌克兰新总统通电话时提到停止援助乌克兰的事情。③ 12 月 10 日，乌克兰东部民间武装发表声明称，随时可以根据俄乌总统达成的协议与乌克兰进行俘虏交换，具体是在 2019 年底以 53 名乌克兰人换取其 88 名士兵。此举被认为可行性较高，因为实际上俄罗斯和乌克兰在 2019 年 9 月也成功交换了总共 70 名俘虏。俄罗斯总统普京将此举称作"面向俄乌关系正常化的一大

---

① https://www.researchgate.net/publication/332370946_From_Conflict_to_Consensus_Energy_Geopolitics_in_the_Caspian_Region.

② https://www.kommersant.ru/doc/4117307#id1751617；https://newsarmenia.am/news/nagorno_karabakh/v-artsakhe-presechena-popytka-azerbaydzhanskoy-diversii-protivnik-pones-poteri-minoborony/.

③ https://www.washingtonpost.com/world/national-security/trump-involved-pence-in-efforts-to-pressure-ukraines-leader-though-aides-say-vice-president-was-unaware-of-pursuit-of-dirt-on-bidens/2019/10/02/263aa9e2-e4a7-11e9-b403-f738899982d2_story.html.

步"。更值得注意的是，11 月 17 日，俄罗斯表示，俄方将释放该国 2018 年 11 月在黑海扣押的乌克兰海军 3 艘舰船。这被视为促使俄乌关系紧张降温，同时对乌克兰东部地区局势产生积极影响的举措。据各种报告，乌克兰东部大部分地区近几天完全安静下来，这充分体现了有关各方对领导人最近达成的政治协议的积极响应。①

2019 年底，俄罗斯总统弗拉基米尔·普京和白俄罗斯总统亚历山大·卢卡申科在索契举行会议，讨论双边一体化路线图。② 苏联解体后，德涅斯特河沿岸地区实际不受摩尔多瓦政府的控制，并得到俄罗斯的财政和军事支持。应对这些内部和外部的各种分歧是摩尔多瓦面临的重要地缘政治挑战。2019 年摩尔多瓦发生政治危机。摩尔多瓦宪法法院做出紧急决定，暂停伊戈尔·多东行使总统职权。根据宪法，看守政府总理帕维尔·菲利普行使代总统职权。帕维尔·菲利普随即签署解散议会命令，并宣布于 9 月 6 日提前举行议会选举。摩尔多瓦政局出现动荡，陷入危机。③ 西方媒体指出："摩尔多瓦已成为俄罗斯与西方之间的地缘政治战场。"④

8. 中亚地区内部政治

吉尔吉斯斯坦是欧洲安全与合作组织（OSCE，简称欧安组织）的成员，国际承诺受美国赫尔辛基委员会的监督。吉尔吉斯斯坦的所有部门都普遍存在腐败现象。虽然政府进行了几项改革，但腐败的司法机构破坏了其有效性。吉尔吉斯斯坦的反腐败努力正在增长，但仍然不足。⑤ 2019 年 8 月，吉尔吉斯斯坦对前总统阿坦巴耶夫采取抓捕行动。⑥ 前总统因涉嫌在任期内非法释放一名刑事犯而面临腐败指控。⑦

乌兹别克斯坦新总统沙夫卡特·米尔济约耶夫正在进行的改革在某些问题上有所改善，但乌兹别克斯坦仍然是高度威权制度国家。立法机关和司法机关实际上是行政部门的工具，行政部门通过法令发起改革，媒体仍然受到国家的严格控制。⑧ 虽然存在一些问题，但政府尽量实现国家发展五大优先方向行动战略，加速推进经济、司法、行政等领域改革，开通网上受访渠道，及时回应民众关切。

---

① http://cn. cand. com. vn/international/cid-12657.

② https://www. stratfor. com/situation-report/belarus-russia-lukashenko-putin-meet-dec-7-discuss-bilateral-integration.

③ http://www. xinhuanet. com/world/2019-06/10/c_1124602602. htm.

④ https://nationalinterest. org/feature/moldova-has-become-geopolitical-battleground-between-russia-and-west-66416.

⑤ https://www. ganintegrity. com/portal/country-profiles/kyrgyzstan/.

⑥ http://www. xinhuanet. com/world/2019-08/08/c_1124849759. htm.

⑦ http://news. sina. com. cn/w/2019-08-09/doc-ihytcitm8052870. shtml.

⑧ https://freedomhouse. org/report/freedom-world/2019/uzbekistan.

9. 高加索地区内部政治

虽然 2018 年发生了政治危机和革命，但 2019 年亚美尼亚保持了国内政治局势的稳定。2018 年 12 月在议会选举中大获全胜赢得压倒性多数后，亚美尼亚总理尼科尔·帕希尼扬完成新政府组建。虽然保持稳定状态，但亚美尼亚同时面临内部（反对党）和外部挑战（纳卡冲突）。

10. 黑海地区乌克兰东部地区和平进程取得新进展

乌克兰国家调查局早前宣布，因波罗申科在签署旨在调解顿巴斯局势的《明斯克协议》时犯下叛国罪，已对他刑事立案调查。乌克兰国家调查局局长特鲁巴指出，乌克兰国家调查局怀疑波罗申科在任命最高司法委员会成员时触犯法律，已将涉嫌罪名移交总检察院审批。[①] 与此同时，为乌克兰东部地区血腥冲突寻求解决方案的谈判终于取得了一些积极进展，为在该东欧国家建立实实在在的和平带来巨大希望。由俄罗斯、乌克兰、德国、法国组成的"诺曼底模式"四国峰会于 2019 年 12 月 9 日在巴黎举行，5 年前爆发并剥夺了 1.3 万人生命的乌克兰东部地区暴力冲突终于见到了化解的希望。[②]

(二) 原苏联地区经济形势

1. 俄罗斯

2019 年，俄罗斯经济有好有坏，有缺陷也有亮点。亮点是在 2019 年俄罗斯的农业、工业发展都超过了能源产业，使得俄罗斯经济结构进一步优化。2019 年全年俄罗斯工业生产增速继续在 2.6% 到 2.8% 之间波动。

但俄罗斯经济整体增速仍然不高，2019 年全年的经济实际增速只有 1.3%。由于与 OPEC 达成减产协议以及油气价格下降，俄罗斯油气出口收入与往年相比缩减较大，这拉低了经济增速。当前，俄罗斯经济增长仍然主要依赖能源产业。其他行业在国民经济中的分量不足，除少数行业外，都只是微弱增长，经济缺乏持久推动力。

2019 年，普京再次颁布了名为"五月命令"的一系列总统令，核心思想是加快经济发展速度，使俄罗斯在 2024 年前成为世界经济前五强。普京表示俄罗斯经济增速仍有待提高，政府需努力提高经济增长速度，优化经济结构并提高经济质量。

---

① http://sputniknews.cn/trend/Ukraine_2019/.

② http://cn.cand.com.vn/international/cid-12657.

综上所述，虽然2019年俄罗斯的经济和社会领域保持稳定，但是经济增速仍然不高是最主要的不足。

2. 中亚地区

2019年上半年，哈萨克斯坦实际GDP增长了4.1%，反映了家庭和企业支出的强劲增长。净出口的贡献在过去两年中大大增加了GDP，但由于进口激增而减少了GDP。在工资和社会福利提高以及银行贷款增加的支持下，私人消费估计增长了5%，投资增长了3.4%。在供应方面，增长主要受到不可交易服务的支持，而采矿业的贡献与往年相比仍然温和。经常账户赤字在2019年上半年从一年前GDP的1.8%扩大至GDP的2.7%，原因是国内支出增加推动进口，较低的石油价格挤压了出口。外国直接投资（FDI）的净流入（主要是采矿业）从2018年同期GDP的5.6%降至GDP的4.4%。由于净资本流入低于经常账户赤字，哈萨克斯坦国家银行的国际净储备从2018年底的309亿美元降至2019年6月底的277亿美元。哈萨克斯坦货币坚戈的币值在2019年8月相比年初下降3%，创历史新低。较高的收入在很大程度上抵消了增加的支出，以使2019年上半年广义政府预算赤字（不包括哈萨克斯坦共和国国家基金）保持在GDP的0.3%左右，与2018年同期相比变化不大。由于改善了税收管理和降低了坚韧性，收入增加了。

3. 高加索地区

在阿塞拜疆2018年强劲的业务改革表现基础上，最近进行的税制改革和正在进行的改革海关制度的努力，可以减少非正规性并转化为更大的经济活动。预计内需的逐步恢复将使通货膨胀率略有上升，到2022年，消费物价通胀率将徘徊在3%左右。从中期来看，货币政策可能进一步宽松。由于油价没有大幅下跌且天然气出口没有增长，从中期来看，经常账户盈余可能保持在GDP的12%以上。进口将继续恢复，以反映国内需求的趋势。实施相对严格的财政规则（将支出上限每年增加3%）将进一步加强财政账户。合并预算的盈余预计将增长至GDP的7%，非能源财政赤字将在中期下降。GDP的持续增长，更多的社会转移以及低失业率将转化为贫困率的进一步降低。但是，更重要的减贫工作可能需要针对贫困发生率最高的特定人群制定政策。[①]

4. 乌克兰

乌克兰2019年上半年的GDP增长3.5%，而2018年为3.3%。强劲的增长得

① https://www.worldbank.org/en/country/azerbaijan/overview#3.

益于强劲的农业收成以及依赖国内需求的部门，包括服务业（国内贸易、运输和金融）和建筑业。2019 年上半年，乌克兰家庭消费继续快速增长，这得益于以下三点：（1）选举周期内一次性的社会转移；（2）劳动力向欧盟国家的继续汇款；（3）恢复消费者贷款。同时，制造业和投资增长仍然疲弱，固定投资水平（仅占 GDP 的 20％）不足以实现可持续增长。投资受到以下因素的限制：（1）2019 年上半年外国直接投资仅占财年 GDP 的 0.6％；（2）高利率和金融部门的结构性弱点（迄今为止，解决不良资产的进展很小）；（3）由于没有农业用地市场，反竞争环境而造成的市场扭曲，高消费有助于减轻贫困。由于经济增长和持续的外向劳动力迁移，2019 年实际工资继续增长。2019 年上半年，由于铁矿石和小麦价格上涨，乌克兰的贸易条件有所改善，出口额同比增长 6％。但是，在中间产品的推动下，进口继续以 8.6％的速度增长。2019 年上半年，商品贸易逆差同比增长 13％，但服务贸易顺差和基本收入（主要是汇款）的增加使经常账户逆差降至仅 2 亿美元，占总额的三分之一。未来的增长前景在很大程度上取决于加快改革势头以解决投资和生产力的瓶颈。鉴于 2019 年上半年的强劲表现，乌克兰 2019 年的增长保持在 3.3％。

二、2019 年原苏联地区能源形势概览与分析

（一）原苏联地区能源形势

1. 俄罗斯能源形势分析

从俄罗斯、欧盟和美国的近期发展来看，俄罗斯正远离传统市场，向新兴发展中国家探索。在俄罗斯能源领域，亚洲是其近期发展的地区。印度正迅速成为俄罗斯天然气的主要潜在出口市场。俄罗斯供应的天然气，有助于印度实现价格稳定和能源安全的目标。中国正大量进口天然气和石油产品。未来 30 年，俄罗斯天然气工业股份公司（Gazprom，简称俄气）将沿着西伯利亚输油管道，输送价值 4 000 亿美元的天然气。中东正与俄罗斯的合作伙伴加强合作和相互投资的力度，整个海湾国家的公司都投资了俄罗斯能源项目。俄罗斯在石油和天然气设备方面，继续依赖进口。俄罗斯石油和天然气项目中使用的设备有 90％是进口，外国公司在俄罗斯市场占据主导地位。

2. 俄罗斯石油生产情况

尽管全球市场动荡，但俄罗斯的石油工业几年来一直呈现出稳定发展的趋势。据初步预测，俄罗斯 2019 年的石油产量将比 2018 年高，石油和天然气凝析油产量

在2019年达到创纪录的1 125万桶/日，超过一年前创下的1 116万桶/日的纪录。[①]

数据显示，尽管在2019年早些时候受污染石油危机的困扰而削减了产量，并根据一项全球协议自愿减产以支撑油价，但俄罗斯仍在继续提高其石油和天然气凝析油产量。

过去10年，俄罗斯石油产量一直在上升，这得益于新油田的开发和成熟油田新技术的引进。俄罗斯2019年的石油和天然气凝析油产量从2018年的5.558 4亿吨增至5.602亿吨，原因是小型石油生产商提高了产量。根据数据，2019年小型生产商的石油和凝析油产量跃升近3％至8 361.2万吨，即168万桶/日。

尽管俄罗斯是OPEC＋的关键合作产油国之一，但在2019年的大部分时间内都没有达成之前的减产承诺。长期以来，俄罗斯原油企业一直对减产持沉默态度，认为减产将使美国页岩油获得更多的市场份额，并阻碍俄罗斯公司的扩张计划，并指出产量增幅中很大部分来自凝析油的增产，由于这部分产量不会用于出口，因此OPEC＋应该将这部分产量从减产指标中排除。

据国际能源署（IEA）的报告，在国际油价回升下，2019年以来俄罗斯石油收入已能承受石油减产带来的经济负担。数据显示，2019年俄罗斯石油日均收入达到6.7亿美元，比2016年底达成减产协议后还要多出1.7亿美元。[②] 由于俄罗斯经济收入严重依赖能源，减产协议对于俄罗斯经济而言并不是件好事，但结果或给俄罗斯意外之喜。

3. 俄罗斯天然气生产情况

与2018年相比，俄罗斯为了进一步向国内外消费者提供可靠的天然气供应，天然气产量将继续增加。2019年的天然气产量将比2018年的历史最高记录增长2％，达到7 400亿立方米。

俄罗斯在液化天然气（LNG）市场上取得了令人瞩目的成功。2019年液化天然气的出口增长近44％，达到约390亿立方米。[③] 2019年，俄罗斯天然气巨头俄气专注于打通入欧、入亚的多条天然气管道。其中，三条连接欧洲、东北亚的天然气管道项目尤为重要，即俄罗斯通往德国的北溪天然气管道（Nord Stream）、从俄罗斯到土耳其的土耳其溪天然气管道（TurkStream），以及通过俄罗斯西伯利亚连接

---

① 中展环球. 2019俄罗斯的能源产量. http://www.cewgroup.cn/2019nianeluosidenengyuanchanliang.

② 中研网. 美国石油产量超沙特 近期国际油价震荡调整12月2日24时国内油价或上调. http://www.chinairn.com/scfx/20191202/165624259.shtml.

③ 中国石化新闻网. 今年俄罗斯天然气产量增至7 400亿立方米. http://www.cngascn.com/outNews/201912/36920.html.

东北亚地区的天然气管道（Power of Siberia），以保证未来数年内俄罗斯天然气出口顺畅。

欧洲作为俄罗斯天然气的主要市场之一，多条连接俄罗斯与欧洲的天然气管道线路正在建设中。2019年底，有多条从俄罗斯通往欧洲的天然气管道上线投运。土耳其溪项目目前已经完成了离岸工程的建设。据悉，该管道项目的设计输气量为每年315亿立方米。俄罗斯2019年在欧盟的天然气市场的份额比2018年有所上升，涨幅达到45%。

同时，在亚洲方面，俄罗斯也在加强天然气的管道运输。标普全球普氏的信息显示，2019年，俄气建成年运力为380亿立方米的西伯利亚天然气管道。这一管道长达4 000千米。[①] 俄罗斯之所以积极布局新的管道项目建设，正是考虑不确定的政治因素，以谋求更加灵活的天然气输送策略，减少因政治不稳定因素导致的出口路径受阻。另外，有消息指出，在新线路规划方面，对比于途经希腊、以意大利为主要目的地的线路，俄气很可能将保加利亚—塞尔维亚—匈牙利—斯洛伐克—奥地利这一线路纳入考虑范围。

4. 哈萨克斯坦能源行业呈现稳定增长态势

哈萨克斯坦是煤炭、原油和天然气的生产国，也是这些化石能源重要出口国。尽管煤炭在该国的能源结构中占主导地位，但该国可再生能源的利用率和产能正在增长。[②] 在哈萨克斯坦，目前有83座可再生能源设施，装机容量为936.8MW，包括18座风能、27座太阳能、35座水力发电厂和3座生物发电厂。其中，仅2019年初以来，就有15座容量为405.17MW的设施投入运行。到2019年底，计划投产4座容量为104.8MW的可再生能源设施，即哈萨克斯坦北部地区的1个新建风力发电站，克孜勒奥尔达地区的2个太阳能发电站和东哈萨克斯坦地区的1个水力发电站，这将使可再生能源设施的总容量增加到1 042MW，几乎是2018年（531.63MW）的两倍。到2025年，将至少有3 000MW的已安装可再生能源（RES）容量运行。哈萨克斯坦举行了一次国际拍卖，以实施装机容量为3 000MW的可再生能源项目，来自12个国家的138家公司参加了拍卖。为了提高可再生能源项目的投资吸引力，哈萨克斯坦能源部参考国际经验，对现行法律进行修订。[③] "金色草原"天然气管道于2019年底竣工投运，可保证哈萨克斯坦首都和中部、北

---

① 中国能源报. 2019，俄罗斯"不计成本"建设天然气管道. http://www.sohu.com/a/287439568_468637.

② https://www.iea.org/countries/Kazakhstan.

③ https://primeminister.kz/en/news/za-2019-god-v-moshchnosti-vie-kazahstana-uvelichilis-vdvoe.

部地区天然气供应。工程建设者付出了极大努力，展示了高度的专业水平。2019年，哈萨克斯坦石油产量与2018年基本持平，达9 040万吨。考虑2019年内田吉兹、卡拉恰甘纳克和卡沙甘三大油田大修，取得上述成绩实属不易。哈萨克斯坦能源部致力于提高油气地质勘探领域投资吸引力，制定了关于简化矿产资源使用和矿权拍卖机制的法律修正案，以吸引投资对海上和有潜力的陆上地质区块进行勘探。哈萨克斯坦能源部会同生态、地质和自然资源部共同制定《2021—2025国家地质勘探规划》，将于2020年正式通过并实施。哈萨克斯坦大力发展K-4、K-5标准成品油生产，2019年全国各大炼厂累计生产成品油1 710万吨，较2018年增长5%。2019年7月，哈萨克斯坦实现轻质成品油对外出口，月出口量可达2万～3万吨。目前正在对肯基亚克—阿特劳石油管道进行反向输油改造，未来每年可从哈萨克斯坦西部地区向奇姆肯特炼厂、巴甫洛达尔炼厂增供600万吨石油，项目将于2020年竣工。目前，上述两大炼厂油源主要依靠阿克托别州和克孜勒奥尔达州。截至2019年底，哈萨克斯坦国内共有90座可再生能源电站，总装机容量为1 061MW。与2018年相比，新增可再生能源电站23座，新增装机容量524MW，较2018年翻了一番。预计到2020年，哈萨克斯坦国内可再生能源电站将达108座（1 610MW），2021年将达到119座（2 096MW）。[1]

（二）原苏联地区能源政策与法律

1. 俄罗斯的能源安全战略

俄罗斯能源安全包括稳定供应国内需求，保有能源储备并保持在国际市场的领先地位。俄罗斯能源安全政策内容主要包括增产、加强油气管道运输能力、调整消费结构和引进外资等方面。首先，俄罗斯与沙特等中东国家一样是能源生产大国，英国石油公司（BP）在《世界能源展望》报告中预测俄罗斯在未来20年内将成为世界上最大的石油和天然气出口国。俄罗斯规划在2030年前将燃料能源产量增速提高到26%～36%，每年石油产量超过5亿吨，扩大石油出口，石油出口量提高到3.7亿吨；天然气增产到9 000亿立方米，出口量提高到约3 700亿立方米。俄罗斯增加能源生产和出口是为了平衡2030年前国内对于能源需求的高速增长（预计为39%～58%）。[2] 其次，与日本增加海上运输能力不同，俄罗斯由于地理位置等因素重视油气的管道运输，在2030年前要提高整个管道网的输送能力。例如修建管道

---

[1] https://www.in-en.com/article/html/energy-2285399.shtml.

[2] 俄罗斯卫星通讯社. 未来20年展望：俄罗斯2040年前将成为世界最大石油出口国. http://www.nengyuanjie.net/article/23906.html.

以将俄罗斯的里海石油运到欧洲，扩建哈萨克斯坦与俄罗斯的石油管道等。再次，调整能源消费结构也是俄罗斯重视的部分。俄罗斯更加广泛地发展非常规能源、核能、可再生能源（包括水电）的利用。最后，俄罗斯能源安全战略涵盖引进国外投资的内容。俄罗斯1995年颁布的《产品分成协议法》是为了引进外资发展东部油气行业，降低国外投资者的门槛，但近年来却加强了对自身的保护。俄罗斯还鼓励本国企业"走出去"投资国外石油销售网络，增加俄罗斯的石油出口影响力。

2. 俄罗斯的能源出口战略

俄罗斯的外交政策与能源贸易配合度很高。俄罗斯利用外交政策和优势发展国际能源合作。欧洲与俄罗斯能源合作历史较长，欧洲能源贫瘠但俄罗斯能源较丰富，两者在修建天然气管道与建立能源合作对话机制方面合作深入，合作路程虽然坎坷，但欧洲和俄罗斯仍希望能够互相维持稳定的能源关系。俄罗斯地缘优势明显，横跨欧亚大陆，可通过管道运输将油气出口到欧洲、亚洲等国家，但由于其出海口较少，不具备海运的条件，制约了油气运输业的发展。俄罗斯通过加大基础设施建设力度为扩大油气出口提供通道保障，并通过了《2024年干线基础设施现代化改造与改扩建综合规划》。其中包括两个重要项目，一个是供气基础设施发展项目，包括中俄东线天然气管道建设、西北输气系统扩建、萨哈林—哈巴罗夫斯克—符拉迪沃斯托克管道扩建；另一个是输油基础设施发展项目，包括泰舍特—斯科沃罗季诺原油管道和相关港口扩建、库尤姆巴—泰舍特原油管道扩建、西北与南方输油管道的扩建。这两个项目为俄罗斯向亚太地区出口更多油气资源奠定了基础。

俄罗斯能源出口战略的特点是市场分散化、外交平衡化，有利于其发展能源。俄罗斯出口政策致力于形成多元化市场。目前，俄罗斯对外能源出口有三大对象：独联体国家市场、欧洲市场以及亚洲市场（尤其指中国市场）。

3. 提高俄罗斯政府收入

俄罗斯油气政策调整的总体走向是促进油气出口同时增加政府收入。一方面，借助税费体系改革扩大税基，提高政府收入。2018年7月和8月，俄罗斯政府先后两次通过法令，对石油行业税费进行改革，总体原则是逐年降低原油和石油产品出口税直至取消，并等额提高石油开采税，规定2019年1月1日起，在原油和石油产品出口税征收时引入常系数，2019年为0.833，以后逐年降低，到2024年降为0，出口税将完全取消。综合考虑原油储量、产量、品质，油价、汇率等因素设计原油开采税税率计算公式，2019年1月1日起，利用该公式计算的税率乘以常系数为征收原油开采税的税率，该系数在2019年为0.167，2024年提高至1，与出口税降低幅度相对应，由于开采税的税基大于出口税，新税制将为政府带来更多财政收入。另一方面，适当减少按量征税，实行按利润征税，提高企业增产积极性，为稳定油气出口提供资源保障。俄罗斯油气上游税费一直是按量征收，不考虑企业的投入情况，导致上游企业税负较重，增产积极性不高。2019年初，俄罗斯开始尝试按财务结果征收企业所得附加税，按照采出程度、产量、是否享有出口关税优惠等条件划分4类适用油田，税基为开采区块的营业收入扣减实际支出、矿产资源开采税、出口关税、运费等，税率为50%，目前正在35个区块进行试点，这些区块的原油产量约占俄罗斯原油总产量的4%。[1]

4. 欧洲复兴开发银行批准延长哈萨克斯坦可再生能源框架3亿美元

欧洲复兴开发银行批准总额约3亿美元的贷款，用于在哈萨克斯坦开发太阳能、风能、水电和沼气等可再生能源领域项目。

未来，哈萨克斯坦可再生能源利用规模进一步扩大，在能源结构中占比将由2020年的3%提高至2050年的5%，并有望每年至少减少500 000吨的二氧化碳排放量。[2]

哈萨克斯坦2020年的能源政策是电力、核能和可再生能源开发。可再生能源市场每年都在增长。在2019年，产生了24亿千瓦时的绿色能源，与2018年同期相比增长了77.8%。可再生能源在电力生产总量中的份额为2.3%。

5. 乌克兰能源政策

乌克兰国家能源效率和节能局（SAEE）与欧洲能源共同体秘书处的专家合作，在实施关于能源效率的第2012/27/EU号指令第3条的框架内，拟订了相关的政府命令草案。在设定目标时，使用了指令的总体方法，即到2020年将最终能耗与基准相比降低20%。该命令草案定义了以下指标：到2020年，一次能源消费量不应超过101 316千吨；最终能源消耗为55 507千吨油当量。[3]

在2019年12月1日之前，SAEE代表政府应批准下一个五年任期的配额。每年将为太阳能，风能及其他类型的可再生能源引入不少于15%的年度配额，而其余的配额将由政府分配给不同的能源。国家支持的授予比例不得超过拍卖所有参与者提供的总容量的80%。新建相关业务实体（单独或与同一实益拥有人拥有的其他业务实体一起）获得不超过相关年度拍卖的年度配额的25%。拍卖将每年进行两次，

---

① 中国石化报. 俄罗斯能源业2019年发展状况解析. http://www.cinic.org.cn/xw/hwcj/708931.html.
② https://www.ebrd.com.
③ https://www.iea.org.

不迟于每年的 4 月 1 日和 10 月 1 日，拍卖将持续到 2029 年 12 月 31 日。

引入上网电价（FIT）机制。根据现行法律的规定，FIT 支持机制将在 2030 年之前一直有效。到 2020 年，新风电项目的上网电价将降低约 10%，然后按照现行法规的规定，进一步降低 2025 年投产风电项目的上网电价。与以前的立法相比，该法律规定了太阳能发电厂的上网电价的更大幅度降低。以当前的 2019 年上网电价作为一般参考基础，将在 2020 年投产的太阳能发电项目的上网电价将降低 25%（而不是之前计划的降低 10%）。2021—2024 年与 2019 年最初的 FIT 参考基准相比，FIT 每年将减少（或大约减少）2.5%。与 2024 年适用的上网电价补贴相比，2025 年投产的太阳能发电项目将面临上网电价补贴进一步减少 4% 的问题。到 2030 年，生物质和沼气的上网电价将保持在当前水平，并且不会像以前预期的那样进一步降低。

资格、限额和竞拍豁免。所有容量超过 5MW 的风能项目和容量超过 1MW 的太阳能项目都将需要竞拍。容量低于既定阈值的项目将免予竞拍。所有其他类型的可再生能源（RES）都可以自愿决定是否参加竞拍。资格预审要求。要参加竞拍，参与者应提交确认其土地权和并网协议的文件，有关其最终实益拥有人、管理机构和关联实体的信息，以及银行担保。要参加竞拍，参与者应提供不可撤销的银行担保，担保价格为每千瓦竞拍容量 5 欧元。担保应在获胜者与担保买主之间的相关协议在电子交易系统中发布后的五个工作日内退还给参与者，但不得迟于竞拍完成后三十天。如果获胜者拒绝签署竞拍协议或购电协议（PPA），则不会将银行担保退还给获胜者。竞拍的获胜者应进一步向被担保的买方提供每千瓦 15 欧元的不可撤销的银行担保，以确保履行其义务。在按以下规定的条件及时启动项目并开始供电后，应将银行担保退还给获胜者。如果出现延误，获胜者可以向被保证的买方提供每千瓦 30 欧元的额外银行担保，则可以将建设期限再延长一年。

购电协议和国家支持的内容。通过拍卖程序达成的 PPA 有效期为 20 年。PPA 将与有保证的买方（出价方）签订。有担保的购买者不能拒绝与拍卖的获胜者签订 PPA，而是有义务以拍卖价从生产者那里购买全部电量，并向生产者支付本地补贴。PPA 将规定生产商有义务在签署太阳能项目 PPA 后的两年内或在其他类型的 RES 项目签署 PPA 后的三年内委托项目。

仲裁相关规定。该法律明确规定，在进入 PPA 时，拥有至少 10% 的外国投资的公司有权选择国际商事仲裁。应设立专项资金，以支付担保买主的潜在仲裁费用。选择国际仲裁的生产者应按照国家能源和公用事业监管委员会（监管者）的规定，定期向该基金缴纳一定数额的费用；但是，此类付款将不少于一个季度一次，并且不得超过从已签订 PPA 的相关电厂的活动中获得的净利润的 1%。

定价和本地内容奖励。竞拍的获胜者将根据最低出价进行选择。竞拍的最高价格不能超过相关的 FIT。与以前一样，竞拍的获胜者将有资格获得使用本地内容的赠金（本地内容介于 30％～50％之间的 FIT 的 5％增量，或更高的本地内容的 10％增量）。

责任机制。生产商将完全承担责任，以 FIT 或竞拍价格提供电力，在引入完全流动的当日市场后的一年内委托项目，但不得迟于 2024 年。如果项目在当年之前委托引入了全部责任，但不迟于 2024 年，将从 2021 年开始对该项目逐步承担责任；它将在 2021 年设定为 10％，并以每年 10％的速度增长，直到 2030 年达到 100％。监管机构将决定当日市场是否具有充分的流动性。2017 年 6 月 11 日之前委托的项目无须承担责任平衡。

技术条件的有效期限。电网连接的技术条件（TU）的有效期限将受到限制，对于太阳能项目，有效期为两年，对于其他类型的可再生能源项目，则为三年。现有 TU 的任期将从法律生效之日起计算。

二级立法。政府应制定和采用在法律生效之日起三个月内进行 RES 竞拍的程序以及确定年度配额量的程序。值得注意的是，政府还应在法律颁布后的六个月内起草有关激励储能的法律草案。监管机构应在法律生效之日后的两个月内针对电价调整下的项目采用新的 PPA 模板形式，在法律生效日期之后的 3 个月内与竞拍获胜者签订新的 PPA 模板形式。[①]

三、中国与原苏联地区能源合作综述

（一）能源贸易与投资

1. 中俄能源合作基础设施建设

2014 年 5 月，中俄企业签署了为期 30 年的东线对华供气供合同，管道从俄罗斯东西伯利亚的气田延伸至中国东北部边境，年供应量为 380 亿立方米。预计从 2020 年后的 30 年内，俄罗斯将向中国市场供应 1 万亿立方米天然气。

俄罗斯天然气将从首站黑河进入中国国门，标志着这一中俄能源合作成果开始惠及万户千家。中俄东线天然气管道气源来自俄罗斯远东地区，经俄罗斯的"西伯利亚力量"管道，从中国黑河市入境，途经黑龙江、吉林、内蒙古、辽宁、河北、

---

① https://www.iea.org/policies/6529-ukraine-law-on-renewable-energy-auctions-law-no-2712-viii.

北京、山东、江苏、上海9个省市自治区，新建线路全长为3371千米，北段工程（黑河—长岭）全长为837千米。据介绍，2020年还将再建一条支线管道向哈尔滨、兰西等地供气，北段的投产将使天然气供应紧张局面得到好转，并推动"气化龙江"建设向前迈进一大步。①

俄罗斯天然气进口将增加中国乃至东北亚地区的市场供应，并为市场提供一个稳定可靠的供应通道，同时在价格上，俄罗斯天然气的价格也会比中亚天然气更有竞争力。

2. 印度加入上海合作组织

随着印度正式加入上海合作组织，中俄印三国加强了在多边框架下就国际及地区事务的沟通与协调。中俄印同为欧亚大陆的发展中国家，三国在国际与地区等层面有着广泛的共同利益。新形势下，中俄印三国的互动将更加频繁，印度因素也在一定程度上有助于中俄关系的发展。中俄印三国在世界舞台上协调立场能够有效平衡发达国家在国际重大事务中的统治地位，印度增强了中俄推动世界多极化和建设国际政治经济新秩序的力量。

印度加入上海合作组织在一定程度上缓解了中俄两国在地区利益上的竞争。冷战结束后，俄罗斯一直视中亚为自己的后院，对中国在中亚的发展始终存有一定的戒心。印度希望借加入上海合作组织之机积极参与中亚地区的发展进程，对此俄罗斯方面也表示欢迎。俄罗斯方面认为，印度的加入可以稀释中国在中亚地区的绝对经济优势，有助于防止在上海合作组织内部出现一个绝对性的主导国家，有利于中亚地区实现对外经济联系多样化。

印度能源进口战略可能制约中俄能源合作。从中印对俄能源的需求状况看，俄罗斯能源资源丰富，是世界性能源出口大国，石油出口是其主要财政收入来源。乌克兰危机后，俄罗斯为了对西方国家进行反制裁，大规模削减对西方国家石油天然气的供应。转而寻找亚洲市场进行替代，中国、印度都被俄罗斯视为重点开发市场。中印两国都是发展中国家，且都保持了较好的发展势头，对能源的需求量大且对能源需求增速快。由于石油等属于不可再生能源，因此中印两国必然在国际能源市场上展开竞争。

目前中俄在能源方面的合作是互利共赢的，俄罗斯获得了稳定的能源市场，也有利于中国保障能源安全。但中俄两国在能源合作的过程中也存在不和谐的因素。

---

① 央广网. 中俄东线开通运营 助推油气管道智能化. https://baijiahao.baidu.com/s?id=1652052942843484744&wfr=spider&for=pc.

例如：俄罗斯国内部分学者认为俄罗斯过多出口石油给中国，一方面会导致俄罗斯沦为中国的原料产地，过度依赖中国市场对俄罗斯不利；另一方面会造成俄罗斯经济结构更加低级化和原料化。鉴于此，俄罗斯未来将会加强同中国以外的其他亚洲国家间的能源合作，印度无疑是俄罗斯重点开发市场。国际能源署对印度能源需求以及印度对能源进口依赖进行了预测，发现印度的能源需求增长十分迅速，到2040年将接近2000万吨，达到现在需求的两倍之多。

2020年以后印度进口能源依存度排名前二的分别是天然气与石油，石油进口依存度几乎是天然气的两倍，天然气进口依存度将在2030年达到顶峰，约为55%，随后便缓慢回落（见图1）。印度面临如此巨大的石油进口需求，加强同俄罗斯的能源合作完全符合印度国家利益，加入上海合作组织为印度采购中亚及俄罗斯的能源提供了机遇。目前，俄罗斯天然气工业股份公司（Gazprom）已与印度天然气有限公司（GAIL）签署了协议，俄罗斯从2019年起，在未来的20年里每年向印度供应250万吨液化天然气。此外，俄罗斯石油公司（Rosneft）已邀请印度石油天然气公司（ONGC）参与俄罗斯鄂霍茨克海的两个近海油田的联合开发，使得印度得以进入俄罗斯远东地区的新油田项目。总之，俄罗斯能源战略重心的东移、印度能源需求的持续扩大，都为俄印能源合作提供了广阔的前景。

随着俄印能源合作的加强，中俄能源合作将受到不利影响。首先，俄罗斯对华能源合作的积极态度或将发生微妙变化。在俄罗斯的能源出口市场安全得到保证的情况下，俄罗斯必然谋求经济利益最大化。

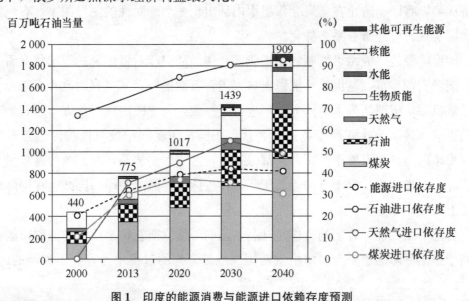

图1 印度的能源消费与能源进口依赖存度预测

数据来源：EIA. 印度能源展望2015.

3. 哈萨克斯坦

2019—2023 年，俄罗斯过境哈萨克斯坦向中国出口原油运输量为 1 000 万吨/年，运费为 15 美元/吨（不含增值税）。其中，俄边境至阿塔苏段运费为 4.23 美元/吨（不含增值税），阿塔苏至阿拉山口段运费为 10.77 美元/吨（不含增值税）；[①] 2019年 5 月 6 日，由中国水电四局（兰州）机械装备有限公司新疆分公司承担制造的中国电建成勘院哈萨克斯坦扎纳塔斯 100MW 风电项目首批两套塔筒在驻场监理的见证下，顺利发运出厂，标志着该项目正式进入到紧张的供货阶段。[②] 从 2019 年 5 月起计划持续确保从哈萨克斯坦向中国用铁路运输液化气，潜在运量达每年 100 万吨。[③] 2019 年 5 月底，中国能建葛洲坝集团在哈萨克斯坦投资建设的西里日产2 500 吨熟料水泥生产线项目按计划点火投料，正式投入运行。[④] 2019 年 6 月 27 日，由中国电建携手哈萨克斯坦最大国有能源开发公司——萨姆努克能源公司控股投资的哈萨克斯坦谢列克一期 60MW 风电项目正式开工建设。[⑤] 2019 年 8 月，中国天辰工程有限公司与哈萨克斯坦南方石油公司签署了天然气化工项目 EPC 合同。南方石油公司天然气化工项目位于哈萨克斯坦境内，建设内容包括生产工厂以及配套的公用工程设施和辅助设施。经过多次考察，南方石油公司对中国天辰工程有限公司的工程技术、行业经验、管理水平、国际化程度等高度认可，最终决定与中国天辰有限公司签署 EPC 合同。[⑥] 2019 年 8 月，哈萨克斯坦采矿与冶金企业协会向政府提出请求，希望研究经中国连云港向亚太地区国家出口煤炭的可能性，主要原因是欧盟提高环保标准，导致哈萨克斯坦煤炭对欧盟出口大幅下滑，因此迫切需要开发新的煤炭出口市场。2019 年 9 月，哈萨克斯坦工业和基础设施发展部长斯克里亚尔出席新闻吹风会时透露，哈萨克斯坦总统托卡耶夫访华期间，哈中双方已就每年经中国连云港向东南亚国家转运约 200 万吨煤炭达成初步协议。[⑦] 2019 年 11 月，中国石油天然气集团有限公司在哈萨克斯坦首都努尔苏丹，与哈萨克斯坦国家石油天然气股份公司签署了《关于在油气领域扩大合作的备忘录》，与哈萨克斯坦能源部、哈萨克斯坦天然气运输股份公司签署了《关于天然气领域合作备忘录》。[⑧] 2019 年

---

① https://oil. in-en. com/html/oil-2856310. shtml.
② https://newenergy. in-en. com/html/newenergy-2337549. shtml.
③ https://gas. in-en. com/html/gas-3076101. shtml.
④ https://coal. in-en. com/html/coal-2561044. shtml.
⑤ https://power. in-en. com/html/power-2324998. shtml.
⑥ https://gas. in-en. com/html/gas-3151675. shtml.
⑦ https://coal. in-en. com/html/coal-2572091. shtml.
⑧ https://oil. in-en. com/html/oil-2884955. shtml.

12月10日，在中国建筑业科技创新暨2018—2019年度中国建设工程鲁班奖（国家优质工程）表彰大会上，由中石化炼化工程集团承建的哈萨克斯坦阿特劳炼油厂石油深加工联合装置"交钥匙"建设工程项目获得鲁班奖（境外工程）。这是中石化炼化工程集团首个获此殊荣的境外工程项目。①

4. 乌兹别克斯坦

2019年9月24日，乌兹别克斯坦外交部发布消息称，中国辽宁立德集团将在该国布哈拉州建设价值18亿美元的风力发电园。项目装机容量达1 500MW，面积为6 000公顷。项目将分三阶段落实。计划第一阶段建设第一批发电站，装机容量达200MW，价值2.4亿美元。② 2019年12月4日，中国化学工程股份有限公司承建的乌兹别克斯坦UNF项目一段转化炉成功点火，开启了长达210小时的烘炉阶段。UNF项目建成后将是乌兹别克斯坦目前最大的化肥厂，并将对当地农业建设和经济建设起到巨大的助推作用。③

5. 阿塞拜疆

中国已同意与欧盟国家共同参与跨里海天然气管道建设项目。该项目旨在帮助欧洲降低对俄罗斯和伊朗天然气的依赖度。欧洲公司与中国公司组成的财团将建设长度为300千米的天然气管道。该协议由财团代表与土库曼斯坦主管油气的副总理梅列多夫、土库曼斯坦总统油气问题顾问卡卡耶夫共同签署。未来30年，通过该管道每年将运输天然气300亿立方米。该管道连接土库曼巴什和巴库，将土库曼斯坦和哈萨克斯坦天然气通过阿塞拜疆运往土耳其、格鲁吉亚和欧盟。俄罗斯和伊朗对跨里海天然气管道建设项目表示反对，理由是影响生态环境。④

6. 格鲁吉亚

中国化学工程股份有限公司旗下中国天辰工程有限公司9月与格鲁吉亚石油天然气公司正式签署格鲁吉亚230MW联合循环电站项目总承包建设合同。该项目是格鲁吉亚重点能源项目，也是近年来中国企业在格鲁吉亚建设的最大能源项目。建成后，将对保障格鲁吉亚的电力供应、维护能源安全具有重要意义。该项目位于格鲁吉亚首都第比利斯以南约40千米的Gardabani地区。电站装机规模为230MW，采用燃气蒸汽联合循环发电技术，配置有两台6F级燃气轮机发电机组、两台双压

---

① https://oil.in-en.com/html/oil-2888546.shtml.

② https://newenergy.in-en.com/html/newenergy-2354419.shtml.

③ https://oil.in-en.com/html/oil-2887327.shtml.

④ http://gas.in-en.com/html/gas-3162271.shtml.

余热锅炉及一台纯凝湿冷汽轮发电机组，建成后将成为格鲁吉亚总装机容量最大的联合循环发电站。同时该项目设计了黑启动系统，即在全厂无外部电源情况下，能实现厂内各发电机组的启动带负荷，这对于整个电网停电后的快速恢复及电网的安全运行具有重大意义。[①]

7. 乌克兰

2019 年 3 月，中国能建国际工程有限公司签订乌克兰 Cindrigo 1000TPD 垃圾电站项目 EPC 总承包合同。该项目拟在乌克兰基辅州建设垃圾焚烧发电电站，总装机容量为 20MW。该项目内容包括建设 2 台焚烧炉、2 台余热锅炉及 1 台汽轮发电机组。该项目合同工期为 36 个月。2019 年 4 月，中国机械设备工程股份有限公司（CMEC）和乌克兰顿巴斯煤炭能源公司（DTEK）完工了位于乌克兰中部第聂伯罗彼得罗夫斯克州的尼科波尔市附近的一座 200MW 太阳能发电项目，据称这是欧洲第三大光伏电站。据新华社报道，由 CMEC 和 DTEK 共同建设的太阳能电站价值 2.16 亿欧元（合 2.43 亿美元），由 DTEK 资助并获得了中国的一笔贷款。该电站于 2018 年 4 月开始施工并于 2019 年 2 月完工，可为约 14 万户家庭供电。

（二）能源合作现状与前景

目前，中俄能源合作已经从单一的贸易往来发展到贸易、投资、港口和管道建设以及融资等领域，中俄间的能源战略性合作项目不断推进，例如中俄原油管道、东线天然气管道、亚马尔液化气等，能源产业上中下游一体化合作取得积极进展。[②]

中俄能源合作在金砖国家当中具有优势。首先，中俄相邻，边境口岸众多，使得中国从俄罗斯进口能源较为便捷，双方合作在地理位置上具有天然便利性；其次，中俄经济结构具有互补性，中国能源需求量大，市场供应比较短缺，而俄罗斯能源的出口能力强，是世界上重要的能源输出大国。再次，与俄罗斯相比，印度、南非和巴西这三个金砖国家的能源储量并不丰富，南非和巴西距离中国也较远，中国与之合作难度较大；最后，印度、南非和巴西距离俄罗斯遥远，俄罗斯出口能源的成本也会增加。

中俄能源合作优势明显，但同时存在风险和挑战。俄罗斯的投资政策不透明，清廉度较差。俄罗斯有些政策朝令夕改，契约意识、规则意识不强，这都制约着中

---

① http://gas.in-en.com/html/gas-3121783.shtml.

② 中国石油报. 中俄能源合作成绩喜人潜力巨大——专访俄罗斯石油股份公司总裁伊戈尔·谢钦. http://www.cngascn.com/homeNews/201905/35539.html.

国对俄罗斯能源领域的投资。[①]

中俄能源合作面临的最主要的障碍是如何在较大规模的项目合作中兼顾对能源的战略需求和项目实际的经济性问题。近些年，中俄已经通过创新合作模式、拓展思路，在一些新项目上逐渐地解决了这些问题。

另外，中企在俄罗斯投资需要关注双方务实合作理念的差异。

中国比较讲究互利共赢，投资项目时考虑的多是对双方明显的经济优势；但俄罗斯，因为地广人稀，有时候会注重国家安全方面的考虑，中企未来在俄罗斯能源领域投资时，需多关注俄罗斯的国情，因为俄罗斯在民众意识、技术标准等方面都有一定的特殊性，不能简单地用中国式的思维或单纯套用过去和西方国家合作的经验思考问题。

能源合作是近年来中国与原苏联地区关系中的热点之一，随着能源合作的不断发展，中国与原苏联地区的能源合作范围逐渐拓展，中国与原苏联地区的天然气合作以及新能源合作可以称为 2019 年的新亮点，未来中国与原苏联地区能源合作依然前景广阔。

①　中国贸易报. 中俄携手做大能源领域蛋糕. https://baijiahao. baidu. com/s? id＝1650136325071777618&. wfr＝spider&for＝pc.

中东地区

林震宇　邢得正

一、2019 年中东地区政治经济形势综述

(一) 中东地区总体政治经济形势

1. 总体政治形势

2019 年中东地区的政治安全形势相较于 2018 年进一步恶化。2019 年中东地区政治安全形势的总体特点是大国竞争加剧、内部持续动荡,其中大国竞争占据了 2019 年中东地区的首要位置;美俄两国在中东地区互相角力,为日后中东局势的恶化留下隐患;美国继续对伊朗极限施压,构建围绕伊朗的封锁体系;也门、叙利亚、巴勒斯坦、利比亚等国内祸乱持续,内战终结依旧希望渺茫;苏丹、阿尔及利亚政权更迭,中东街头政治继续蔓延;无人机攻击和恐怖袭击此起彼伏,非传统安全威胁依然存在。由此观之,2019 年中东地区总体政治局势呈现两大重要特点:一是美俄在中东地区的大国较量掀起风云;二是伊朗局势使得海湾地区面临愈发严峻的安全困境。

(1)"美退俄进",逐鹿中东

特朗普政府在中东地区推行局部收缩战略。美国力求打造"中东战略联盟"提升中东盟友军事能力,避免直接介入局势,以幕后操纵代理人的方式间接控制中东。特朗普政府在中东地区的战略收缩是逐渐形成的,早在 2017 年,美国发布的《国家安全战略报告》便指出美国在中东的战略目标是"避免中东成为恐怖分子的滋生地和庇护所,避免中东被敌对强国控制和支配,保证中东地区继续提供稳定的

能源供应"。这与此前在中东地区推进民主化，竭力确保盟友安全的政策相比，已出现调整。

2019 年，美国收缩的战略落地施行。一方面，美国竭力促成"中东战略联盟"，意在建立"阿拉伯版北约"分担美军压力。2 月，美方和来自巴林、埃及、约旦、科威特、阿曼、卡塔尔、沙特、阿联酋以及海湾阿拉伯国家合作委员会的高级官员在华盛顿就组建"中东战略联盟"的政治和安全基础问题进行了磋商。与会各方还讨论了联盟在多个领域的未来战略目标。[①] 另一方面，美国在达成军事目的后力求迅速撤离。10 月，"伊斯兰国"头目巴格达迪在美军的军事行动中自杀身亡，美国打击"伊斯兰国"恐怖主义的目标达成。随后，美军将 1 000 余名士兵撤出叙利亚，仅保留少量驻军以确保叙利亚境内油田的"安全"。[②]

俄罗斯利用美国收缩的中东权力真空期，加速介入中东事务。首先，对于叙利亚事务，俄罗斯充分利用阿斯塔纳进程和索契进程，协调土耳其、伊朗、俄罗斯三方政策和平解决叙利亚问题。其次，对于波斯湾局势，俄罗斯于 2019 年 7 月发布《波斯湾地区集体安全构想》，提议海湾地区国家以及这一区域外国家放弃武力和以武力相威胁来解决问题，在军事领域互相履行透明义务，签署军控协议和建立非军事区，加强中东地区核不扩散机制，签署打击国际恐怖主义、武器走私、贩毒和有组织犯罪协定。[③] 再次，对于军事事务，俄罗斯力求与美国中东力量形成制衡，扩大在叙利亚、埃及、苏丹、索马里、黎巴嫩的军力。

美俄逐鹿的战场主要围绕叙利亚展开，在叙利亚双方博弈尤为激烈。俄罗斯、伊朗、土耳其联合，形成阿斯塔纳进程，推动设立叙利亚"冲突降级区"及其和平进程。并且，叙俄联军对叙利亚反对派的战果扩大，此前由美国支持的反对派已无力控制叙利亚东北部领土。[④] 2019 年 10 月，土耳其对叙利亚发动"和平之泉"军事行动，随后，俄罗斯在其中斡旋，使土叙休兵。而美国在同月便执行了从叙利亚撤军的计划，美军无能为力，俄罗斯已主导了叙利亚局势。此外，俄罗斯还积极争取域内大国——美国盟友沙特和北约成员国土耳其的支持。年中，在沙特油田遭遇无人机袭击之际，美国等西方国家无动于衷，普京却到访沙特并抛出橄榄

---

① 人民网. 美国召集多国酝酿组建"中东战略联盟". http://world. people. com. cn/n1/2019/0222/c1002-30897393. html.

② 新华网. 美军撤离叙东北部两个基地前往伊拉克. http://www. xinhuanet. com//2020 - 01/08/c_1125437407. htm.

③ 中国新闻网. 俄发布《波斯湾地区集体安全构想》. http://www. chinanews. com/gj/2019/07 - 24/8904912. shtml.

④ 俄罗斯卫星通讯社. 俄驻叙利亚部队司令宣布今年的主要成就. http://sputniknews. cn/military/201912281030359717/.

枝，愿为其提供防空系统。与此同时，俄罗斯也向土耳其交付了防空系统，在土耳其北约盟友中引发轩然大波。这显示了美军在中东防务的占有进一步下降，美俄中东大博弈中美国已不复以往。

（2）伊核无解，海湾危局

伊朗核问题长期搅动着中东地区形势。2018 年，美国宣布退出伊核协议，转而对伊朗采取极限施压的态势。尽管欧盟等国极力挽救该协议，伊朗始终拒绝在美国压力下重新谈判，这使得海湾局势一步步走向深渊。

2019 年 5 月，伊朗在美国退出伊核协议一年后宣布中止履行部分协议；9 月，伊朗启动新的离心机；10 月，伊朗进一步减少履行协议的义务。美国强硬的表态并无松动，伊核协议全面失效将不可逆转。此外，美伊双方持续军事对峙，美国将伊朗伊斯兰革命卫队列为恐怖组织，派出航母战斗群、战略轰炸机和反导系统持续对之武力威慑。[①] 作为反制，伊朗 6 月击落了美制 RQ-4 "全球鹰" 无人机[②]，7 月还扣留了英国油轮。9 月，有无人机对沙特境内国家石油公司的油田进行了打击，也门胡塞武装宣称对此负责，美国则宣称此举与伊朗相关。[③] 11 月，伊朗国内爆发大规模示威。12 月，伊朗联合域外国家俄罗斯、中国举行海上军事演习，这是伊朗伊斯兰革命后的首次军事演习。[④]

2019 年海湾局势随着伊核协议的破产而迅速恶化。美伊距离开战只差最后一步。究其原因，既是特朗普争取选民支持的竞选策略，也是以色列、沙特在对伊朗强硬上达成一致的结果，更与域外大国深度介入对抗密不可分。

（3）旧恨未终，新战又起

2019 年，西亚地区的巴以、叙利亚、也门局势仍然紧张，北非冲突的潘多拉盒子也被打开了。在西亚地区，巴以冲突仍在进行，3 月，美国承认以色列对戈兰高地的主权，不再保持看似中立的态度，违背了国际法，进一步激化了巴以矛盾。随后，以色列开启对巴勒斯坦的空袭，巴以和解毫无希望。叙利亚国内政治依旧破碎，和解进程困难重重，政府军、反对派、库尔德人仍然各自为战。以色列、土耳其、俄罗斯、美国都在叙利亚领土上展开军事行动，其中以色列和土耳其的干预更

---

① 人民网. 美国向中东部署航母战斗群以施压伊朗. http://world. people. com. cn/n1/2019/0506/c1002-31069608. html.

② 新华网. 伊朗称击落一架美制 "全球鹰" 无人机. http://www. xinhuanet. com/world/2019－06－20/c_1124649744. htm.

③ 人民网. 沙特油田遇袭搅动中东局势. http://military. people. com. cn/n1/2019/0920/c1011－31364160. html.

④ 人民网. 中俄伊海上联合演习 27 日在阿曼湾地区举行. http://military. people. com. cn/n1/2019/1226/c1011－31524566. html.

是规模庞大，以色列在年中发动了大规模的空袭，土耳其更是发动"和平之泉"行动对叙利亚库尔德人实施跨境打击。也门祸乱依旧，但已出现转机。2019年初，阿联酋退出也门内战的联军。但沙特仍在作战，作为报复，也门胡塞武装利用无人机轰炸沙特。9月，在袭击沙特油田达成目标后，也门胡塞武装主动提议停止互相袭击。11月，也门政府与南方过渡委员会签署利雅得协议，旨在结束冲突，也门战局出现缓和。[①]

然而在北非地区，新祸端又起。2011年利比亚卡扎菲政权终结后，利比亚东西分裂，东部由国民代表大会控制，并与"国民军"结盟，西部由民族团结政府执掌，双方势不两立。2019年4月，利比亚双方重启战局，双方皆有外国撑腰，民族团结政府得到土耳其、卡塔尔和意大利支持；"国民军"得到埃及、阿联酋、沙特、俄罗斯和美国支持，利比亚正处于内战的边缘。[②] 除了利比亚外，阿尔及利亚、苏丹等国还发生了政权更迭。4月，阿尔及利亚总统辞职，多次执政的布特弗利卡下台。[③] 同月，苏丹发生军事政变，执政30余年的巴希尔成为阶下囚。两起政变的导火索是生活物资价格高企，根本原因是北非地区经济滞胀、政坛腐败、社会分裂。以上都表明，中东地区各国政治局势仍然混乱。

2. 总体经济形势

2019年，中东经济增长大幅放缓。2019年12月24日，中国社会科学院世界经济与政治研究所发布报告显示，西亚北非地区2019年经济增长将放缓至0.9%，增长率不及世界平均水平的1/3，增长基本停滞。同时，国际货币基金组织发布的报告也认为，西亚北非地区2019年的经济增长将放缓到1.3%。普华永道发布的报告也指出，中东2019年的经济增长将出现滑坡。以上报告都认为，中东地区经济增长面临严峻考验。经济增长的考验主要缘于低油价态势、金融财政危机和国内发展不平衡。

2019年，中东地区经济的发动机——石油出口国经济由于低油价和低出口极度恶化，根据中国社会科学院的报告，石油出口国的经济将会出现负增长，仅有－0.7%。由于全球经济疲软，油价屡次走低，对中东石油出口国创汇带来了严重影响。随后，石油出口国纷纷限产，14个OPEC成员国和10个非OPEC国家，约

---

① 人民网. 也门政府与南方过渡委员会签署和解协议. http://world. people. com. cn/n1/2019/1106/c1002-31441529. html.

② 人民网. 联合国特别代表：利比亚处于内战边缘 可能长期分裂. http://yn. people. com. cn/n2/2019/0522/c378441-32967020. html.

③ 凤凰周刊. 阿尔及利亚：迟来的"阿拉伯之春". http://www.ifengweekly.com/detil.php? id=7725.

定自 2019 年 1 月 1 日起，至 2020 年 3 月 31 日，将原油日产量减少 120 万桶。2019 年 12 月，各方再次召开会议，统一从 2020 年再减产 50 万桶。[①] 出口大户伊朗则遭到美国严厉制裁，已无法向印度、中国出口石油。中东增长引擎缺油，经济增长怠速。

金融财政危机也是影响中东经济发展的巨大阻碍。由于过于依赖石化产业，中东各国经济结构畸形，普遍存在"荷兰病"。即便不是石油出口国，许多国家外债债台高筑、资产配置失衡，财政金融系统脆弱。巴林、埃及、黎巴嫩面临全球金融波动的影响，承受着利差的影响。卡塔尔、阿联酋的房地产价格下跌，巴林、迪拜和阿曼的股票价格下跌都将严重打击经济形势。[②]

国内社会经济环境恶劣是影响中东经济的慢性顽疾。中东石油进口国平均通胀达到 12.7%。其中，由于美国制裁，伊朗 2018 年的通胀已升至 30%，预计 2019 年数据将持续高企。此外，由于货币贬值和财政改革，埃及 2017 年和 2018 年的通胀分别为 30% 和 20%，预计 2019 年将有所缓解。更为严重的通货膨胀出现在苏丹，2018 年其通胀高达 60%，这是因为南北苏丹分裂，北方失去南方石油出口这一重要的财政来源。2019 年苏丹发生政变，通胀局面难以缓解。

(二) 中东地区重点国家政治经济形势

1. 沙特

2019 年，沙特国内政局基本保持平稳，总体向好。自 2015 年萨勒曼继任国王后，沙特内政外交巨变。2015 年、2017 年经过两次大规模废黜王储，2015 年撤下了担任 40 多年外长的费萨尔·本·阿卜杜勒-阿齐兹·阿勒沙特亲王，2019 年又任命阿卜杜勒-阿齐兹·本·萨勒曼亲王为能源部长，这是王室成员首次担任能源部长。[③] 这表明，萨勒曼国王及其家族已经将沙特最核心的权力部门牢牢掌控，已无人能挑战萨勒曼的权威。因此，2015—2018 年间，沙特以转移国内权力斗争为目的对外激进扩张已逐渐步入尾声。2019 年，沙特实现了对也门胡塞武装的停火进程，签署利雅得协议；沙特全力避免与伊朗发生战争，尽管其油田遭到疑似伊朗支持的无人机袭击；沙特还积极拉拢盟友美国，时隔 16 年接受美军进驻并签署超大规模

---

① 参考消息网. 路透社调查：OPEC 正在持续减产. http://www.cankaoxiaoxi.com/finance/20200108/2399595.shtml.

② IMF. Regional Economic Outlook: Middle East and Central Asia Update. https://www.imf.org/en/Publications/REO/MECA/Issues/2019/04/17/reo-menap-cca-0419.

③ 中华人民共和国自然资源部. 沙特任命新的能源部长. http://geoglobal.mnr.gov.cn/zx/kczygl/jgbg/201909/t20190909_7246558.htm.

军贸协定。2019 年，沙特对外扩张放缓，更加注重国内改革进程，沙特大力推动性别平等，允许女性出国和单独宣布离婚。沙特极力推行去极端化，在 5 月举行的伊斯兰首脑会议上发布《麦加宣言》，反对极端主义，促进宗教和文化多样性，立法消除仇恨与暴力。[1] 沙特政局总体向好。

2019 年，沙特经济受困于低油价与石油限产，经济低迷，GDP 增长仅为 0.4%。根据沙特"2030 愿景"，沙特积极推动非石油部门的发展，沙特的实际非石油经济增长预计将在 2019 年增至 2.9%，达到 2015 年以来的高位。沙特政府还积极促进中小企业和私营部门的经济活动。2019 年，沙特启动其国家石油公司沙特阿美 IPO，旨在降低对国有大企业的过度依赖，激发企业活力。沙特阿美市值接近 2 万亿美元，成为全球市值最大的公司。2019 年第三季度沙特私营部门实现了自 2014 年以来的最高历史增长率，达 4.2%。此外，沙特施行多项改革措施，促进经济发展，在全球十大营商环境改善经济体中位列第一。随着经济改革的推进，沙特经济形势将不断改善。

2. 阿联酋

2019 年，阿联酋政局继续保持稳定，政治领域有历史性突破。内政方面，阿联酋开阿拉伯半岛之先河，允许天主教教皇方济各访问，方济各成为首位访问阿拉伯半岛的教皇，这将极力推动中东对话解决宗教分歧。[2] 外交方面，2019 年 5 月，阿联酋多艘油轮遭遇外国袭击，作为美国盟友，阿联酋担忧卷入美国对伊朗的战争。随后，阿联酋决定退出也门战局，试图转圜与伊朗的关系。

2019 年，阿联酋 GDP 增速为 2.9%，相较于 2018 年的 1.7% 有了可喜的增长。这主要受益于其"2021 愿景"设定的"促进阿联酋非石油部门的增长，减少国家经济对石油的依赖"的目标。2018 年，阿联酋石油部门占 GDP 比重为 25.9%，金融业、批发零售业、制造业、建筑业部门占 GDP 比重合计达 37.3%。[3] 阿联酋经济主要由非石油行业推动。同时，阿联酋的就业情况也保持良好。此外，为筹备 2020 年迪拜世博会，阿联酋政府将采取大规模财政刺激计划，此举将提振经济活动。2019 年，阿联酋积极推动改革进程，新的投资法和其他有利于商业的改革，将进一步刺激经济发展。

---

[1] 沙特通讯社. 第四十四届伊斯兰国家首脑会议发表的麦加宣言. https://www.spa.gov.sa/viewfullstory. php? lang=ch&newsid=1930791.

[2] 中国评论通讯社. 方济各访阿联酋 首位访问阿拉伯半岛教皇. http://www.crntt.com/doc/1053/2/6/5/105326521. html? coluid=2&kindid=4&docid=105326521&mdate=0202101311.

[3] 中华人民共和国商务部. 阿联酋 2018 年 GDP 增长 1.7%. http://www.mofcom.gov.cn/article/i/jyjl/k/201903/20190302848240. shtml.

3. 卡塔尔

2019年，卡塔尔政局平稳。卡塔尔内部正在尝试小规模的改革，该国将组织委员会施行议会选举，选举后组成的委员会将有权罢免部长。卡塔尔对外关系的紧张局面有所缓解。2017年，由于其对穆斯林兄弟会和半岛电视台的支持，卡塔尔遭到海湾多国的断交。2019年，随着美伊局势的恶化，阿联酋和沙特担心面临卷入对伊作战和对卡冲突的双重困境，卡塔尔与阿联酋、沙特关系和解。

2019年，卡塔尔GDP增速为1.4%，经济增长保持强劲。根据《2019年世界竞争力报告》，该国竞争力位居第十位，比上一年提升了四个位次。其中，卡塔尔经济表现位居第三，政府效率位居第五，企业效率位居第十，而基础设施位居第40位。这主要是由于其低失业率、高固定资本形成、高储蓄率、高贸易额和高生产力。[①]

4. 科威特

2019年，科威特政局平稳但略有波澜。由于科威特埃米尔谢赫萨巴赫·艾哈迈德·贾比尔·萨巴赫年事已高，需要出国就医，造成国内无权威把持，家族内部不和扩大。2019年11月，科威特内阁集体辞职，国防大臣和内政大臣也遭到更换。对外政策上，科威特长期扮演着地区协调员的角色，对也门冲突、卡塔尔断交等问题积极协调。

2019年，科威特GDP增速预计为2%，经济基本面保持平稳。根据世界银行《2020年全球营商环境报告》，科威特首次跻身全球营商环境改善幅度较大的十个经济体。此外，科威特积极加入"一带一路"倡议，愿建设未来特大型城市——"丝绸之城"，预计总投资将达到千亿美元。科威特与中国设立了100亿美元的"科威特-中国丝绸之路基金"，旨在提供基础设施建设所需的资金。

5. 伊拉克

2019年，伊拉克政局动荡，该国爆发了自2003年以来最大的反政府抗议。10月底，实权在握的总理阿卜杜勒-迈赫迪被迫辞职，各方将在新选举法通过后提前举行大选。此次抗议浪潮源于伊拉克国内经济社会凋敝，国内失业率居高不下和反对伊朗干预伊拉克内政。抗议示威席卷了巴格达与南部十几个省份并导致数百人丧生。有分析认为新一轮"阿拉伯之春"即将到来，这将使得原已丧失"版图"的极

---

① 半岛电视台. 卡塔尔2019年经济表现位居世界第三. https://chinese. aljazeera. net/economy/2019/5/30/qatar-ranked-third-in-world-in-economic-performance-2019.

端组织卷土重来。

2019 年，虽然依旧困难重重，但伊拉克经济出现了惊人的恢复。2017 年至 2018 年伊拉克 GDP 长期负增长的阴霾被 2019 年上半年 4.8％的迅猛增长一扫而空。这主要归功于原油产量上升和非石油经济活动的反弹。世界银行认为，若无结构性改革，这种反弹将不可持续。[①]

6. 伊朗

2019 年，伊朗政治局势持续恶化。外交方面，伊核问题走进死胡同，伊朗启动新的离心机并进一步减少履行协议的义务。美伊双方剑拔弩张，为反制美国的极限施压，伊朗击落了美制无人机，扣留了英国油轮。此外，伊朗还积极争取中俄两国的支持，并在年底举行了三国首次军事演习。内政方面，伊朗经济陷入困境，物价飞涨，通货膨胀，多地爆发群众示威活动，国内政局动荡。

2019 年，伊朗经济全面萎缩。根据世界银行的估计，2019 年伊朗 GDP 将会下降 8.7％。究其原因，是美国开启对伊朗各类实体的全面制裁和全面禁运。伊朗出口断崖式下降，伊朗国内石化、金属、采矿等行业受到巨大打击。同时，伊朗国内通胀剧烈，年通胀将达到 20％。伊朗国内财政将面临严峻考验。[②]

二、2019 年中东地区能源形势综述

(一) 中东地区总体能源形势

2019 年，中东能源发展面临较大变局。一方面，全球经济放缓使得能源需求急剧减少，严重依赖化石能源的中东国家面临严峻考验；另一方面，美国一跃成为全球最大石油生产国，中东多国低碳能源项目蓬勃发展，中东以化石能源为主的能源结构受到内外的双重冲击。

2019 年全球经济放缓的大背景下，中东地区经济增长也大幅放缓，年平均增长率不及全球的 1/3。中国社会科学院世界经济与政治研究所认为导致这种现象的主要原因是地缘政治因素和石油限产协议影响了该地区石油出口国石油部门的产出，进而引发该地区石油出口国经济疲软。能源是实现经济增长的重要要素，经济的萎靡，必然会引发能源需求的减少。伴随着全球经济的走弱，石油的主要生产地

---

① The World Bank Group. Iraq's economic update—October 2019. https://www.worldbank.org/en/country/iraq/publication/economic-update-october-2019.

② 同①.

区的生产也受到巨大影响。除了需求因素，中东地区作为全球最主要的能源生产地区，还受到另一个冉冉升起的能源生产国的冲击。2018 年 11 月，美国原油产量达到 1 170 万桶/日，成为全球第一大石油生产国。而根据《BP 世界能源统计年鉴 2019》，2018 年全球石油产量增加 220 万桶/日，超过历史平均水平的两倍，增长主要由美国驱动，预计到 21 世纪 20 年代中期，美国将会贡献全球最多的能源产量。[①]中东国家占据多数的 OPEC 席位，2019 年进一步限产，预计在全球能源市场的比重将会降低，但是其作为重要能源来源的地位难以撼动，因为卡塔尔等国的天然气产量将持续增长。

在能源结构上，中东地区基本保持油气能源生产结构不变，虽然受限产和制裁影响，但也积极寻求向低碳能源转型。总体而言，预计到 2040 年，全球可再生能源和天然气占一次能源增量的 85%，可再生能源占一次能源的比例将从 2019 年的 4% 增加至 15%。石油需求将在 2030 年左右达到顶峰，天然气将保持较快增长并逐渐逼近石油的比重。

在石油方面，美国已成为全球最大石油生产国，液体燃料供给从 2015 年的约 1 500 万桶/日增至 2020 年的约 2 000 万桶/日，超越俄罗斯和沙特。OPEC 生产的石油占据全球市场的份额将从 2017 年的 41% 降至 2025 年的 36%。此外，受累于全球经济形势，OPEC 还在 2019 年决定限产，14 个 OPEC 成员国和 10 个非 OPEC 国家（OPEC+），约定自 2019 年 1 月 1 日起，至 2020 年 3 月 31 日，将原油日产量减少 120 万桶。2019 年 12 月，统一从 2020 年再减产 50 万桶。在天然气方面，2015—2035 年间，全球天然气产量年均增长率将维持在 1.6%，其中，页岩气产量将占增量的大约 60%。尤其是北美地区页岩气产量不断上升，预计到 2020 年，北美将能够实现油气自给自足。与此同时，中东也将加大马力生产天然气，卡塔尔作为中东最大的天然气出口国，随着其北方油田项目的增加，其出口将大幅上升，预计到 2019 年底，中东天然气产量将超过俄罗斯并在 2020 年达到 7 300 亿立方米。在可再生能源及核能方面，阿联酋、摩洛哥和约旦三国在可再生能源领域走在地区前列。阿联酋迪拜的马克图姆太阳能园三期、四期将于 2020 年底发电，阿布扎比的太阳能发电项目也在推进中，阿拉伯世界首座核电站也即将在阿联酋开启运营。沙特也制定了雄心勃勃的可再生能源发展计划，沙特新光伏项目，创下了 2.342 美分/千瓦的全球最新低价。

随着中东经济的增长，中东地区的能源需求也将持续上升。根据阿拉伯石油投

---

① BP. BP 世界能源展望 2019. https://www.bp.com/zh_cn/china/home/news/reports/bp-energy-outlook-2019.html.

资公司的估计，2022 年中东非洲地区对能源生产的需求量将增长 6.4％。① 而根据国际能源署（IEA）的预计，到 2040 年，中东天然气需求将比现在增长近一倍。② 其中，沙特已决定未来 20 年内从美国进口 500 万吨液化天然气。③ 到 2030 年，仅伊朗和沙特就能吸收该地区超过 50％的石油产量。

此外，中东地区能源储存和运输也成为焦点问题。2019 年，美伊局势紧张升级，导致波斯湾霍尔木兹海峡航线安全形势急剧恶化。阿联酋 4 艘油轮在该地区遭到破坏，船体损伤严重。沙特在该地区油田遭遇袭击，致使沙特石油产量减少 570 万桶/日，相当于沙特石油供应量的一半，即全球石油供应量的 5％。④ 英国油轮也在该地区被伊朗查扣。该地区的能源运输存在受地缘政治形势恶化而遭到破坏的风险。

2019 年，中东地区能源合作出现新变化。首先是合作方式走向市场化和金融化，12 月，沙特阿美对外首次公开募股，募集资金达 256 亿美元，该公司市值将达到 1.7 万亿美元并一举成为全球市值最大的公司。其次是合作伙伴不断扩大。2019 年，除中国继续推进"一带一路"能源合作外，印度、俄罗斯等国不断深化与中东的能源合作。阿联酋阿布扎比首开对外合作的先河，其国家石油公司阿布扎比国家石油公司成为唯一一家与印度战略石油储备计划合作的外国能源公司。沙特与俄罗斯加深能源合作并签署《产油国合作宪章》，这将使得 OPEC＋管理框架常态化。

（二）中东地区主要国家能源政策

2019 年，中东主要国家的能源政策发生诸多变化。沙特改组了能源机构，改革巨头油企沙特阿美上市，阿联酋、卡塔尔等国大力发展可再生能源，伊朗面对国际出口制裁推出了全新的能源结算机制。整体来看，中东国家的能源政策正在试图摆脱对油气的单一依赖、对国有资本的高度依赖和对石油-美元结算机制的过度依赖。

1. 沙特

（1）推进可再生能源发展

沙特力图通过发展可再生能源改变国内能源供给结构，根据沙特的"2030 愿

① 中国电力企业联合会. 中东非洲地区能源需求量持续增长. http://www.cec.org.cn/guojidianli/2018-09-11/184590.html.

② 天然气工业杂志社. 中东地区天然气产量超过俄罗斯. http://www.cngascn.com/outNews/201908/36114.html.

③ 中国国际能源舆情研究中心. 沙特阿美将从森普拉公司购买美国天然气. http://www.energypo.com/43201.html.

④ 人民网. 沙特油田遇袭搅动中东局势. http://military.people.com.cn/n1/2019/0920/c1011-31364160.html.

景"和"2020 国家转型计划",沙特计划在未来五年内实现逾 25GW 的风能和太阳能发电。未来十年内沙特可再生能源发电量将增至近 60GW,其中 40GW 将来自太阳能,20GW 将来自风能。[1]

在光伏能源方面,2019 年初,沙特 2019 年邀请总额为 15.1 亿美元、发电容量达 1.51GW 的光伏项目。[2] 此后,沙特启动国家可再生能源计划二期招投标,六个项目的光伏发电容量为 1.47GW。[3]

在风能方面,2019 年初,法国电力集团和阿联酋马斯达尔公司组成的联合体中标沙特首个 400MW 风电项目,合同总额达 5 亿美元。[4]

(2)化石能源机构持续改组

2019 年,沙特将其庞大的能源、工业和矿业部门一分为二,并将能源大臣兼沙特阿美董事长哈立德·法利赫替换,任命阿卜杜勒-阿齐兹·本·萨勒曼亲王为能源大臣,任命亚西尔·鲁迈延为沙特阿美新董事长。这是王室成员首次担任能源部长,这预示着沙特将加大对原油市场的关注,同时这也为沙特阿美上市扫清了部门阻碍。

2019 年底,沙特阿美成功上市,沙特阿美首次公开 IPO 定价,其出售的 1.5% 股份,融资额约 256 亿美元,超越阿里巴巴创下史上最大规模 IPO。此外,该公司的估值达到了 1.7 万亿美元,超越苹果成为全球市值最高的上市公司。这将使得国有的沙特能源命脉企业走向市场化,极大地降低了沙特对能源的过分依赖,推动沙特多元化发展。此外,沙特阿美还将寻求在海外市场如中国、日本上市,进一步吸收外资,促进国内发展。

在国内背景与 OPEC 限产的双重作用下,沙特在 2019 年原油产量减少 4.9%,每日平均产量为 981 万桶,而 2018 年为 1032 万桶,每日减少约 50 万桶,为六年来最低。

(3)开启核能发电项目

沙特新任能源大臣阿卜杜勒-阿齐兹·本·萨勒曼亲王称,沙特打算开发一项包括铀生产和浓缩在内的全面核项目。阿卜杜勒-阿齐兹·本·萨勒曼亲王计划对两座核动力反应堆进行招标。该招标预计将在 2020 年进行,美国、俄罗斯、韩国、

---

[1] 中国新能源网. 沙特阿拉伯计划到 2030 年可再生能源发电量达到 60GW. http://www.china-nengyuan.com/news/134389.html.

[2] 中华人民共和国驻沙特阿拉伯王国大使馆经济商务处. 沙特邀请 7 个太阳能光伏项目投标. http://sa.mofcom.gov.cn/article/sqfb/201903/20190302842522.shtml.

[3] 中华人民共和国驻沙特阿拉伯王国大使馆经济商务处. 沙特启动国家可再生能源计划二期招投标. http://sa.mofcom.gov.cn/article/sqfb/201908/20190802892756.shtml.

[4] 中华人民共和国驻沙特阿拉伯王国大使馆经济商务处. 法国电力和阿联酋马斯达尔联营体中标沙特首个风电项目. http://sa.mofcom.gov.cn/article/jmxw/201901/20190102826382.shtml.

中国和法国公司将参与该数十亿美元项目的初步谈判。[①] 早在2016年，中沙两国已就四代核电合作谅解备忘录签约，但该项目推进仍处于早期阶段。截至2019年底，阿拉伯半岛尚无投入运营的核电站。

2. 阿联酋

（1）争做中东可再生能源领头羊

2019年9月，阿联酋称将在2050年实现本国50%的能源来自可再生能源。而在其最大城市迪拜，届时将有75%的能源来自清洁能源并成为全球碳排放最低的城市之一。根据国际可再生能源署（IRENA）2019年的报告，到2030年，阿联酋将占该地区可再生能源总就业人数的45%。根据报告，阿联酋拥有海合会国家太阳能光伏装机容量的近79%，并正在引领全球太阳能创新。阿联酋迪拜的马克图姆太阳能园三期、四期将于2020年底发电，阿布扎比的太阳能发电项目也在推进中。

阿联酋迪拜还在风能项目上积极布局，2019年夏季，迪拜新能源垄断者迪拜水电局正在积极招标其第一个大规模风能发电项目。[②]

阿联酋也在积极开拓水电市场。根据迪拜哈塔发展规划，阿联酋2019年将开始授标阿拉伯湾第一个水电站项目——迪拜哈塔水电站项目。该项目计划装机量为250MW。该水电站计划于2024年2月投入运营，预计运营时长超过80年。合同总额约合3.9亿美元，中标方为迪拜、奥地利和土耳其公司的联合体。[③]

（2）阿拉伯地区首座核电站即将运行

2019年8月，阿联酋巴拉卡核电站1号机组目前正在进行监管机构检测和发放运营执照前的测试和调试，这意味着阿拉伯世界第一座核电站不久将投入运营。巴拉卡核电站位于阿联酋首都阿布扎比以西的海滨地区，2012年开始兴建，原定2017年底投入运营，进度一再延迟。巴拉卡核电站由韩国电力公社带领的财团承建，建设成本为244亿美元，共有4个反应堆。截至2019年8月，其余的2号机组完成了95%，3号机组完成了91%，4号机组完成了82%。[④] 四台机组完全投入运

① 中华人民共和国驻沙特阿拉伯王国大使馆经济商务处. 沙特预计在2020年进行两座核反应堆招标. http://sa.mofcom.gov.cn/article/sqfb/201910/20191002905803.shtml.

② 中华人民共和国驻迪拜总领事馆经济商务处. 迪拜水电局延长哈塔风能发电站项目可研合同竞标截止日期. http://dubai.mofcom.gov.cn/article/jmxw/201908/20190802887861.shtml.

③ 中华人民共和国驻迪拜总领事馆经济商务处. 迪拜哈塔水电站项目建设合同授标. http://dubai.mofcom.gov.cn/article/jmxw/201908/20190802891722.shtml.

④ 中华人民共和国商务部. 阿联酋Barakah核电站3号机组建设稳步推进. http://www.mofcom.gov.cn/article/i/jyjl/k/201908/20190802892927.shtml.

营后，装机量将达到 5 600MW，可以满足阿联酋四分之一的用电需求。

（3）化石能源及石化产业继续稳定增长

根据最新的数据，阿联酋阿布扎比 2018 年原油产量达 10.97 亿桶，同比增长 1.4%，对外销量为 8.022 亿桶，日均产量约为 300 万桶。此外，阿布扎比 2018 年天然气产量约为 2.988 万亿立方尺，出口量达 252.3 亿公吨[①]。预计 2024 年阿联酋阿布扎比可以实现天然气出口。对于石化产业而言，根据最新的 2018 年数据，阿联酋化石行业就业人数在海合会国家中排名第二，阿联酋石化产量为 1 450 万吨，石化营收增长了 28.4%。[②]

3．卡塔尔

（1）推进独立的石油出口战略

卡塔尔突然宣布将于 2019 年 1 月 1 日起退出 OPEC，专注于天然气的发展。卡塔尔是仅次于 OPEC 五大创始成员国的第六个成员国，也是首个退出 OPEC 的阿拉伯国家。根据 OPEC 月报，卡塔尔原油储量仅占 OPEC 总储量的 2%，2018 年 10 月的原油产量仅为 60.9 万桶/日，是 OPEC 内第十一大产油国。其"退群"的决定不会对国际油市造成太大影响，但 OPEC 内部离心力渐增的内忧由此可见一斑，这给国际石油市场的未来增加了更多的不确定性。

（2）大举投资天然气能源项目

2019 年 11 月，卡塔尔 LNG 的产能将大幅提升，计划由当前 7 700 万吨/年提升到 2027 年 1.26 亿吨/年，增幅达 64%，使卡塔尔油烃类产品单日产能达到约 670 万桶石油当量。此前，卡塔尔石油公司对外宣称，为实现 2024 年产能达到 1.1 亿吨，将投资新建 4 条 LNG 生产线。此次为实现 2027 年远期扩能计划，卡塔尔石油公司计划再投资新建 2 条 LNG 生产线。

关于卡塔尔石油公司欧美项目，卡塔尔能源事务国务大臣萨阿德·卡比称卡塔尔石油公司参与投资的美国得克萨斯 Sabine Pass 的 Golden Pass LNG 项目每年将输出约 1 600 万吨液化天然气，卡塔尔石油公司和埃克森美孚各占股 70% 和 30%；此外，卡塔尔石油公司在比利时的 Zeebrugge 再气化接收终端将全面运营，为欧洲市场提供充足的天然气供应。[③]

---

① 中华人民共和国驻迪拜总领事馆经济商务处. 阿布扎比 2018 年原油产量达 10.97 亿桶. http://dubai. mofcom. gov. cn/article/jmxw/201910/20191002905787. shtml.

② 中华人民共和国驻沙特阿拉伯王国大使馆经济商务处. 海合会国家石油石化产业持续稳定增长. http://sa. mofcom. gov. cn/article/sqfb/201912/20191202923671. shtml.

③ 中华人民共和国驻卡塔尔国大使馆经济商务处. 卡塔尔石油公司拟再次提高 LNG 产量. http://qa. mof-com. gov. cn/article/jmxw/201911/20191102917187. shtml.

关于卡塔尔亚洲项目，2019年11月，卡塔尔石油公司与中国万华化学集团股份有限公司在多哈签署了为期10年的液化石油气（LPG）供气协议，每年向万华提供80万吨液化石油气。[①] 十年来，卡塔尔已经向中国累计提供5 000万吨液化天然气。卡塔尔还积极投资天然气运输领域，2019年1月，卡塔尔计划从韩国引进60艘LNG运输船，卡塔尔目前拥有50艘LNG船。[②]

（3）试水光伏太阳能发电

2019年8月，卡塔尔首个光伏太阳能发电项目收到5家国际开发商的投标，投标主要来自法国、日本、韩国和中国。该项目占地面积约为10平方千米，设计装机容量最低为700MW，预计于2021年第一季度实现350MW并网发电能力，于2022年第一季度投入商业运营。[③]

4. 科威特

（1）稳定石油生产

2019年，科威特石油产量基本稳定，并在年底，科威特与沙特就恢复中立区的原油生产签署了相关协议和谅解备忘录。一旦中立区恢复原油生产，每天可为全球原油生产增加数十万桶，并提振价值数十亿美元的相关项目。[④]

（2）推动可再生能源发展

科威特计划启动2GW可再生能源项目的招标。2GW可再生能源项目是科威特沙加亚可再生能源园区的第三期工程，将包括聚光太阳能发电（CSP）和风能项目。沙加亚可再生能源园区由科威特科学研究所（KISR）与科威特水电部合作开发。设计发电能力为70MW的一期工程已于2018年完工，其中包括聚光太阳能发电（50MW）、光伏发电（10MW）和风力发电（10MW）。设计发电能力为1 500MW的二期工程目前由科威特国家石油公司（KNPC）监管，已有7家企业或联合体于2019年4月投标。[⑤]

---

① 中华人民共和国驻卡塔尔国大使馆经济商务处. 卡塔尔石油公司与中国化工企业签10年期液化石油气长约. http://qa. mofcom. gov. cn/article/jmxw/201911/20191102913472. shtml.

② 观察者网. 卡塔尔国王称计划购买60艘韩国产液化天然气船. https://www. guancha. cn/internation/2019_01_30_488653. shtml.

③ 中华人民共和国商务部. 卡塔尔首个太阳能发电项目吸引五个国际开发商竞标. http://www. mofcom. gov. cn/article/i/jyjl/k/201908/20190802888543. shtml.

④ 中华人民共和国驻科威特大使馆经济商务处. 科威特与沙特就恢复中立区产油达成协议. http://kw. mofcom. gov. cn/article/ztdy/201912/20191202925526. shtml.

⑤ 中华人民共和国驻科威特大使馆经济商务处. 科威特将于明年3月前启动2GW可再生能源项目招标. http://kw. mofcom. gov. cn/article/ztdy/201907/20190702884921. shtml.

5. 伊拉克

(1) OPEC+减产影响石油产量

2019年，作为OPEC第二大产油国，伊拉克石油产量刚刚达到历史高位，其7月日产量一度高达475.3万桶。但受制于OPEC+减产协议，伊拉克不得不削减其石油产量。这对石油收入占政府财政90%的伊拉克是个严峻的考验，伊拉克财政将难以投入更多资金恢复重建。[1]

(2) 推进"石油换重建"与国际合作

2019年，伊拉克和中国正式启动了"石油换重建"项目，预计项目将持续20年。根据协议，中国公司参与伊拉克基础设施重建工作，伊拉克则承诺每天向中国提供10万桶石油。具体项目包括中国的海隆石油技术服务有限公司和伊拉克的钻井公司合作，组建一家合资公司，在伊拉克全国范围内钻探石油，其中也包括世界最大油田之一的马季努恩油田；加强与伊拉克电力和制造业方面的合作；为巴格达大学建立图书馆等。[2]

2019年5月，伊拉克还将与埃克森美孚及中国石油天然气股份有限公司签订一项530亿美元的30年能源协议。在该协议实施的30年里，伊拉克预计将收获4000亿美元。该超大型项目涉及开发Nahr Bin Umar油田和Artawi油田，以及将这两处油田的产量从目前的约12.5万桶/日增加至50万桶/日。[3]

6. 伊朗

(1) 伊朗石油在制裁中绝处逢生

2019年，受累于美国对伊朗制裁全面升级，伊朗石油产量大幅下降。2019年6月，伊朗石油日产量从2018年上半年的平均382万桶下降至228万桶。[4] 受困于制裁，政府实施配给制，伊朗汽油消费量12年来也出现首次下降。[5]

在此背景下，伊朗积极寻求其他可能绕开美国制裁以出口石油。2019年6月，INSTEX系统正式上线，该系统由欧盟、法国、德国、英国和伊朗共同设立，通过

---

[1] 中国石油新闻中心. 欧佩克第二大产油国伊拉克准备减产. http://news.cnpc.com.cn/system/2019/09/12/001744849.shtml.

[2] 观察者网. 中国向伊拉克伸出援手：每天10万桶石油换重建. https://www.guancha.cn/internation/2019_10_13_521166.shtml.

[3] 观察者网. 伊拉克将与埃克森美孚及中国石油签订530亿美元能源协议. https://www.guancha.cn/economy/2019_05_08_500712.shtml.

[4] EIU. Country Report：Iran.

[5] 中华人民共和国驻伊朗伊斯兰共和国大使馆经济商务处. 伊朗汽油消费量12年来首次下降. http://ir.mofcom.gov.cn/article/jmxw/201911/20191102917665.shtml.

欧洲设立的特殊目的机制 INSTEX 来与伊朗进行贸易，把美国独立出去规避制裁，和伊朗达成独立的交易系统，致力于维护和维持伊朗的财政渠道和出口。除欧盟外，俄罗斯和中国也有意加入该系统以实现对伊朗的贸易。[①] 11 月，伊朗发现特大油田纳马瓦兰，储量预计有 530 亿桶，直接使伊朗探明石油储量增加三分之一。[②]

（2）寻求核电发展新突破

2019 年 10 月，伊朗已完全掌握核燃料循环各个阶段的技术，所有核燃料循环活动都是由伊朗专家进行的。伊朗在开发、设计和制造各种铀浓缩离心机方面已全部实现国产化。[③] 11 月，伊朗开始在布什尔发电厂建造第二座核反应堆，它将由俄罗斯帮助建造。此举主要是迫于美国禁止伊朗对外出口原油。[④]

三、2019 年中国与中东地区能源合作综述

（一）中国与中东地区能源合作成果

1. 强化同中东的能源战略关系

2019 年是中东能源格局巨变之年，传统能源合作稳健发展，新能源合作前景广阔。中国与中东地区的众多国家，不断深化双边能源合作关系，并就建立双边、多边能源合作机制达成了一系列共识。

2019 年 1 月 18 日，中国驻巴基斯坦大使姚敬会见巴基斯坦石油部长古拉姆，双方就石油领域合作等交换意见。中方愿就两国石油和能源合作保持沟通，巴方欢迎中国扩大石油投资。

2019 年 1 月 31 日，国务院总理李克强在北京会见卡塔尔埃米尔塔米姆。中方愿同卡方在能源领域建立战略合作关系。

同日，国家发展和改革委员会主任何立峰与卡塔尔副首相兼外交大臣穆罕默德·阿勒萨尼在北京签署了《中华人民共和国国家发展和改革委员会与卡塔尔国外交部关于共同编制中卡共建"一带一路"倡议实施方案的谅解备忘录》。双方将深

---

① 观察者网. 欧盟与伊朗支付系统完成首单，俄副外长：中国有意加入. https://www.guancha.cn/internation/2019_07_29_511467. shtml.

② 中华人民共和国驻伊朗伊斯兰共和国大使馆经济商务处. 伊朗石油部宣布发现特大油田. http://ir.mofcom.gov.cn/article/jmxw/201911/20191102912480. shtml.

③ 中华人民共和国驻伊朗伊斯兰共和国大使馆经济商务处. 伊朗已完全掌握核燃料循环各阶段技术. http://ir.mofcom.gov.cn/article/jmxw/201910/20191002906905. shtml.

④ 中华人民共和国驻伊朗伊斯兰共和国大使馆经济商务处. 伊朗开始在布什尔建造第二座核电反应堆. http://ir.mofcom.gov.cn/article/jmxw/201911/20191102912484. shtml.

入挖掘"一带一路"与卡塔尔"国家愿景2030"的契合点，统筹推进能源、基建、高新技术、投资四大领域合作，进一步密切旅游、文化、体育、媒体合作，积极拓展在沿线国家的第三方合作。

2019年2月22日，国家主席习近平在北京会见沙特王储穆罕默德。习近平指出，两国要加强发展战略对接，加快签署"一带一路"倡议同沙特"2030愿景"对接实施方案，推动能源、基础设施、贸易投资、高附加值产业等领域合作。两国要推动中国-海合会自由贸易区建设。中国愿同沙方探索"以发展促和平"的中东治理路径。穆罕默德表示，沙特支持共建"一带一路"倡议，愿与之对接。同日，中沙两国有关企业、机构共签署了35份合作协议。

同日，国家发展和改革委员会副主任宁吉喆与沙特能源、工业和矿产资源大臣法利赫签署了《中华人民共和国国家发展和改革委员会和沙特王国能源、工业和矿产资源部关于共同推动产能与投资合作重点项目（第二轮）的谅解备忘录》。双方将鼓励两国企业推动重点项目落地。同日，宁吉喆、法利赫和沙特商务投资大臣卡萨比还在北京出席了"中沙投资合作论坛"。论坛以"一带一路"倡议与沙特"2030愿景"对接为主题，双方围绕国际产能合作、新型工业化与石化产业、改善营商环境等议题进行了深入探讨。

此外，中国企业还将积极参与沙特阿美IPO。2019年8月，中国国有银行被邀请参加沙特阿美的IPO承销投标，包括中国工商银行和中国银行在内的投行业务部门和其他公司竞投沙特阿美的IPO承销。[①]

2019年3月19日，商务部部长钟山与伊朗财经部部长德吉帕萨德在北京召开中伊两国政府经济贸易合作联合委员会第17次会议。双方就推进"一带一路"建设、能源、贸易和投资以及民生领域等合作深入交换意见。中方愿推动经贸关系发展。伊方始终将中方视为最重要的合作伙伴，愿深化各领域合作。

2019年7月2日，国家主席习近平在北京同土耳其总统埃尔多安举行会谈。习近平指出，中方愿同土方加快共建"一带一路"倡议和"中间走廊"计划的对接，稳步推进贸易、投资、科技、能源、基础设施及重大项目合作。埃尔多安表示，土中合作潜力巨大，土方坚定支持"一带一路"建设，希望双方在"一带一路"框架内加强贸易、投资、金融、能源、汽车制造、基础设施、第五代移动通信、智慧城市等领域合作。

2019年7月24日，国家能源局副局长李凡荣在北京会见利比亚国家石油公司

---

① 中国石油流通协会. 沙特阿美IPO在即 中国寻求更多合作. http://www.cpca.com.cn/site/content/5261.html.

董事长穆斯塔法·萨纳拉，双方就加强中利油气领域合作事宜深入交换了意见。

2019年8月29日，国家能源局副局长李凡荣在北京会见以色列驻华大使何泽伟，双方就油气、能源创新发展和能源技术等议题深入交换了意见。

2019年9月12日，国家能源局副局长刘宝华在北京会见了伊拉克电力部副部长艾萨尔·哈比卜·托比亚一行，双方就中伊电力合作有关事宜进行了深入交流探讨。

2019年9月24日，国家主席习近平同沙特国王萨勒曼通电话。沙特通报了近日沙特石油设施遭遇袭击有关情况。中方对沙特石油设施遭遇袭击予以谴责，这一事件给海湾地区局势和国际能源市场带来冲击。

2019年10月7日，中国驻卡塔尔大使周剑会见卡塔尔商业与工业大臣阿里·库瓦里。中国是全球最大的天然气进口国，卡塔尔是全球最大的液化天然气出口国，双方愿进一步加强合作。

2. 构筑区域多边能源合作平台

2019年1月14日，第12届世界未来能源峰会在阿联酋举行，习近平主席特别代表中央外事工作委员会办公室主任杨洁篪出席会议。该峰会致力于为世界寻求可持续发展的未来能源解决方案提供平台，旨在推动可再生能源和环保领域的技术创新和投资机会。

2019年4月25日，国家发展和改革委员会副主任宁吉喆在北京会见来华出席第二届"一带一路"国际合作高峰论坛的沙特能源、工业和矿产资源大臣法利赫、通信与信息技术大臣苏瓦哈和交通大臣阿穆迪。双方重点就共建"一带一路"合作、数字经济、基础设施、产业园区、产能与投资合作、中沙共同投资基金、能源合作等领域广泛交换意见。高峰论坛围绕"一带一路""五通"（政策沟通、设施联通、贸易畅通、资金融通、民心相通）为主线，对基础设施互联互通、经贸合作、产业投资、能源资源、金融支撑、人文交流、生态环保和海洋合作等重要领域进行讨论，是共建"一带一路"倡议的重要平台。

2019年4月25日，国家主席习近平在北京分别会见来华出席第二届"一带一路"国际合作高峰论坛的阿联酋副总统兼总理、迪拜酋长穆罕默德和埃及总统塞西。会见穆罕默德时，习近平表示，中方愿推进能源、投资和基础设施建设、高新技术、创新发展战略对接等领域合作。会见塞西时，习近平表示，中方愿积极参与苏伊士运河走廊开发计划，持续推进苏伊士经贸合作区建设及产能、基础设施建设等领域合作。

3. 推进新兴、可再生能源和核能合作

2019年1月16日，国家发展和改革委员会副主任宁吉喆、商务部副部长钱克明与埃及贸工部长纳萨尔、投资和国合部长纳斯尔在埃及开罗共同主持召开中埃产能合作第三次部长级会议。双方就下一步积极推动电动汽车、光伏、纺织等合作达成重要共识。

2019年3月4日，国家能源局局长章建华在北京会见阿联酋阿布扎比酋长国能源局局长阿维尔·穆尔氏德·穆尔，双方就能源合作达成重要共识。双方愿推动油气、可再生能源、核能、储能、智能电网、光伏等领域合作。双方同意研究起草并尽快签署中阿能源合作行动计划。

2019年4月23日至29日，国家能源局副局长刘宝华率团访问突尼斯和沙特。访问期间，刘宝华代表国家能源局与突尼斯工业和中小企业部签署了《关于可再生能源合作的谅解备忘录》，拜访了两国能源主管部门，就加强能源合作，落实"一带一路"有关能源项目深入交流。出访期间，刘宝华调研了当地能源项目，并与当地中资能源企业座谈，听取意见和建议。

2019年7月22日，国家主席习近平在北京同阿联酋阿布扎比王储穆罕默德举行会谈。习近平指出，中阿要加快推进高质量共建"一带一路"，巩固和扩大能源领域长期、稳定、全方位的战略合作。穆罕默德表示，共建"一带一路"倡议将对促进地区互联互通和世界经济增长做出重要贡献，阿方愿积极参与其中并发挥更大作用，并探讨同中方开展第三方市场合作。阿方愿扩大对华投资、能源供应和贸易规模，加强金融、航空、人文等领域交流合作，在科技领域支持同中国公司开展合作。会谈后，两国发表《中阿关于和平利用核能合作的谅解备忘录》等文件。

2019年7月30日，外交部长王毅在泰国曼谷会见土耳其外长查武什奥卢。双方愿推进经贸、安全、高铁、核电、航空、人文等领域合作。

2019年11月12—14日，国家能源局局长章建华会见阿联酋国务部长兼阿布扎比国家石油公司总裁苏尔坦·贾比尔、阿联酋能源与工业部部长苏海勒·马兹鲁伊、阿布扎比能源局局长阿维尔·穆尔氏德·穆尔，就加强两国油气、新能源、核能等合作深入沟通，达成多项共识。

2019年11月19日，国家能源局局长章建华在北京会见卡塔尔能源事务国务大臣萨阿德·卡比，双方就LNG、可再生能源、三方合作等事宜深入交换了意见。

（二）中国与中东国家能源合作机遇

1. 中东地缘格局深刻变化

尽管2019年中东地区的政治安全形势相较于2018年进一步恶化，但美国逐渐开始战略撤离此地，为新势力进入该地腾出了空间。2019年美国继续对伊朗极限施压，构建围绕伊朗的封锁体系，此举违背国际法和国际道义，遭到美国中东盟友沙特和阿联酋、美国欧洲盟友的排斥，为中国加强与沙特、阿联酋关系提供了契机。2月、4月，沙特王储与能源、工业和矿产资源大臣相继访华，双方签署了35份合作协议，其中包括新型工业化与石化产业投资项目。3月、4月、7月、11月，阿联酋高层与中国高层频繁互动，双方将加速签署中阿能源合作行动计划。这都表明了中国加强与沙特和阿联酋合作的趋势。中国与中东国家传统友谊深厚，双方合作基础牢固，彼此之间的能源合作平等互利，双边合作前景广阔。

2019年，欧盟和伊朗尝试打造绕开美元的贸易结算机制INSTEX。该机制通过"以物易物"的模式，让伊朗能够继续出售石油并进口其他产品或服务。此外，俄罗斯、中国也有意加入此体系。这为未来突破"石油-美元"机制提供了样板。

2. 中东寻求能源多元发展

2019年，全球经济疲软，油价低迷，OPEC＋开启限产计划，中东各国不得不减少石油生产，这对中东国家摆脱单一化石能源产业依赖奠定了基础。中国可再生能源和核电行业较为发达，中国太阳能电池板、特高压输电系统等装备有着显著的比较优势，中国可以充分利用这一优势，加大同中东国家多种能源的合作。

沙特、阿联酋、科威特、卡塔尔等国都制定了相应政策，推动能源供应多元化，核电、太阳能发电、水电都是中东待需发展的。中国可以不失时机地积极推动政策对接，有利于中东摆脱"资源诅咒"，也有利于中国多种能源发展。

3. "一带一路"倡议与中东深度对接

2019年，中国依然是全球最大的能源消费国，中国依旧大量进口中东地区的能源产品，继续推进"一带一路"能源合作十分重要。在投资结构方面，中国应积极推进民营企业共同参与相关项目，以财政税收等多种手段刺激中小型民营企业走出去。在投资项目方面，中国应该更为注重全产业链合作，尤其注重上游勘探开发合作，避免直接单一从中东采购能源产品，从而避免受到能源产地、运输通道因地缘政治动荡而断供的影响。在投资合作方式方面，中国应基于"一带一路"倡议，力求打造多边能源合作机制，尤其可以借助可再生能源优势打造新行业标准，提高中国在能源领域话语权。

非洲地区

李坤泽

一、2019 年非洲地区政治经济形势综述

总体上，2019 年非洲相对平稳。政治上，即使是发生政变的苏丹、阿尔及利亚等国，也并未发生长时间的剧烈动荡。经济上，非洲大陆自贸区的建成，极大地促进了非洲经济的发展，令非洲各国在全球经济增长乏力的背景下，保持较好的经济表现，逐渐改变了"贫穷落后"的非洲大陆风貌。

（一）非洲地区政治形势

相较 2018 年，非洲政治局势有所改善，但诸多局部问题仍然存在，个别国家政治风险呈上升趋势。更多域外国家给予非洲更高的关注。

1. 总体平稳、个别地区动荡

2019 年，非洲地区政治局势总体平稳，部分地区发生了政治变动。2019 年 3 月 26 日，在位 20 年的阿尔及利亚总统布特弗利卡下台；2019 年 4 月，苏丹发生政变，在位 30 年的巴希尔政权被推翻。除此之外，埃塞俄比亚、加蓬等国也发生了未遂政变。

局部政变并未引发严重的政治危机，阿尔及利亚和苏丹两国实现了较为顺利的政权过渡，阿尔及利亚在 2019 年 12 月正常举行了大选。当年最主要的政治危机来自南非和喀麦隆。由于非洲人国民大会（简称非国大）支持率下降，激进土改政策出台，失业率居高不下，南非国内出现了诸多动荡。2019 年 9 月 1 日到 5 日，约翰内斯堡爆发大规模骚乱，非国大的领导地位受到动摇，南非未来有可能出现更激进

的骚乱等活动。而喀麦隆则深陷分裂危机之中。从 2018 年 8 月起，喀麦隆北部英语区分裂势力抬头，频繁制造袭击事件，并与"博科圣地"流窜入喀麦隆的残部合流，政治局势陷入动荡，2020 年喀麦隆政府将面临极大挑战。

2. 恐怖主义和内战威胁突出

虽然南苏丹等地的长期冲突已经结束，喀麦隆之外的非洲也并没有发生严重的安全问题，但在其他热点地区，安全形势仍然严峻。利比亚民族团结政府与利比亚东部武装"国民军"之间的冲突虽然受到调停，但很难认为战场上占据优势又广泛获得外援的利比亚东部武装"国民军"会因此放弃对的黎波里等地的攻势。利比亚的持续动荡让大量"伊斯兰国"残余力量以及来自利比亚的军火流入马里，阿扎瓦德民族解放运动（MNLA）与"伊斯兰后卫"组织合流造成 2019 年 11 月以来马里叛乱武装连续发动较大的行动，例如 11 月 1 日的袭击造成 54 名马里政府军士兵死亡，马里局势仍处在持续恶化中。此外，索马里"青年党"的活动也仍然频繁，并且在 2020 年初发动了对肯尼亚美军基地的攻击，索马里"青年党"的活动同样值得关注。在刚果（金）、中非共和国等地，武装冲突也并未停止。

3. 域外国家关注度持续提升

近年来，随着非洲经济的显著复苏及其巨大的经济和市场潜力，越来越多国家对非洲倾注了更大的关注。2019 年 1 月，欧盟-非盟峰会在布鲁塞尔召开，新一届欧盟委员会主席冯德莱恩首次出访即选择埃塞俄比亚，并计划提出新的《欧盟-非洲战略》和 2020 年再次召开欧洲-非盟峰会。[①] 2019 年 8 月，日本主办的第七届非洲开发会议（TICAD）通过了《横滨宣言》，日方提倡的"自由开放的印度洋-太平洋"构想首次以文件形式公布，并计划由民间对非洲进行 200 亿美元的投资。[②] 2019 年 10 月 23—24 日，首届俄罗斯与非洲国家峰会在俄罗斯索契举行。越来越多的域外国家或国际组织与非洲之间的峰会或论坛正在举行，域外国家对非洲政治经济的关注度达到新的高度。未来，随着非洲经济的发展，非洲势必在国际舞台上受到更高的重视。

（二）非洲地区经济形势

非洲经济增长延续了前几年较为稳健的发展态势，特别是部分经济表现较好的

---

① 中华人民共和国商务部. 欧盟-非盟峰会在比利时召开. http://www. mofcom. gov. cn/article/i/jyjl/k/201902/20190202833441. shtml.

② 人民网. 第七届非洲开发会议在横滨召开 日本政府将支持民企向非州发展. http://japan. people. com. cn/n1/2019/0829/c35421-31325544. html.

国家在全球经济不景气的大背景下格外引人注目。但部分依赖出口特别是大宗商品出口的国家则受到外部需求的影响经济增长动力不足。

1. 经济增长总体稳定

2019年，各权威机构对于非洲的经济增长都持相对乐观态度。联合国《2019世界经济形势与展望年中报告》提出，尽管由于全球经济放缓、国际市场大宗商品价格脆弱等因素，联合国调低了对非洲的经济增长预期；但2019年非洲经济仍将增长3.2%。[1] 而非洲开发银行的预计则更加乐观，认为经济增长将达到4%。[2] 非洲大陆自贸区的建成被认为是促进非洲经济发展的重要一步。在全球经济低迷的大环境下，撒哈拉以南非洲的经济表现被寄予厚望，它所代表的12亿人口和2.3万亿美元的巨大的市场、丰富的资源和充沛的劳动力，更是受到全世界的关注。特别是随着非洲经济的发展，非洲区域内经济往来也会显著提升，更加为非洲经济的未来注入活力。

2. 不同国家差距拉大

与一般人认知的撒哈拉以南非洲作为一个整体的概念不同，非洲不同区域、国家间的差距正在快速拉大。各权威机构普遍认为，东非地区将继续成为非洲经济发展的火车头。2019年11月，联合国非洲经济委员会（UNECA）认为东非区域2019年GDP增长率达6.1%，2020年将进一步提升到6.5%。[3] 而非洲其他区域经济增长预计则相对较低，北非GDP增长率达3.4%，中非GDP增长率达2.7%，西非GDP增长率达3.5%。[4] 特别是由于南非共和国政局不稳，经济表现低迷，以南非共和国为中心的南部非洲地区经济增长仅为0.3%。作为非洲经济总量较大的区域，南部非洲的经济表现对整个非洲的经济造成了较大的影响。

具体到不同国家，表现差别也很大。例如同属于西非地区，相比因油价低迷而经济受创的尼日利亚，科特迪瓦GDP增长率高达7.4%。此外尼日尔、贝宁、加纳、布基纳法索、塞内加尔的经济增长也预计将达到或接近6.0%。另外，中非部

① World Economic Situation and Prospects as of mid-2019. https://www.un.org/development/desa/dpad/wp-content/uploads/sites/45/WESP2019MYU_Report.pdf.

② African Economic Outlook 2019: Growth accelerates. http://www.africancapitalmarketsnews.com/3989/african-economic-outlook-2019-growth-acclerates/.

③ 中华人民共和国商务部. 联合国非经委预测2020年东非经济将实现强劲增长. http://www.mofcom.gov.cn/article/i/jyjl/k/201911/20191102913665.shtml.

④ World Economic Situation and Prospects 2020. https://www.un.org/development/desa/dpad/wp-content/uploads/sites/45/WESP2020_FullReport.pdf.

分战乱国家也出现了恢复性增长，如中非共和国 2019 年达到 4.6％，乍得达到 3.8％等。

3. 出口国经济受打击

由于 2019 年全球经济总体低迷，大宗商品价格在低位徘徊，即使在非洲整体经济形势稳定的背景下，严重依赖大宗商品出口的国家经济还是受到了较大的影响。例如据非洲开发银行的估计，尼日利亚 2019 年经济增长仅为 2.1％，加蓬、阿尔及利亚等国经济也受到了一定影响。而资源相对缺乏但消费增长和政府投资强劲的东非国家则经济表现亮眼。2019 年，埃塞俄比亚 GDP 增长率预计接近 9％，卢旺达 GDP 增长率高达 8.5％。这也说明，非洲很多国家过度依赖单一大宗商品出口的殖民地经济结构已经发生了较大的转变，各国的经济表现也证明了拉动消费和政府投资是非洲国家摆脱贫困，实现经济发展的关键所在。

二、2019 年非洲地区能源形势综述

2019 年，非洲能源发展取得较大突破。一方面，非洲本就较为丰富的化石能源随着众多新的勘探成果特别是近海油气资源的大量发现，可开发潜力进一步增加；另一方面，非洲各国在中国等域外国家的大量投资和援助下，可再生能源的潜力也得到了进一步发掘，在水电、太阳能等方面都取得了较大突破。

（一）非洲地区能源形势

2019 年对非洲能源来说是一个"大年"，无论是传统能源还是新能源及可再生能源都取得了一系列的进展，让非洲在国际能源市场的地位继续提升。

1. 能源资源储藏量增大

在传统能源方面，据《BP 世界能源统计年鉴 2019》数据显示，非洲原油储量达 166 亿吨，占全球储量的 7.2％；天然气储量达 14.4 万亿立方米，占全球储量的 7.3％；煤炭储量 132 亿吨，占全球储量的 1.3％。[①] 值得注意的是，虽然非洲能源丰富，但在全球所占比重并不大，这种丰富和潜力更多是因为非洲能源消费量远低于其他地区，且开发程度相对滞后。2018 年非洲的一次能源消费总量仅为 4.62 亿吨油当量，占全球的 3.3％。尽管 2019 年非洲屡屡有新的油气储量被发现，但总储量相对 2017 年仍略有下降。但总体上，非洲各主要产油国如尼日利亚、苏丹、南苏丹

---

① BP Statistical Review of World Energy 2019.

等的储采比大多高于中东以外其他地区的主要产油国,仍有着较大的开发潜力。天然气是非洲能源的新兴力量,探明储量显著提升且开发潜力更大。特别是尼日利亚和利比亚的天然气资源十分丰富,若加以有效开发,可以成为世界主要的天然气出口国。

2. 新能源及可再生能源潜力倍受重视

非洲经济基础薄弱。相比世界其他地区,非洲主要围绕传统化石资源展开的能源能力不足,却也让非洲拥有了在部分新能源及可再生能源领域"弯道超车"的机会。在太阳能方面,非洲是全球太阳能资源最为集中的地区之一,该地区的太阳辐射量分布较为均匀,约有四分之三的土地可接受太阳垂直照射,85%的陆地表面每年每平方米可接收大约 2 000 千瓦时的太阳能。在风能方面,非洲国家的风力条件大多较好,其风能所蕴含的电力为 5 000 万亿~7 000 万亿千瓦时/年。[①] 非洲东部和南部丰富的地热资源也受到了越来越多的关注,据估计,从吉布提到莫桑比克,非洲大陆有 1 500 万千瓦的地热能潜力。早在 2014 年,肯尼亚就利用丰富的地热资源,让地热能成为占比最高的能源种类,吉布提等国也在加紧开发本国地热资源。但地热能开发前期成本较高,对长距离输电也提出较高要求,一定程度上限制了地热能的开发潜力。

非洲国家也十分重视可再生能源的开发。早在 2015 年,非盟就提出了"非洲可再生能源倡议"(AREI)。截至 2019 年中,非洲已经与欧盟、法国、德国达成可再生能源合作协议,涉及总发电量将达 2 700MW,总金额超过 30 亿欧元。美国的"非洲能源计划"和中国的"非洲能源互联网计划"等也为非洲可再生能源提供了关键的资金技术支持,极大促进了非洲可再生能源技术与能力的发展。

(二) 非洲地区主要国家能源政策

2019 年,非洲地区主要国家的能源政策基本上与过去保持连贯,没有发生重大的能源政策转向。但各国由于本国能源禀赋和能源利用现状的不同,能源政策仍然存在一定差异,2019 年也有个别国家发生了局部的政策调整。

1. 安哥拉致力于降低石油依赖

安哥拉是非洲主要原油出口国,石油出口额占总出口的 95%以上,出口财政收入占总财政收入的近 60%。由于近年来安哥拉石油产量连续下降,且安哥拉经济中石油份额过高,因此在 2019 年 4 月的新"五年规划"中,将五年间 GDP 年均增长率预期定为 3%,其中石油领域年均增长-2.0%,非石油领域年均增长 5.1%,可

---

① 张建新,朱汉斌. 非洲的能源贫困与中非可再生能源合作 [J]. 国际关系研究,2018 (6):46.

持续包容发展、权力下放等也被纳入规划。[①] 这些举措都说明安哥拉正在进行经济结构转型，避免过度依赖石油经济。而治理上如权力下放、加强民主法治等，直指安哥拉备受诟病的腐败问题。新的"五年规划"说明，安哥拉政府将要在一定范围内限制石油行业的发展，防止经济结构进一步单一。但安哥拉难以解决现阶段严重依赖石油收入的问题，且随着近海储量的增加，未来油气开发仍然会占据重要地位，石油领域负增长的目标可能无法实现。

2. 尼日利亚能源政策调整仍在持续

尼日利亚是非洲人口最多的国家，也是非洲第一大经济体，同时与安哥拉类似，也严重依赖石油收入。2016 年全年能矿产品出口 12.99 万亿奈拉，占出口总额的 95.4%。其中原油出口 11.03 万亿奈拉，占出口总额的 81.1%。自 2014 年布哈里总统上台以来，提出经济多元化方针，把农业和固体矿产业作为未来经济发展重点。但至今为止成果仍然十分有限，反而助长了非法采矿业。尼日利亚提出了多项可再生能源相关政策和监管框架，电力能力也在不断提升，但配套的措施没能跟进，过度依赖天然气发电；巨大的资金缺口无法填满，出现了较为严重的结构性问题：国内电力资源短缺的同时因为规划不合理、天然气短缺等原因大量发电能力闲置；严重的赤字导致尼日利亚需要大量出售国有资产来弥补。尼日利亚仍处在能源政策调整期，但 2019 年新发现的油气储量可能缓解这种困难。

3. 南非新能源及可再生能源迎来巨大机遇

南非是金砖五国之一，2019 年的能源政策大体稳定，新政策主要包括国有电力企业改革和征收"碳税"。南非国家电力公司（Eskom）承担南非 90% 的供电任务，但长期经营不善。Eskom 不仅无法满足南非国内电力需求，还背负 4 500 亿兰特（约 2 000 亿元人民币）的巨额债务，因此南非启动了按发电、输电和配电业务将其拆分重组以打破垄断、发展多样化能源供应，向社会购买电力等措施。南非总统西里尔·拉马福萨于 2019 年 5 月底通过了一项法律，对南非公司征收"碳税"，每吨碳排放必须支付 8.34 美元。南非财政部指出，气候变化是人类面临的最大挑战之一，"碳税"的主要目标是以可持续的方式减少温室气体排放。[②] 这两项重大改革都为南非的新能源及可再生能源发展提供了巨大的机遇。

---

① 中华人民共和国商务部. 2019 年对外投资合作国别（地区）指南——安哥拉. https://www.yidaiyilu. gov. cn/wcm. files/upload/CMSydylgw/202002/202002141055009. pdf.

② 能源界网. 南非碳税法 6 月生效，每吨碳排放必须支付 8.34 美元. http://www.nengyuanjie. net/article/ 27270. html.

4. 肯尼亚国家电气化战略应对能源问题

为了实现"2030愿景",实现"全民通电"的目标,肯尼亚提出了肯尼亚国家电气化战略(KNES)即到2022年实现全民用电的发展蓝图。肯尼亚是世界可再生能源发电比例较高的国家之一,超过70%的电力由可再生能源产生,特别是光伏太阳能和地热发电发展迅速,供电率位居东非第一,达75%。为了满足剩余未通电人口的供电需要,肯尼亚在继续发展新能源及可再生能源的基础上,进一步发展离网供电能力,小型、分散、适用于农村的廉价可再生能源成为肯尼亚"全民通电"的主要方向。除了供电以外,肯尼亚也有志于改变烹饪用能源结构。目前肯尼亚70%的家庭使用柴灶(农村达90%),每年消耗价值680亿先令(约6.6亿美元)的木炭,效率较低且温室气体排放严重,受到联合国的批评。因此肯尼亚在加紧通过推广天然气灶和电灶的方式来改变这一情况。优越的太阳能和地热禀赋以及国家电气化战略为肯尼亚的新能源及可再生能源投资者带来机会,特别是适用于农村的小型离网能源设备在肯尼亚前景广阔。

(三) 非洲地区外部能源投资增加

随着非洲在世界能源格局中的地位继续提升,非洲获得的外部能源投资也在持续增加,无论是规模、类别还是参与主体都相比过去有了一定提升。

1. 新储量吸引外部投资

2019年是非洲能源勘探取得重大突破的一年,多个国家都发现了巨大的能源储量,尤其是近海石油勘探成效显著。2019年2月,法国道达尔公司在南非近海发现了南非首个世界级深海气田——奥特尼夸盆地(Outeniqua basin),预计储量达到10亿桶油当量。2019年10月,澳大利亚FAR公司也宣布在冈比亚近海发现约12亿桶原油储量。2019年12月,斯普林菲尔德勘探与开发公司与加纳国家石油公司合作,在加纳近海也发现了15亿桶原油和198亿立方米天然气的储量,原油日产量仅有约20万桶的加纳有望成为非洲新一个主要能源出口国。先前受到原油生产潜力下降困扰的安哥拉也因为意大利埃尼集团的勘探成果,一年内五次发现新的储量,至少18亿桶轻质原油的储量让安哥拉足以走出先前能源潜力衰退、产量持续下降带来的困境。2019年,非洲原本的主要产油国安哥拉、尼日利亚等均有新的发现,而其他非主要能源生产国如南非、埃及等的能源潜力也显著增加。

这一系列新的发现刺激了世界各国对非洲能源的投资,与前些年各国对于非洲原油开发潜力较为悲观的预期导致的撤资等行为形成鲜明对比。特别是欧洲国家在

2019 年的非洲油气资源勘探中成果最为丰硕，以法国道达尔、意大利埃尼、英国 BP 为代表的一批企业在非洲大量投资，在 2019 年的非洲新发现能源储量投资中占得先机。对于非洲经济来说，2019 年的勘探成果吸引的外资也助力不少。

2. 开发主体继续增加

随着非洲经济的不断发展以及各国对于非洲能源潜力认识的提升，参与非洲能源开发的主体也越来越多。

除传统的在非洲从事能源业务较多的欧洲国家以及中国、美国、印度外，其他域外国家如土耳其、俄罗斯等，还有能源实力较强的部分非洲国家也加入非洲能源开发的大潮。通过更深入地参与非洲能源开发，不仅有利于各国增强本国能源实力，维护能源安全；也有利于提升在非洲的政治经济影响力，在非洲经济复苏与发展的大趋势中获得相对优势。

土耳其作为近年来中东地区较为活跃的国家，对非洲也同样关注。2019 年底，土耳其直接出兵利比亚以支持利比亚民族团结政府，主要原因之一就是与利比亚民族团结政府签署的专属经济区协议，该协议使得土耳其可以开发两国邻海地区丰富的东地中海盆地天然气资源，如果利比亚民族团结政府赢得胜利，也可以让土耳其在利比亚战后能源恢复生产过程中获取更大的份额。此外，2020 年 1 月，土耳其还与索马里签署了开采近海石油的合作协议。

在首届俄罗斯与非洲国家峰会达成的《俄非峰会暨经济论坛宣言》中，特别强调了能源合作，除油气领域合作以外还包括新能源和核能的合作意向。[1] 俄罗斯发挥本国油气和核能领域的优势，与非洲能源合作快速发展。俄罗斯已经与 16 个非洲国家达成核能合作，特别是俄罗斯核电巨头 Rosatom "自建-经营" 的合同被寄予厚望，即核电站的所有权仍在俄罗斯手中，而生产的能源则出售给东道国的方式，对很多资金缺乏的国家来说有较强吸引力。[2]

即使是非洲大陆内部，也有南非等国开始成为非洲其他国家的能源投资国。例如南非 2018 年 12 月与南苏丹达成 10 亿美元的投资协议；而南非作为南部非洲发展共同体（简称南共体）的主导国家，与南共体其他国家的能源合作也在不断深入，例如与能源紧缺的津巴布韦进行火电和输电合作，与莫桑比克达成能源合作伙伴关系等。埃及等有一定能源资本技术积累的国家，同样也与非洲域内其他相对落后国家达成了一系列的能源合作。尽管目前非洲域内能源合作规模仍远低于非洲与

① 中国石化报. 非洲多国欲与俄罗斯加强能源合作. http://oil. in-en. com/html/oil-2883818. shtml.

② 中国电力报. 俄罗斯加速布局非洲核电市场的意义何在. https://baijiahao. baidu. com/s? id=1638458255448669762&wfr=spider&for=pc.

域外国家能源合作，但非洲域内能源合作的发展也代表着一个重要的发展趋势。

三、2019 年中国与非洲地区能源合作综述

中国与非洲地区能源合作一直保持较高水平。2018 年中非贸易额达到 2 042 亿美元，同比增长 20％，中国已经连续十年成为非洲第一大贸易伙伴国；对非全行业直接投资存量超过 460 亿美元。[①] 其中，能源合作作为中非合作中的主要部分，所占份额很大。

（一）中非能源合作情况

2019 年中非能源合作总体仍延续着旧有的良好态势，特别是在电力合作、产研合作等方面进展较大。

1. 非洲继续成为中国能源来源多元化关键区域

作为世界最大的能源消费国和三种主要化石能源（原油、天然气、煤炭）的最大进口国，中国的能源对外依存度较高，能源安全受到严峻的挑战。因此，中国十分注意能源来源多元化问题，并且将非洲作为关键的区域。

中国与非洲的能源贸易与投资发端较早。早在 2000 年前后，为满足中国日益增长的能源需求和中国企业"走出去"的需要，中国就在当时受到西方世界相对忽视的非洲大陆开始了大规模的能源合作。特别是在苏丹、安哥拉等国的能源合作成果最为丰硕，安哥拉一度成为中国最大的原油进口来源国。近年来，中国的传统能源合作对象进一步扩展，投资国和进口来源国更加多元化。2019 年 7 月，中国石油国际勘探开发有限公司宣布海外油气业务权益产量当量近 5 300 万吨，同比增长 10.6％，利润同比大幅增长。

2019 年同样是中非传统能源合作取得进展的一年。一方面，由于南苏丹内战长期无法恢复生产的南苏丹 1、2、4 号油田于 7 月重新投产，中国在南苏丹地区的长期投资重新回到正轨，而中国在安哥拉等国的传统投资与能源贸易也保持稳定；另一方面，中国一系列新的非洲项目取得进展，且已经突破了传统的投资贸易模式，呈多元化趋势，也与中国当前的能源实际需求相吻合。例如莫桑比克 LNG 项目 Coral 一期工程及中海油与莫桑比克达成的 LNG 供销协议有望成为中国未来继

---

① 第一财经. 2018 年中非贸易额同比增 20％，中国已连续十年成为非洲第一大贸易伙伴国. https://www.yicai.com/news/100211829.html.

原苏联地区和澳大利亚等国以外新的主要天然气来源。

在可以预见的未来，中国传统能源的对外依存度仍会保持在高位。这种背景下，中国构建多元化能源来源的目标不会改变。而随着非洲的能源潜力在 2019 年再一次得到显著提升，特别是中国传统能源合作伙伴安哥拉、南苏丹等国开始走出前些年产量下降或长期战乱的困境，预计未来非洲的能源地位会迎来新的一次提升。

2. 电力合作地位明显上升

由于非洲经济的不断发展，非洲电力基础设施薄弱的顽疾暴露出来，而中国雄厚的资本与电力技术工程实力使得中国成为非洲国家电力合作的重要伙伴。2019 年中国与非洲能源合作中的电力合作表现格外亮眼。

在火电方面，2019 年 8 月中国与莫桑比克达成了 Ncondezi 300MW 煤电一体化项目协议，成为莫桑比克首个大型煤电项目。

在水电方面，中国电建承建的喀麦隆曼维莱 211MW 水电站项目在 2019 年 4 月成功并网，该项目一度是喀麦隆最大的在建单体项目。

在新能源方面，2019 年中非合作成果更加丰硕，且受惠范围更加广泛。例如 2019 年 5 月移交厄立特里亚的太阳能发电项目是厄立特里亚首个 MW 级太阳能项目。12 月，中国承建的东非地区最大的光伏发电工程——肯尼亚加里萨 50MW 光伏发电站也正式投产。此外，肯尼亚奥卡瑞 158MW 地热电站等项目的奠基也标志着中国在非洲地热领域的合作实现零的突破。

2019 年中国提出的"能源互联网"理念在非洲广受响应，11 月 28 日，2019 全球能源互联网暨中-非能源电力大会吸引了来自 30 多个非洲国家的 200 多位来宾参加，推动"全球能源互联网"倡议落地非洲，落实中非合作"八大行动"，是"全球能源互联网"倡议在非洲付诸实践、落地生根的重要一步。

电力合作植根于非洲本土的需求，其需求和关注度越来越高也说明了非洲正在迎来新的一波全方位的转型，正在实现从较为单一的初级产品出口国向工业国的逐渐转变。这也成为中国在非洲的新一轮巨大机遇。在电力合作中实现的上下游产业链合作让中国与非洲的能源合作关系更加密切，也切实以中国较强的实力为非洲各国的经济发展打下坚实的基础。

3. 新能源产研合作取得突破

与过去不同，中国与非洲的能源合作已经实现了新的延伸。从能源进出口和基础设施建设，进一步扩展到产研合作，在制度设计、能力输出、技术研发等方面都取得了较大进展。2019年，中国与加纳、埃及、南非等国都达成了新能源产研合作。

在新能源制度设计方面，中国与联合国开发计划署合作，在丹麦政府资助下为加纳制定了《加纳可再生能源总体规划》，而"中国-加纳-联合国开发计划署南南合作可再生能源技术转移项目"的其他部分也在有序进行之中。

在新能源能力输出方面，中国与埃及合作建造的"中国-埃及可再生能源国家联合实验室"成功生产出埃及本土第一片多晶太阳能光伏电池，所有装备、工艺、技术均是中国电科制造。埃及在拥有世界最大的本班光伏产业园区之后，也具有了本土光伏生产能力，成为非洲本土新能源产业领先的国家。

在新能源技术研发方面，2019年8月中国与南非多所高校、科研机构共同建成中南清洁能源联合研究中心。南非作为非洲经济和科技水平较高的国家，同时是金砖五国之一，中国与南非的新能源技术合作是中非能源技术合作的重要开端，以南非为起点，未来势必产生更广泛的产研合作。

总而言之，中非能源合作的广度正在不断扩大，合作领域更加全面。特别是技术和产能方面的合作深受希望找到新的经济增长点并提升自身经济和技术实力的非洲国家欢迎，与这些非洲国家以及非盟的远景目标都实现了对接，前景光明。这种新的合作趋势令双方获益更多，也更加能赢得非洲国家的关注和认同。

（二）中非能源合作新趋势

相比2018年，2019年中非能源合作出现了以下几个新趋势。

首先，中国在非洲能源合作的几个重点国家如安哥拉、南苏丹等国局势明显好转，安哥拉新发现的油气资源储量将有力扭转连续几年产量下滑的势头，南苏丹在内战后油田恢复正常生产并且与苏丹延长石油合作协议，中国在非洲的能源安全问题得到了更好的保障。再加上2019年非洲油气资源屡有发现，乍得项目投产广受好评，更提振了中国油气企业走出去的士气。例如中石油2019年首次进入非洲南部，在莫桑比克Mazenga区块取得了经济和政治效益的双丰收。

其次，新能源合作格外引人注目。2019年中国在非洲的新能源项目呈"遍地开花"之势，涵盖太阳能光伏、地热、风电等多个类别，包括设计、设备、施工、运营等全产业链。中国的新能源技术和工程优势在非洲广受认可，新能源合作的比例和地位持续上升。

再次，随着非洲大陆自贸区的建成以及非洲能源互联网计划的逐渐落地，中非合作项目中"点对面"即同时对周边多国产生效果的项目数量不断增加。例如西非特高压电力输送项目、刚果河水电项目等都提上日程。2019 全球能源互联网暨中-非能源电力大会的三份专门相关报告预示着非洲一体化加深的背景下，中非能源合作也将由点及面，获得更大的影响力，呈现新的趋势。

最后，中国面临的非洲国家整体实力上升和域外国家在非洲竞争更加激烈的情况，让中国在非洲的"先发优势"一定程度上受到影响。非洲国家通过一体化和与多方展开联系，有了更强的获取投资援助和议价能力，其他域外国家也纷纷意识到非洲大陆巨大的能源潜力而发挥自身优势扩大与非洲国家的能源合作。尽管中国是非洲最大的贸易伙伴，在能源领域有一定的优势，但也不应忽视其他域外国家对非洲重视程度显著提升带来的竞争，更需要不断的技术与模式创新，提升自身竞争力，在竞争中保持优势。

(三) 中非能源合作前景

21 世纪以来，中非能源合作不断发展，取得了一系列举世瞩目的成就，成为中非经济关系的先导与代表领域。尽管中非能源合作的大环境和现实情况发生了较大的变化，但中非能源合作的前景仍旧十分广阔。

1. 非洲国家"需求升级"带来新的合作机遇

传统上认为非洲国家普遍贫穷落后，技术能力薄弱，严重依赖外部投资和援助，却忽视了通过 21 世纪以来的经济发展，非洲很多国家事实上已经实现了"需求升级"。这种"需求升级"恰恰构成了未来中非能源合作的基础。

其一，随着越来越多的非洲国家摆脱"赤贫"状态，对于基础设施的要求已经逐渐从"从无到有"转向"从低到高"。这些国家不仅需要通过援助和最基本的基础设施建设来维持国民生存需要，在能源方面的目标提升为更高的电力覆盖率、更强的初级产品加工能力、更加高效洁净的能源来源等需求。这种升级的需求也与中国雄厚的资本和较为先进且经验丰富的技术工程能力相对接，在中非能源合作中越来越重要。

其二，非洲国家对于发展本国能源产业而非一味依赖域外国家援助的愿望已经十分强烈，当地劳动力素质以及科研能力也有了显著的提升，已经具备一定的新能源领域产研能力，同时希望有更进一步的能源产研合作以提升本国能源能力。很多非洲国家有着强烈的国家民族自豪感，并不满足于过去很长时间"不对等"的经济关系，也因此时常批判西方国家试图控制非洲能源能力的"殖民主义"。所以中国与非洲国家开展产研合作是与非洲进行能源合作的必然要求，也是争取非洲国家支持，回击个别西方国家和媒体质疑中伤的有力武器。

其三，随着非洲大陆自贸区的建立，非洲的一体化程度达到了新的高度。但早在非洲大陆自贸区建成之前，非洲大陆内部的区域一体化进程就已经取得了相当的突破，几个次区域组织如西非国家经济共同体、南部非洲发展共同体等，都致力于在区域内实现各国互联互通、政策协调，从而增强区域实力。这种一体化的建成势必带来更加丰富的跨国能源合作需求。非洲国家众多，不同国家自然禀赋，包括化石能源、水能、太阳能等都差别悬殊，因此能够实现各国优势互补、共同发展的合作项目备受非洲国家青睐。例如中国提出的"全球能源互联网"倡议就受到了非洲很多国家的关注和支持。在中国较强的工程技术实力和经验的支撑下，能源互联网可以将能源相对丰富的国家如刚果（金）、几内亚等与周边其他国家形成联通，缓解非洲电力紧张，实现能源高效调配；而非洲相对薄弱的基础设施和巨大的开发潜力则成为能源互联网建设中突出的"后发优势"，更有利于科学高效地进行电力建设。

经过长期发展，非洲已经成为继亚洲之后又一个快速发展的大洲，"需求升级"成为非洲国家普遍的呼声。这意味着中非能源合作的重大机遇。

2. 新能源及可再生能源合作空间显著提升

近几年来，中国与非洲国家的新能源及可再生能源合作不断扩大，特别是水能、光伏、地热等能源成为中非能源合作的新宠。由此中国可以将较为先进的技术和充沛的产能推广到非洲，非洲国家也可以充分发掘丰富的新能源及可再生能源潜力。特别是部分传统能源潜力较低的国家，对于可再生能源的需求更加迫切。

在中国与非洲国家合作较为深入成熟的水电、光伏等领域，中国已经积累了较好口碑，一系列已经建成的项目如埃及本班光伏产业园区、几内亚凯乐塔水电站等都已经成为中国在非洲的新名片。水电方面，2019 年尼日利亚向中国进出口银行提出贷款，由葛洲坝集团、中国水电和中地海外共同建设的蒙贝拉水电站总装机量将达到 3 050MW[①]，被誉为尼日利亚的"三峡工程"。光伏方面，中国在埃及、肯尼亚等国也取得了相当的成绩。除此之外，在中国过去涉足较少的地热等领域也藉由肯尼亚奥卡瑞 158MW 地热电站项目实现了零的突破。预计未来中国与非洲的可再生能源合作还会随着非洲能源互联网的推进而进一步加深。

但中国与非洲的可再生能源合作同样也要面临来自世界其他国家的竞争。除西方国家以外，日本、巴西等国也都有着一定的实力，并且在部分领域具有自身的独

---

① 中国招标与采购网. 尼日利亚蒙贝拉（Mambilla）水电站项目. https://www.zbytb.com/s-jian-90565.html.

特优势。因此中国不能因为与非洲国家的传统友谊以及资本和工程方面的优势而忽视其他国家的竞争与追赶。非洲可再生能源是未来全球能源资本技术投资的热土，势必受到越来越大的关注。

3. 化石能源合作潜力仍不容忽视

在可再生能源地位不断提升，全球油价低迷，总体供大于求的背景下，传统能源合作相对而言不那么亮眼。尽管安哥拉等主要非洲产油国前几年受到多方面原因影响，产量出现下降；但2019年非洲大量化石能源储量被发现，证明非洲仍然有着巨大的化石能源开发潜力，更有着进一步的炼油、LNG等方面的潜力。

2015年以来的一系列勘探成果可见，尽管非洲大陆的化石能源储量开发潜力相对过去有所下降，但非洲近海油气勘探却屡有突破。相对于已经到达产量巅峰甚至已经出现产量下滑的多个以陆地为主的旧有油气田，近海油气资源——特别是东地中海、南非近海、塞内加尔近海、加纳近海等地的突破让近海油气成为未来非洲油气资源开发的希望。对于希望扩大进口来源，积极开拓海外的中国而言，这是一次巨大的机遇和挑战。如何在激烈的新兴近海油气资源勘探中占得主动，已经成为一个新的课题。

同时，非洲国家的炼油能力和LNG能力等也在提升。随着非洲基础设施的显著改善和人口红利的释放，非洲也具备了一定的加工能力。一方面，为了实现本国经济的发展，非洲国家并不愿意只承担初级产品提供者的分工，而产业链的前进升级，正是众多非洲国家共同的愿望。另一方面，对其他国家而言，能够在非洲本土进行一定的加工，也有利于降低成本，改善整个产业链条，因此这一趋势是双赢的。以莫桑比克LNG项目、苏丹炼油项目为例，不仅有利于非洲的油气资源加工能力的培养与提升，同样也意味着未来中非化石能源合作在加工方面有着巨大潜力，将中国较为先进的产能、技术、标准等带入非洲，具有极高的潜在长期效益。这一类型的合作相比单纯的能源开发更受非洲国家欢迎，也有利于中国在非洲提升影响力。

4. 非洲国家潜在政治风险仍然较高

尽管非洲经济发展势头良好，但非洲作为一个在世界范围内相对落后的大陆，仍然面临严重的政治风险。非洲国家的政治风险主要来源于两个方面：治理能力不足与政治不稳定。

（1）治理能力不足

非洲国家由于长期落后，各国政府能力普遍较为欠缺。根据华东政法大学发布的《国家治理指数报告》，2016年除了南非、摩洛哥等个别国家位于C类以外，绝大多数非洲国家的治理指数总排名都处在较差的D类或E类。[①] 非洲国家治理能力不足主要体现在法律制度往往不健全，部族主义盛行等方面。

很多非洲国家建立之初的制度照搬照抄殖民宗主国或超级大国。而由于非洲很多国家高等教育水平低下，在殖民时期也受到宗主国有意识的压制，这些国家从建立起就无法建立一套完善的制度和一支优秀的公务员队伍。因此，非洲国家政府能力远低于其他基础较好的发展中国家和发达国家。对于中非能源合作而言，这方面的不健全以及政府能力的不足，直接影响企业项目的落地——从常见的政府行政效率低下，到较为严重的腐败问题等都在考虑范围内。治理能力低下更大的隐患在于，政府政令往往朝令夕改，随意性较强，执行方式也过于直接。例如2015年津巴布韦强制移交外国公司股份给本国的政令就让很多在津巴布韦经营的企业蒙受巨大的损失。

同时，由于政府能力不足，很多非洲国家，特别是南苏丹、尼日利亚、埃塞俄比亚等国地方势力较强，甚至引起中央政府和地方势力之间关系紧张。由于这些区域国家建构尚不成熟，很多地区仍主要以部族传统为主。这些部族地区的法制更加原始，与中央政府的相关法律制度经常相左，不同部族之间关系也更错综复杂。但进行合作时又往往难以避免涉及部族地区，这带来了更高的额外成本与风险。例如在南苏丹内战期间，希鲁克族武装就曾发动过针对中国企业的石油设施的攻击，造成了长期停产和财产损失。

（2）政治不稳定

非洲国家政变频发。仅2019年一年，就先后有阿尔及利亚和苏丹发生政变，加蓬等国发生未遂政变。即使是没有发生政变的国家，很多也面临严重的国内矛盾，例如2019年9月南非和埃及都发生了较大规模的抗议活动，7月和10月埃塞俄比亚也先后发生游行示威活动。

非洲国家的政府能力较低，同时因为经济不够发达以及国内整合能力不足而导致国内矛盾较为尖锐。除了传统上较为严重的分离主义抗议以及对政府不满的以政治竞争为主要诉求的抗议，自"阿拉伯之春"以来，以经济诉求为主要目的的抗议活动越来越多，引发的政府不稳定事件也在增加。同时，随着互联网的发展，非洲智能手机快速普及，2018年已有2.25亿人拥有智能手机；信息的快速传播也让类似抗议的活动更加易于组织，也不再局限于以谋求分裂地区和首都为主，往往可以

---

① 华东政法大学. 国家治理指数报告. https://max.book118.com/html/2019/0326/5100310143002022. shtm.

波及更多的城市，有更多的人通过智能手机和社交平台得到组织参与其中。例如在2019年9月要求埃及总统塞西下台的抗议活动中，几乎埃及所有主要城市都参与其中，先进的通信手段加快了信息快速流向全世界，影响力更强。

政治的稳定是外国机构和企业能够在东道国稳定经营的必要保障，但非洲国家时常发生的政治不稳定问题却让这种安全难以得到保障。一方面，抗议活动会明显影响所在地的机构和企业正常活动；另一方面，外国机构和企业也很最容易成为抗议活动中的"靶子"，例如9月在南非的游行示威中，排外就成为抗议者的一个诉求。此外政府也有可能因为示威者的诉求而改变政策，以满足一些可能并不理智的要求来抚平情绪，这些诉求可能让中国机构和企业的利益受到影响。

5. 未来舆论压力可能提升

近几年来，中非合作受到的外部责难呈上升趋势，尤其是个别西方政要甚至公开指责中国是"新殖民主义"。尽管中国以及非洲多国政要和民众都对这种谬论进行了坚决的批判，然而伴随中国在非洲影响力的提升以及中非合作的深化，这种杂音却仍然呈现上升趋势。

特别是在非洲，西方国家凭借语言和传媒优势掌握着话语权，而非洲精英阶层也普遍对西方世界的好感度更高。根据2015—2017年第六轮"非洲晴雨表"对36个非洲国家的调查数据分析得知，中国在非洲经济影响力的评价随教育程度的增长而降低，与早先的调查结果的分析呈现相反的结果。由于受教育程度较高的人群普遍属于精英阶层，大多更容易接收且相对信任西方媒体的资讯，也侧面说明了部分西方媒体对中国的中伤可能确实发挥了一些作用。部分对华存在偏见的精英阶层也会给中非合作造成一定的障碍。此外，中非合作中部分中国企业和个人不遵守当地法律法规、破坏当地生态环境的行为，也影响了中国在非洲的形象。

随着未来非洲经济的发展以及各国在非洲经济影响力竞争的扩展，中国作为一个与西方采取不同合作模式的大国，也会引起西方国家或者个别其他域外竞争对手更多的质疑中伤。未来中非经济合作，特别是最常被冠以"新殖民主义"之名的能源合作可能成为最突出的"靶子"。近几年西方已经出现了针对中非能源合作的"输出落后能源"的谣言，直指近年来发展最快的电力合作，足以引起警示。在更大的舆论压力下，更需要在坚持一贯的中非能源合作思路的基础上，加强对舆情的把控，主动应对这些舆论压力，避免受制于人，因舆论而影响中非能源合作进程。

亚太地区

王　妃　王之程

一、2019 年亚太地区政治经济形势综述

2019 年处于世界"百年未有之大变局"的前期，亚太地区作为全球最大的新兴市场、制造业中心、人口增长中心以及世界体系崛起国和守成国所在区域，地区利益复杂，贸易摩擦和区域经济合作同时并存。总体上，亚太经济增速仍高于全球其他地区，引领全球经济增长；政治热点有所降温；非传统安全问题正以前所未有的态势改变着地区政治经济活动。

（一）亚太地区总体政治形势

亚太地区政治形势相对 2018 年有了较大的调整，主要体现在大国关系变化、地区合作机制复杂化、地区矛盾解决停滞、非传统安全威胁上升。

1. 大国和地区关系

（1）中美关系进入战略竞争期，竞争新形式走向"嵌套式"持久态势

从 2018 年 4 月中美贸易冲突正式爆发以来，美国挑起的贸易战继而向科技战、金融战、舆论战外溢，并且层层"嵌套"。美国在国家战略回归"大国竞争"框架后，贸易战本质也逐渐浮出水面，即打压中国高端制造业和引领第四次工业革命的可能，促进制造业回流和"再工业化"进程，引领世界技术和标准体系，保持美国体制吸引力和世界头号强国地位。中美之间的争夺是一场"未来战"，具有持久态势。2020 年 1 月 15 日，中美第一阶段贸易协议在白宫签署。① 中美贸易战暂告段

---

① Trump says he will sign "phase one" China trade deal on Jan. 15 at the White House. https://www.cnbc.com/2019/12/31/trump-says-he-will-sign-phase-one-china-trade-deal-jan-15-at-the-white-house.html.

落，但2020年是美国大选之年，未来贸易战的走向还面临很大的不确定性。

（2）中日关系向好，第八次中日韩领导人会议在成都召开

2019年，安倍政府开始调整其对华政策。这主要是由于在逆全球化、贸易保护主义思潮下，严重依赖国际贸易的日本"经济先行"的战略考量。安倍政府任内经济表现较好，但日本经济仍面临诸多挑战——国内劳动力和资本匮乏、全球经济风险凸显的结构压力、消费税提高、奥运会"景气经济"的可持续性等现实问题。安倍政府需要加强与中国等世界主要经济体之间的协调。

2019年12月24日，第八次中日韩领导人会议顺利在中国成都召开。三国领导人还出席了中日韩工商峰会，预期会为中日韩自贸区谈判注入新动力。①

（3）日韩关系恶化

由于"劳工索赔"等历史问题和贸易摩擦，2019年7月1日，日本单方面宣布加强对韩出口管制并将韩国删除出贸易"白色清单"，之后发展为双向摩擦。②

本次贸易摩擦不排除导致美日韩安全合作松动和地区政治安全格局的调整。此外，日本开启此次摩擦的方式与美国挑起对华贸易战的做法多有类似，难免对全球自由贸易秩序的未来走向产生一定的影响。③

（4）朝鲜国家战略和半岛南北关系变化

朝鲜国家战略变化，金正恩领导下的朝鲜已把工作重点转向经济发展，政策宣示也逐步明确。南北关系方面，相较2018年的向好，2019年半岛局势回归了"常态"，朝韩双方都不接受对方的安全胁迫，并争取相对主导地位。2020年4月，韩国将举行国会选举，如果选举形势有利双方推进共识，不排除南北双方再次接近的可能。④

2. 地区合作复杂化：印度退出《区域全面经济伙伴关系协定》（RCEP），协定仍取得重大进展

2019年11月2日至4日，第35届东盟峰会、第22届中国-东盟领导人会议、第14届东亚峰会在泰国曼谷举行。11月4日晚举行的第三次RCEP领导人会议结束后发表联合声明宣布，15个参与国已结束全部20个章节的文本谈判和市场准入问题谈判，有望在完成法律审核工作后，于2020年正式签署协定。印度在会议的

---

① 央广网. 第八次中日韩领导人会议24日在四川成都举行将为中日韩自贸区谈判注入新动力. http://news. cctv. com/2019/12/24/ARTILcRzpNKFGCIzKhM0Swu7191224. shtml.

② 日本经济产业省. 关于对大韩民国出口管理运用的调整. https://www. meti. go. jp/press/2019/07/20190701006/20190701006. html.

③ 李婷婷. 贸易摩擦与日韩关系新变局［J］. 现代国际关系，2019（08）：1-66.

④ 虞少华. 朝韩国内形势和半岛北南关系：稳中有变，前途未卜［J］. 世界知识，2019（24）：18-19.

最后时刻宣布退出。

制造业的薄弱导致印度在国内市场开放问题上顾虑重重。2019 年是印度的选举大年，国内反对派和部分财团认为 RCEP 将给印度小企业主、零售商和农民造成"致命打击"。权衡政治利弊后，莫迪政府放弃了 RCEP。①

3. 地区安全挑战：非传统安全威胁影响上升

联合国亚洲及太平洋经济社会委员会发布的《2019 年亚太灾害报告》（Asia-Pacific Disaster Report 2019）首次指出，在过去两年中，亚太地区的灾害的频率和强度是前所未有的，该地区发生灾害的频率和强度不断增加与气候变化和环境退化密切相关。如果加上缓慢发生的灾害，亚太地区每年的经济损失将增加四倍，年均损失达 6 750 亿美元。②

2019 年下半年，气候灾害对全球经济活动也构成了新挑战——从加勒比地区的飓风到澳大利亚的干旱和森林大火，从东非的洪水到南非的干旱；再加之流行病和流感的大爆发。国际公共卫生合作已成为经济运行的重要保障。

（二）亚太地区总体经济形势

1. 全球经济重心向亚太地区转移趋势更加明朗

2019 年，全球经济重心向亚太地区转移的趋势更加明朗和显著。据亚洲开发银行发布的《2019 年亚太地区关键指标报告》，亚太地区日益加强其对全球经济、促进实现可持续发展目标的重要贡献。③ 国际货币基金组织（IMF）的数据显示，按购买力平价标准衡量，2019 年亚洲 GDP 的全球占比为 34%。④ 同时，根据 IMF在 2019 年 10 月发布的预测，2019 年的全球经济增速预计为 3%，亚太地区的经济增速则为 5%左右；亚太地区的新兴市场和发展中经济体的经济增速比全部新兴市场和发展中经济体的平均增速要高 2%⑤，而该地区发达经济体的经济平均增速则低于总体发达国家的平均水平。此外，同样在 IMF 公布的 2019 年对全球 GDP 增长贡献最大的 20 个经济体中，亚太地区占据了一半以上的数量，其中，中国、美国

① 林民旺. 印度退出 RCEP 谈判，将进入"孤独时刻"[J]. 世界知识，2019（22）：74.
② 联合国. 到 2030 年实现 17 个可持续发展目标. https://news.un.org/zh/story/2019/07/1038711.
③ 中国网. 亚行报告显示亚太地区对全球经济贡献日益突出. http://news.china.com.cn/live/2019-09/10/content_539931.htm.
④ 海外网. 海外网评：百年未有之大变局，"变"在哪. http://opinion.haiwainet.cn/n/2019/0822/c353596-31615489.html.
⑤ 张宇燕. 世界经济黄皮书：2020 年世界经济形势分析与预测 [M]. 北京：社会科学文献出版社，2019：86.

和印度更是位列前三，贡献率分别为 32.7％、13.8％和 13.5％①，亚太地区对全球经济增长的总体贡献量则是超过三分之二。

2. 地区经济增长明显放缓，风险偏向下行

2019 年 8 月的全球经济不确定性指数（GEPU）高达 359，而 2008 年全球金融危机时，这一指数的全年最高点仅为 199。随着大国间贸易摩擦的影响，贸易不确定性自 2018 年开始不断攀升，到 2019 年已经达到了空前的水平。

世界贸易贸组织（WTO）于 2019 年 10 月将国际货物贸易增长预期从 2.4％下调至 1.2％，全球贸易疲软；同时，WTO 发布的全球贸易景气指数（WTOI）显著下降，当前是 95.7，比 2017 年的 102.2 下降了 6％。在促进贸易投资的政策方面，亚太地区新兴经济体推出的措施也大幅减少，例如印度从 29 项降至 15 项，印尼则从 32 项降至 1 项。②

随着贸易区域结构的调整，各主要贸易伙伴经济增长放缓远超预期，亚太内部各经济体的科技竞争在贸易领域也日益凸显。除中美贸易战外，日韩在 2019 年也爆发了较大的贸易摩擦并不断发酵。日本政府于 2019 年 7 月 1 日宣布，从 7 月 4 日起对韩国的三种半导体产业原材料加强管制；7 月 12 日，日韩双方政府就此首次进行直接磋商，但未能达成一致意见。8 月，日本将韩国移出贸易"白色清单"，而韩国在向 WTO 提出诉讼无果和美国调解态度不积极的情况下，其产业通商资源部也于 9 月正式开始实施《战略货品进出口告示修订案》，把日本移出韩国的贸易"白色清单"。

贸易摩擦加剧了不同经济体经济增长的负面影响，主要发达经济体采取的宽松货币政策及相应缓和的金融状况正缓解亚洲经济体增长放缓带来的影响，但却有加剧该地区金融脆弱性的潜在风险。同时，亚太地区的货币相对于美元整体呈现贬值趋势，平均贬值 1.6％，最高贬值幅度为 6.4％。③

3. 年末经济态势企稳，各方合作力挽狂澜

在 2019 年总体大形势不容乐观的情况下，亚太地区的经济态势在接近年末时初现企稳甚至回升的兆头。在区域经济合作上，《区域全面经济伙伴关系协定》

① 搜狐网. 中国贡献第一！全球经济 20 强亚洲占一半，RCEP 成最具活力的贸易协定. http://www.sohu.com/a/349949078_100182454.

② 人民网. 2019 年世界经济形势：进入中低速增长轨道. http://world.people.com.cn/n1/2020/0119/c1002-31555618.html.

③ 张宇燕. 世界经济黄皮书：2020 年世界经济形势分析与预测［M］. 北京：社会科学文献出版社，2019：90.

（RCEP）谈判于 11 月初总体结束，中日韩三国积极推动 2020 年如期签署 RCEP。这项多边经贸合作成果无疑将为亚太区域经贸发展注入强心剂。

12 月中旬，中美达成第一阶段经贸协议让中美贸易摩擦有所缓和；美国货币政策的正常化也为整个亚太区域经济的积极发展提供了一些有利因素。同时，新一轮科技革命和产业变革加速演进，新技术经济让全球开始进入 5G 阶段。中国在该方面引领创新驱动、合作共赢的发展前景日渐清晰，这不仅能有效提振市场情绪，也有利于促进经济复苏。

总而言之，2019 年亚太地区的经济形势虽被乌云遮蔽但仍有光亮可寻，预计触底反弹后在 2020 年会温和回升。

二、2019 年亚太地区能源形势综述

亚太地区作为主要能源消费市场的地位逐渐增强，能源需求模式也正在转变。虽然亚太各国积极推动能源低碳转型，能源强度不断下降，但该地区能源的需求仍然不减。相较 2018 年，2019 年亚太地区能源电气化、智能化、绿色低碳趋势逐渐明显。

（一）亚太地区总体能源形势

2019 年，亚太地区能源消费市场地位进一步提升，各国均不断完善政策，助力能源消费结构转型；新能源及可再生能源开发力度加大，区域电力化趋势加强；区域能源合作成果突出。

1. 亚太地区能源市场地位持续提高

亚太地区的平均经济增速虽然同样低于往年水平但仍高于全球总体平均水平，逐渐成为全球经济重心，全球能源市场重心同样也逐步向亚太地区转移。2019 年版《2050 年世界与中国能源展望》的数据分析显示，亚太地区能源市场地位持续提高，逐渐成为油气需求增长极。2020 年亚太地区一次能源需求预计占全球的比重将突破 45%，之后也将长期维持在该数值以上。同时，亚太地区也是天然气需求与净进口增长集中地区，对世界天然气需求增长的贡献将在展望期内达 40%。

2. 能源结构和政策转型

虽然化石燃料目前仍然是亚太地区能源消费结构中的最主要部分，但亚太地区的清洁能源的消费增长较为迅速可观。总体上看，亚太地区仍持续向清洁低碳能源进行转型。2019 年 5 月，咨询公司雷斯塔能源表示，亚太地区可再生能源投资将在

2020年超过石油和天然气勘探支出，资本支出总额将超过 300 亿美元。2019 年版《2050 年世界与中国能源展望》指出，中国拥有世界上最大的电力网。中国燃煤发电量和排放量将在 2027 年达峰，届时可再生能源占比将达到 37%。同样，中国也将继续是风能和太阳能最大的市场。

LNG 贸易在亚太地区持续活跃。《中国天然气发展报告（2019）》提供的数据表明，在全球 LNG 进口上，日本、中国和韩国 LNG 进口量分列前三，进口增量前三的国家分别为中国、韩国和印度；据国际天然气联盟（IGU）统计，2018 年世界 LNG 现货和短期交易量达 9 930 万吨，交易气源增量主要来自美国和俄罗斯，主要流向亚太地区；普氏能源统计数据显示，2018 年亚太地区 LNG 现货交易发生次数约 350 次，较之前相比大幅增加。[①]

3. 亚太各国电力需求强劲，可再生能源重要性前所未有

全球持续电气化，电力消费增长强劲，这种趋势在亚太地区尤为明显。在渐进转型下，全球约四分之三的一次能源需求增量用于发电，几乎所有的电力需求增长都来自发展中经济体，尤其是中国、印度和其他亚洲国家。

据《BP 世界能源展望 2019》，2019 年，亚太地区的发电结构中可再生能源的重要性持续提升，占发电增量的约三分之二，削弱了煤炭、核能和水电的份额；天然气发电的份额维持在 20% 左右。技术的不断发展支撑着可再生能源发电的增长前景，但也受限于现有电厂的淘汰速度和政策介入的程度。

由于目前亚太各国普遍采取积极的经济可持续战略和能源低碳转型战略，这意味着到 21 世纪中叶，印度将超过中国成为世界最大的能源增量市场，占超过四分之一的全球能源增量。即使这样，到 2040 年，中国仍将保持最大能源市场的地位，且是印度市场规模的约两倍。[②] 而东盟地区可再生能源资源丰富，生物质能、地热能、水能资源最为丰富，风能、太阳能和潮汐能具有较大潜力，电力行业发展将在亚太地区能源消费转型中承担起重要作用。

4. 区域能源合作成果显著

2019 年 5 月 6 日—10 日，"洁净煤技术和清洁能源政策交流与培训"在浙江宁波成功举办。[③] 此次活动由 APEC 洁净煤技术联合运营中心组织，旨在通过培训，

① 搜狐网. 2019 中国天然气发展报告新鲜出炉（附全文）. https://www.sohu.com/a/338227652_825950.
② BP. BP 世界能源展望 2019. https://www.bp.com/zh_cn/china/home/news/reports/bp-energy-outlook-2019.html.
③ 国家能源局. 亚太经济体"洁净煤技术和清洁能源政策交流与培训"在宁波成功举办. http://www.nea.gov.cn/2019-05/16/c_138063627.htm.

让 APEC 各经济体可以加强在推进发展煤炭高效的低碳清洁利用技术上的沟通和信息交流，有利于促进各经济体的清洁能源技术的发展、寻求亚太地区共同发展与进步，并推动中国洁净煤技术"走出去"。

2019 年 9 月 19 日—20 日，第五届亚太能源可持续发展高端论坛在天津召开，该会议由亚太经合组织（APEC）可持续能源中心主办，来自 APEC 能源工作组、APEC 14 个经济体代表、独立专家及国内政府部门、高校、研究机构和企业的近 160 余名代表参加此次会议，以"能源转型和城市可持续"为主题，为促进亚太地区可持续发展展开讨论。[①]

此外，2019 年东亚及西太平洋电力工业协会（亚太电协）CEO 会议针对亚洲能源互联网的构建方案和重点工程进行了深入探讨，会议还发布了《亚洲能源互联网研究报告》。

2019 年亚太绿色低碳发展高峰论坛上，各国专家也就清洁能源、低碳技术与产业转型的绿色发展建议献策。

（二）亚太地区主要国家能源政策

亚太地区能源转型具有长期性，各国能源政策相较 2018 年有了一定深化，清洁低碳方向保持不变，对可再生能源开发和市场化投入加大，完善能源立法，推动技术创新引领。

1．日本

（1）以推动可再生能源独立稳定运营为能源政策核心

在 2018 年日本内阁批准的"第五次能源基本计划"中，可再生能源作为主要能源的地位得到确认，可再生能源也被确定为到 2050 年实现经济自立的脱碳化的"主力电源"。推进技术研发，克服电网约束并保证负荷跟踪能力及脱碳措施，积极推动可再生能源引进措施的政策在 2019 年继续得到贯彻实施。

日本经济产业省（METI）新能源课的课长补佐梶直弘则在 World Smart Energy Week 2019 展会期间举办的 PV EXPO 演讲中指出，2019 年，为了推动可再生能源的自立化，必须降低包括系统成本与固定价格收购制度（FIT）补贴成本在内的发电成本，确保长期、稳定性的营运并对电力进行灵活精确调配，保障可再生能源并网及其电能质量。

---

① 中国日报网．聚焦亚太地区能源转型与城市可持续发展——第五届亚太能源可持续发展高端论坛在津召开．https://baijiahao.baidu.com/s?id=1645366231608816687&wfr=spider&for=pc.

在降低成本上，METI 在 2019 年 8 月对太阳能、风能等可再生能源的 FIT 中间整理法案的修订内容进行了汇总。制度规定，购买时不包括大规模的太阳能和风能发电。太阳能与风能等可再生能源将作为电力市场当中极具竞争力的能源，将在相对交易和招标的基础上进行收购，同时继续推动和修改竞标制度。[①]

（2）氢能源的持续发展

自 2017 年"氢能源基本战略"发布以来，安倍政府一直在努力实现领先世界创造氢能源社会的目标。2019 年 10 月，日本修订了《氢/燃料电池战略路线图》（简称《路线图》），同时制定了"氢/燃料电池战略技术发展战略"，既规定了具体的技术发展项目，还制定了符合《路线图》中每个领域的目标：到 2025 年，需有 20 万辆燃料电池汽车上路投入使用，到 2030 年，计划达到 80 万辆；燃料补给网络包括 900 个加氢站，是目前的 9 倍左右。[②] 同时，该战略着眼于燃料电池技术领域、氢供应链领域、电解技术领域这三大技术领域，并在这些领域中确定 10 个项目作为优先领域中的优先项目，促进研究与开发，并通过领域间的相互合作来实现氢能源社会。

同时，日本新能源产业技术综合开发机构（NEDO）与东京大学和信州大学等合作，首次开发出了利用可见光将水分解成氢气和氧气的酸性硫化物光催化剂。此次开发的催化剂为微颗粒状，将来制作大面积光催化剂片材时，方便应用喷涂法等简单工艺。如果能将酸性硫化物半导体材料作为光催化剂用于水分解反应，就有望实现低成本的制氢工艺。[③]

2. 韩国

（1）可再生能源进一步发展

2019 年 6 月，韩国确立了"第三个能源基本规划（2019—2040）"，旨在通过能源转型实现可持续发展和提高国民生活质量。其中，生产领域，到 2040 年将可再生能源比重扩大到 30%～35%，实现清洁、安全的能源组合；消费领域，将加强工业、运输、建筑等部门的需求管理，理顺价格体系，到 2040 年能源消费效率比现行水平提高 38%，需求下降 18.6%；系统方面，扩大可再生能源、燃料电池等需

---

① 集邦新能源网. PV EXPO 2019：日本将以推动可再生能源独立运营作为政策主轴. https://www.energytrend.cn/showreport/20190301-65340.html.

② 中国能源网. 将氢能进行到底日本制定氢燃料战略技术发展战略. https://www.china5e.com/news/news-1074858-1.html.

③ 国际新能源网. 日本有望实现低成本制氢可再生能源成效显著. https://newenergy.in-en.com/html/newenergy-2367204.shtml.

求地附近分散型供电的比重，计划到 2040 年将该比重由 2017 年的 12％提升至 30％。[①]

（2）氢能源产业发展后来居上

韩国氢能源产业的发展非常迅速，氢能源的商业应用也非常可观。2019 年 1 月，韩国政府正式发布《氢能经济活性化路线图》，计划到 2025 年，通过提供补贴等措施将氢燃料电池乘用车的年产能提升至 10 万辆，该目标实现后，氢燃料电池车售价有望降至目前的一半，即 3 000 万韩元（约合 26 639.3 美元、人民币 18 万元）；计划到 2040 年生产 620 万辆氢燃料电池电动汽车，并在全国建立 1200 座加氢站。同时，在未来 20 年内，韩国计划增加氢供应量至 526 万吨。[②]

得益于韩国政府制定的国家氢能源战略支持，2019 年韩国的燃料电池汽车销量和燃料电池发电装机量位居全球第一，新建加氢站数量位居全球第三。韩产现代 NEXO 氢燃料电池汽车全年销量为 4 818 辆，远超排名第二的日本丰田 Mirai 销量（2 407 辆）。韩国氢能源汽车国内普及率也同比增加 6 倍，首次突破 5 000 辆。在加氢站建设方面，韩国全年新建数量达到了 20 个，位居全球前列。在燃料电池方面，截至 2019 年底，韩国占全球燃料电池出货量的 40％，氢燃料电池发电量为 408MW，超过美国（382MW）和日本（245MW）。[③]

3. 澳大利亚

（1）液化天然气出口全球最高，动力煤出口达到顶峰

根据澳大利亚新《资源与能源季刊》（REQ），2019—2020 年澳大利亚的液化天然气出口量将增至 8 100 万吨。与此同时，卡塔尔的出口将保持在目前的水平，约为 7 700 万吨。但受到石油相关合约价格下跌推动的影响，LNG 出口额将从 2018—2019 年的 500 亿澳元（约合 345 亿美元）降至 2019—2020 年的 490 亿澳元（约合 338 亿美元），并在 2020—2021 年继续下降至 460 亿澳元（约合 317 亿美元）。[④]

作为全球第二大动力煤出口国，澳大利亚在最新发布的《资源与能源季刊》中指出，由于包括中国在内的亚洲动力煤消费国正在由煤电向水电、核电和可再生能源等清洁能源转变，亚洲动力煤需求预计将在 2019—2020 财年（2019 年 7 月—2020 年 6 月）达到顶峰。同时，预计 2019 年纽卡斯尔港动力煤现货基准价将由

---

① 国际燃气网. 韩制定"第三个能源基本规划（2019—2040）"，2040 年可再生能源比重将提升至 30％～35％. https://gas.in-en.com/html/gas-3108168.shtml.

② 国际新能源网. 韩国：潜在的世界氢能源第一国. https://newenergy.in-en.com/html/newenergy-2371764.shtml.

③ 同②.

④ 国际燃气网. 澳大利亚今年 LNG 出口量或将超过卡塔尔. https://gas.in-en.com/html/gas-3247602.shtml.

2018 年的 105 美元/吨下降至 83 美元/吨，2020 年将进一步下降至 75 美元/吨。[①]

（2）光伏＋储能领域发展加快

2019 年 4 月，澳大利亚清洁能源委员会（Clean Energy Council）发布了《澳大利亚清洁能源报告》，报告指出，凭借丰富的太阳能和风能等可再生能源资源，澳大利亚政府大力推动可再生能源产业发展，目标是 2020 年可再生能源发电量达到 330 亿千瓦时。澳大利亚整年的可再生能源增长都十分强劲，2018—2019 财年（2018 年 7 月—2019 年 6 月）可再生能源发电量甚至首次超过火电的发电量。其中，太阳能发电表现亮眼，尤其是电池储能系统的安装更是全球领先。

目前，光伏＋储能在澳大利亚的推进十分迅速。南澳大利亚州政府的"家用电池计划"（Home Battery Scheme）以及工党的"户用储能电池计划"（Household Battery Program）都有效推动了澳大利亚政府大力发展户用光伏＋储能的发展。在第十三届中国（大同）新能源国际高峰论坛暨招商引资项目洽谈会上，澳大利亚智慧能源理事会主席 Steve Blume 表示，在光伏部署上，目前澳大利亚人均每年会有 250 瓦新增的安装容量。[②]

储能项目的进展保障了电网的可靠性，电网可靠性的提升又扩大了系统对可再生能源的消纳空间。截至 2018 年底，澳大利亚在建可再生能源发电工程规模达到了 14.5GW。[③] 同时，澳大利亚日益增长的电网规模电池储能系统带来的收入在 2019 年第四季度达到了历史新高。据澳大利亚能源市场运营商（AEMO）的调查，仅在 2019 年第四季度，澳大利亚正在运营的五个电池储能系统（其中包括 Hornsdale、Dalrymple North、Ballarat、Gannawarra 和新建成的 Bonney Lake）就获得了 2 000 万美元收入，与 2018 年第四季度相比增加了 70%。[④]

4．印度

（1）吸引外资参与上游开发

当前印度经济增速明显放缓，为了吸引更多外资和国际油企参与印度上游勘探和生产活动，印度政府将采取"减税或不收费"等措施，根据产量分成合同在特定

---

① 中国煤炭新闻网. 本财年澳大利亚动力煤出口将达到顶峰. http://www.cwestc.com/newshtml/2019-7-2/567906. shtml.

② 国际能源网. 澳大利亚智慧能源理事会主席 Steve Blume：积极拓展清洁能源. https://www.in-en.com/article/html/energy-2281647. shtml.

③ 国际新能源网. 澳大利亚：储能领域加快发展电网可靠性达历史新高. https://newenergy.in-en.com/html/newenergy-2340722. shtml.

④ 中国能源网. 澳大利亚电池储能收入创季度新高但抽水蓄能陷入困境. https://www.china5e.com/news/news-1082848-1. html.

油田进行石油生产活动，或是通过国际招标获得勘探许可并参与开发，都将不再缴纳相应税费。特定油田指的是印度两家勘探商印度石油天然气公司（ONGC）和印度石油公司（Oil India）旗下以"提高采收率"为重点的 66 块油气田，招标授出，中标者将不再向印度政府缴纳每吨 1% 的消费税，同时拥有自主营销和自由定价权。这些油气田当前产量仅占印度总油气产量的 5%。莫迪政府一直强调要降低对进口石油的依赖，但该国石油进口量估计仍将从 2018—2019 财年的 83.8% 上升至 2019—2020 财年的 86.8%。

（2）加速实现"一国一网"

"一国一网"目标是印度国家电力改革的一部分。该目标源自莫迪政府 2017 年提供的一个名为"好运项目"的供电计划，该计划力求打造一个可以将城市和农村全面覆盖的电网，以进一步实现家庭电气化。截至 2019 年，"好运项目"已经为超过 2 500 万户印度家庭提供了免费连接印度国家电网或领取高额供电补贴的资格，目前印度北部还有 4 个邦的农村仍没有接入国家电网。印度电力和可再生能源部长 R. K. Singh 透露，除了全面实现电气化，以合理价格保证不间断电力供应，也是印度电改的一大重点。

（3）电动汽车获得强力支持

印度正在寻求成为全球重要的电动汽车制造中心。为了带动电动汽车及其相关电池、储能业务的发展，该国计划下调现有电动汽车的消费税率，并为购买者提供一定的贷款补偿，同时将取消对锂离子电池征收关税，以加速降低在海外生产的印度锂离子电池的成本，并为电池制造商提供投资相关的所得税减免。

印度当前已进入实施"混合动力和电动汽车快速应用和制造计划"（FAME 计划）的第二阶段，即进一步扩大电动汽车普及率，该阶段旨在 3 年内支出 1 000 亿卢比，鼓励新建充电设施以及改进现有充电技术。

（4）可再生能源投资机会增加

印度在全球风能、太阳能装机量方面分别排名第四和第五，可再生能源整体装机量在全球排名第五，绿色电力在总发电量中占比已经从 2014—2015 财年的 6% 升至 2018—2019 财年的 10%。

印度正在实施全球规模最大的可再生能源扩张计划，该计划预计到 2022 年将需要约 800 亿美元的额外投资，2023 年至 2030 年间将增加两倍多至 2 500 亿美元，预计未来十年印度每年将有超过 30 亿美元绿色能源投资机会。[①]

[①] 国际燃气网. 印度新预算草案利好能源业. https://gas.in-en.com/html/gas-3136511.shtml.

5. 东盟国家

东盟是全球经济发展最活跃的区域之一，也是能源需求最旺盛的区域之一。当前其能源消费以化石能源为主，但可再生能源资源丰富，终端能源消费中电力消费占比逐年增加。各成员国也在加快实现"东盟电网"一体化进程。

（1）菲律宾逐步完善能源立法

《能源虚拟一站式商店法案》于 2019 年第一季度获得国会批准。能源虚拟一站式商店（EVOSS）这一在线平台的实施有望简化发电、输电和配电项目许可程序，降低成本，提高电力资源利用率，同时为电力行业吸引更多投资。

2019 年 11 月，菲律宾国会颁布《能源效率和节约法案》（EEC-IRR），该法案有助于缓解高价进口燃料对地区市场带来的负面影响，确保国家能源充分稳定的供应；促进高效可再生能源技术和系统的开发和普及，从而全面提升本国能效、节能、供应和可持续性。

2019 年 12 月，菲律宾能源部出台《颁布可再生能源市场（REM）准则》，该准则的发布有助于可再生能源市场的进一步规范。

（2）柬埔寨聚焦太阳能开发

2019 年夏天，柬埔寨磅士卑省 80MW 太阳能电站破土动工。该项目为柬埔寨太阳能转型中最重要的项目，显示出政府对太阳能开发的积极态度。目前柬埔寨已批准在全国再建 4 个大型太阳能发电厂，并且计划在未来几年内将太阳能发电份额从 2018 年的仅 1% 提升至 20%。

（3）马来西亚提升电网利用率

马来西亚自 2019 年 1 月 1 日起实行电能计量 2.0。净计量（NEM）计划允许过剩的太阳能光伏发电能量以"一对一"的方式输回电网，将多余的电量卖给国家能源公司（TNB）。该计划将有利于进一步推进太阳能的广泛应用。

（4）泰国进一步推动能源低碳转型

2019 年 4 月，泰国通过《泰国电力发展规划 2018—2037》（PDP2018）。相比 PDP2015，该规划适应了泰国国内不断变化的电力需求，有助于提高可再生能源占比以及尽早达到减排目标，促进行业低碳可持续发展。根据新的规划，2037 年泰国电力装机将达到 77.211GW，其中 20.766GW 来自可再生能源发电；与此同时，可再生能源发电中将有超过一半的电力来自光伏发电。

2019 年 5 月，泰国出台住宅光伏净计量计划，该计划将向发电量超过 10 千瓦的太阳能发电系统开放。根据计划，净计量电价（期限设为 10 年）将为 1.68 泰铢/千瓦时（约合 0.052 美元/千瓦时），大大低于目前 3.80 泰铢/千瓦时的居民电价。

(5) 越南推动能源项目市场化，发展能源外交

越南总理阮春福在 2019 年 11 月 22 日第 402/TB-VPCP 号通知中指出，要为地面太阳能项目引入竞价上网模式。竞价上网的实施将有助于遏制太阳能项目恶性扩张，促进投资者需求与实际情况的结合，保障光伏产业未来的合理发展。截至 2019 年 7 月，越南运营的太阳能发电容量接近 4.5GW，比到 2020 年 850MW 的预计值高出 500%。

2019 年 10 月 3 日，越南工贸部与美国国务院代表在华盛顿签署了全面能源合作伙伴备忘录，越南和美国正式成为全面能源合作伙伴。备忘录中所提到的合作范围覆盖能源安全、能源市场发展、能源转移（包括低排放技术的研发及其作用）、能源政策规定和相关规定、能源系统和能源管理（包括可再生能源并网发电、可再生能源发电有关管理规定）、能源储存、技术研发和能源基础设施建设等多个领域。

越南工贸部部长陈俊英在签字仪式结束后，向美国爱依斯电力公司（AES Corporation）颁发文件，通知政府总理批准该公司为 2 号美山发电厂建设项目的投资商。该项目投资总额超过 50 亿美元，采取建设经营移交方式（BOT），投运之后将创造每年从美国进口近 20 亿美元液化天然气的需求。[①]

三、2019 年中国与亚太地区能源合作综述

亚太地区作为全球主要经济增长和能源消费中心，区域内国家仍然关心能源供应，出口国、进口国及过境国三者的利益紧密相连。亚太能源伙伴关系的发展将规范各国在能源市场上的合作与竞争，改善亚太地区的总体安全状况，促进该地区经济的稳步增长；更好顺应新技术革命趋势，助力能源智能、绿色发展。

(一) 中国与亚太各国的主要能源合作成果

1. 中日能源合作

(1) 中日"电动汽车动力系统合作联盟"成立

2019 年 12 月 10 日，首届中日新能源车用动力电池论坛暨"电动汽车动力系统合作联盟"在东京举行。此次论坛由山东省科技厅与日本科学技术振兴机构（JST）

---

① 中国能源网. 越美建立全面能源合作伙伴关系. https://www.china5e.com/index.php?m=content&c=index&a=show&catid=13&id=1072548.

中国研究与樱花科技中心（CRSC）联合主办、中国科学院国际合作局支持、山东能源研究院与青岛能源所联合承办。论坛围绕锂离子电池和燃料电池两大领域，旨在推进两国领域内科学界和企业界的深入交流，为未来更加可持续的高质量合作奠定基础。①

（2）中日两国欲联手合作LNG船建造

2019年8月1日，由扬子江船业集团与日本三井E&S造船和三井物产共同成立的合资船厂——江苏扬子三井造船有限公司正式开始运营。这家新的合资船厂计划于2022年开始建造用于运输中东液化天然气的中型LNG船，到2026年前后将开始建造18万立方米级超大型LNG船。

2019年8月6日，中国最大的航运公司——中远海运集团旗下中远海运能源与日本商船三井签署了谅解备忘录，将在LNG项目运输等方面建立更紧密的合作伙伴关系。中日两国船企近期的合作也得益于中国取消了对外资进入造船业的限制，包括船舶建造、维修和设计。

（3）中日在氢能新能源领域拓展新的合作空间

日本制定的"氢能源基本战略"提出，到2030年日本将确定氢再生能源支柱地位和制造技术，构筑国际新能源供应链，使氢气产量从目前每年4 000吨发展到30万吨，降低制造成本三分之二，在实证试验基础上建立氢发电商业产业体系，将加氢站扩建至900座，将氢燃料电池汽车保有量提升至80万台，将公交车及作业铲车增加至1.2万台，将家庭用发电设备提升至530万台以上。其中长远战略目标则是氢产量达到年产1 000万吨以上，使氢发电成本降低至目前天然气价格水平。另外，要重点普及家用燃料电池发电成套设备，实现发电、取暖、热水等配套联产。

而中国政府在2019年的《政府工作报告》里特别提出"推动充电、加氢等设施建设"。这是首次将氢能源写入《政府工作报告》。中国早在《"十三五"国家科技创新规划》中，就已经把发展氢能燃料电池技术作为重点。《中国氢能产业基础设施发展蓝皮书》则进一步描绘了中国氢能发展路线图：到2020年，中国燃料电池车辆要达到1万辆，加氢站数量达到100座，行业总产值达到3 000亿元；到2030年，燃料电池车辆保有量要突破200万，加氢站数量要达到1 000座，产业产值将突破10 000亿元。

中日两国都对氢能有着明晰的战略规划，氢能可以成为中日下一轮合作新的亮

---

① 国际能源网. 中日"电动汽车动力系统合作联盟"成立. https://www.in-en.com/finance/html/energy-2241553.shtml.

点。日本在氢能领域起步比中国要早，已经积累了一些有益的经验，中国可以借鉴日本的经验与做法，来发展符合中国自身需求的氢能源。①

2. 中韩：石化一体化合资公司开始商业运营

2019 年 7 月 3 日，中韩石化一体化合资公司进入商业运营，这是中韩两国在能源化工领域的最大合资项目。

中国石化与韩国 SK 集团一直保持友好的合作关系，双方在 2013 年底就武汉石化 80 万吨/年乙烯项目成立合资公司——中韩石化，并在 2014 年 1 月开始商业运行，6 年来取得良好的生产经营业绩。国际著名评价机构所罗门评估，公司乙烯装置绩效处于世界领先水平。双方持续推进武汉炼化一体化合资项目，2017 年 6 月，签署合资意向书，拟将武汉石化炼油业务并入中韩石化，实现一体化运营。2019 年 4 月 29 日，双方签署炼化一体化合资合同、增资协议。此次一体化合资将降低企业运营成本，提高管理效率。②

3. 中印（尼）：爪哇 7 号项目建造完成并投产

2019 年 12 月 13 日，中国企业在海外投资建设的单机容量最大、拥有自主知识产权的火电机组——国家能源集团国华印度尼西亚爪哇 7 号 2×1 050MW 燃煤发电工程 1 号机组签署商业运营日期证书并移交生产交接书。这标志着印度尼西亚电力建设史上装机容量最大、参数最高、技术最先进、指标最优的高效环保型电站正式投产，为印度尼西亚这一"海上丝绸之路"首倡之地再添能源新地标。

印度尼西亚爪哇 7 号项目位于印度尼西亚爪哇岛万丹省，距雅加达约 100 千米，项目总投资为 120 亿元人民币（约合 18.83 亿美元），总装机容量为 2×1 050MW。由国家能源集团所属子公司中国神华能源股份有限公司与印度尼西亚国家电力公司所属子公司 PJBI 按照 7：3 的出资比例共同组建神华国华（印度尼西亚）爪哇发电有限公司（简称国华印度尼西亚爪哇电厂）作为项目主体，并由国家能源集团国华电力公司全面管控、组织实施。项目整体投运后，年发电量约为 150 亿千瓦时，将有效改善印度尼西亚区域电力供应现状，大大缓解爪哇地区用电紧张局面，对当地经济增长和社会发展起到强有力的拉动作用。

爪哇 7 号项目作为国家能源集团积极响应国家"一带一路"倡议与印度尼西亚"全球海洋支点"构想对接的重要举措，是中国制造成体系、高水平、大协作"走

---

① 国际能源网. 一带一路：中日聚焦氢能发展将在未来展开合作. https://newenergy.in-en.com/html/newenergy-2336753.shtml.
② 国际石油网. 中韩石化一体化合资公司开始商业运营. https://oil.in-en.com/html/oil-2874351.shtml.

出去"的大型火力发电项目。项目采用 EPC 建设模式，建设充分体现了"共商、共建、共享"的合作精神，受到了两国政府的大力支持。[①]

4. 中俄：东线天然气管道正式通气投产

2019 年 12 月 2 日，中俄两国元首分别在北京和索契下达指令，共同见证中俄东线天然气管道投产。据俄罗斯 RBC 电视台 2 日消息，俄气总裁阿列克谢·鲍里索维奇·米勒将东线管道视为兼具战略意义和互利共赢的项目，在未来几十年内可为中国提供清洁能源，且有进一步发展前景。

俄罗斯国家杜马能源委员会第一副主席伊戈尔·阿南斯基接受《今日俄罗斯》采访时表示，俄中东线投产是俄罗斯天然气行业发展的里程碑。从签署长期合作协议到建设巨型管道，再到管道投运，反映了高质量的两国关系。这只是双方能源合作的一个开始，中国由此获得了价格合理的天然气资源，俄罗斯开辟了前景广阔的巨大亚洲市场。

在俄新社的报道中，俄罗斯国家能源安全基金会副总经理阿列克谢·格里瓦奇指出，俄中东线使俄罗斯成为年消费增速达两位数、最具发展活力的天然气市场，也使中国获得了满足发展需求的稳定供给，并为两国其他合作项目树立了典范。东线管道项目将有助于加快俄罗斯东部地区经济社会发展，在提高地区气化水平的同时，稳定的税收将成为实施民生项目的重要来源。

5. "一带一路"能源合作伙伴关系在京成立

2019 年 4 月 25 日，"一带一路"能源合作伙伴关系成立仪式在北京举行。来自 30 个伙伴关系成员国及 5 个观察员国的能源部长、驻华大使、能源主管部门高级别代表出席成立仪式。

中国国家主席习近平向会议的召开表示热烈祝贺，强调能源合作是共建"一带一路"的重点领域，希望各国在共建"一带一路"框架下加强能源领域合作，推动建立"一带一路"能源合作伙伴关系。会议期间，伙伴关系成员国共同对外发布《"一带一路"能源合作伙伴关系合作原则与务实行动》。根据该文件，伙伴关系将每两年举办一次"一带一路"能源部长会议，并按照需要开展部长级培训班和能源合作领军人才培养项目。伙伴关系还将致力于推动政府间政策交流与合作意向沟通，搭建双、多边项目合作与技术交流平台，推动能源领域务实合作。

2019 年 3 月和 4 月，伙伴关系先后举办了两次富有成效的磋商会，各成员国就

---

① 国际电力网. 国家能源集团国华印尼爪哇电厂 1 号机组正式投产印尼电力建设史上装机容量最大、参数最高、技术最先进、指标最优的高效环保型电站. https://power.in-en.com/html/power-2350106.shtml.

伙伴关系建设中的重要事项达成共识。在此期间，伙伴关系的成员国数量也在迅速增加，截至目前，成员国总数已经达到 30 个，包括阿富汗、阿尔及利亚、阿塞拜疆、玻利维亚、柬埔寨、佛得角、乍得、中国、东帝汶、赤道几内亚、冈比亚、匈牙利、伊拉克、科威特、吉尔吉斯斯坦、老挝、马耳他、蒙古、缅甸、尼泊尔、尼日尔、巴基斯坦、刚果（布）、塞尔维亚、苏丹、苏里南、塔吉克斯坦、汤加、土耳其及委内瑞拉。[①]

6. 亚太能源互联网深度推进

2019 年 9 月 23 日，东亚及西太平洋电力工业协会（亚太电协）CEO 会议在菲律宾宿务举行。在本次会议上，由中国发起成立的全球能源互联网发展合作组织发布《亚洲能源互联网研究报告》。该报告基于亚洲能源电力现状、发展特征和能源资源禀赋，提出了亚洲能源互联网构建方案和重点工程，并对未来亚洲电网的进一步拓展进行了展望，旨在推动建设绿色低碳高效、多能互补互济、区域共建共享的亚洲能源互联网，实现亚洲经济和社会、资源和环境等方面的协调可持续发展。

该报告显示，亚洲人均年用电量仍然较小，仍有 2.4 亿人用不上电。报告指出，要加快开发西亚、中亚等地的太阳能发电和风电以及中国西部、东南亚的水电向南亚和东亚输送，形成洲内"西电东送、北电南供、多能互补"的能源发展新格局。

此外，为应对碳减排压力大、保障电力供应任务艰巨等挑战，构建亚洲能源互联网是发挥亚洲清洁能源优势、实现可持续发展的必然要求。[②]

（二）中国与亚太各国的能源合作成果特点

1. 能源外交的高层互动确立合作基石

2019 年中国政府领导人积极与亚太地区各国的领导人进行磋商，就国际能源形势、相关能源合作、建立双边和多边能源合作机制达成了一系列共识。

中澳两国在能源合作、煤炭清洁化利用、可再生能源发展等议题达成合作共识[③]；中印（尼）两国能源领域合作不断深化，在石油、天然气、煤炭、电力及可

---

① 中国能源网. "一带一路"能源合作伙伴关系在京成立. https://www.china5e.com/index.php? m＝content＆c＝index＆a＝show＆catid＝13＆id＝1057063.

② 全球能源互联网发展合作组织. 中国代表提出构建亚洲能源互联网方案. https://www.geidco.org/2019/0923/1635.shtml.

③ 国家能源局. 刘宝华会见澳大利亚驻华大使. http://www.nea.gov.cn/2019-05/29/c_138099962.htm.

再生能源等领域成效显著，并继续在"一带一路"倡议和印度尼西亚"全球海洋支点"构想中加强能源合作[①]；中印（尼）双方围绕可再生能源、洁净煤技术、智能电网、新能源并网、智能电表、电动汽车及基础设施和储能合作等议题进行了深入探讨[②]；中日韩重申将积极推动 2020 年如期签署《区域全面经济合作伙伴关系协定》（RCEP），并在能源转型方面加强合作，向干净安全的能源转化[③]。

2. 环保可再生能源领域合作进一步深化，内容偏重于市场产品

亚太地区是全球主要的能源消费地区，但相比之下该地区的传统化石能源产出不多，不少国家能源对外依存度颇大。同时，亚太各国普遍具有较好的经济和科技实力基础，大部分国家都非常重视环保可再生能源的开发和利用，尤其在氢能源、光伏发电和风力发电等产业上不少国家都具备十分先进的技术和良好的发展，市场潜力也非常巨大。

2019 年，亚太各国间在环保可再生能源领域的合作进一步加深，且内容倾向于加强相关商业化产品生产的科技合作。例如：第四届国际氢能与燃料电池汽车大会（FCVC 2019）顺利召开，亚太各参与方共促氢能与燃料电池汽车的商业化发展；2019 年 11 月，中国中通客车在吉隆坡与马来西亚 TMS 公司签署合作协议，合作打造科技领先的新一代新能源客车。能源下游产业多样化、商品化的趋势将得到加强。

3. 能源企业领头国际合作，开拓产业技术创新

2019 年，亚太地区的能源合作不断加深，除了各国政府的支持和努力外，也离不开企业间的合作的推动。7 月 3 日，新中韩（武汉）石油化工有限公司揭牌进入商业运营。[④] 8 月 1 日，江苏扬子三井造船有限公司正式开始运营。该公司由扬子江船业集团与日本三井 E&S 造船株式会社、三井物产株式会社合资成立。该合资船厂专注于建造各类商船。除常规散货船外，以油轮、化学品等液货船、LNG等高技术含量和高附加值清洁能源船为主要产品。[⑤] 11 月 11 日，中国中通客车在

① 国家能源局. 第六届中-印尼能源论坛在北京召开. http://www. nea. gov. cn/2019-07/10/c_138215133. htm.

② 中国电力报. 第六次中印战略经济对话能源工作组会议成功举行. https://baijiahao. baidu. com/s? id=1644980624655956294&wfr=spider&for=pc.

③ 中国新闻网. 第 12 次中日韩经贸部长会议举行. https://baijiahao. baidu. com/s? id=1653625178076613733&wfr=spider&for=pc.

④ 新华网. 武汉石化与中韩石化资产重组. http://m. xinhuanet. com/hb/2019-07/04/c_1124707075. htm.

⑤ 搜狐网. 又一中日合资船厂启动运营，主攻 LNG 运输船. https://www. sohu. com/a/331217832_99930566.

吉隆坡与马来西亚 TMS 公司签署合作协议，双方将携手打造科技领先的新一代新能源客车，并以马来西亚为中心开拓东盟市场。① 12 月 8 日，浙江巨化集团与日本丸红株式会社签约巨化中日氢能示范工程。该工程包括大功率固定式氢燃料电池发电、氢油混合燃烧发电、高低压氢储运、电氢置换、氢的纯化等技术方式的创新示范应用，打造氢能源在制造业示范应用的典范。② 12 月 29 日，中国孝义鹏飞集团与美国 GCES 公司全面战略合作氢能源项目签约仪式举行，双方将充分发挥各自在资源、资金、技术和市场等领域的优势，将氢能生产与传统煤化工产业相融合，共同构建焦炉煤气制氢的技术平台，推动传统煤化工行业的技术革新和科技创新，实现资源共享、优势互补。③

4. 合作制度化水平提升，在"一带一路"倡议下继续发展

在"一带一路"倡议下，中国在亚太地区不断推动国际能源务实合作，不断加强具体机制建设，通过建立双边或多边自贸协定谋求合作的实质进展。

2019 年 9 月，以"'一带一路'引领中国-东盟电力合作新机遇"为主题的中国-东盟电力合作与发展论坛召开。此次论坛针对中国和东盟能源国际合作机制、"一带一路"沿线国家清洁能源发展前景、区域能源互联等议题展开交流讨论。论坛致力于为中国和东盟国家能源电力项目、业务合作和信息往来搭建高效互动平台，对落实"一带一路"倡议，促进中国和东盟各国实现多层次、多领域能源合作起到了积极作用。此外，论坛同期召开的第六届澜湄国家电力企业峰会和首届澜湄区域电力合作中资企业沟通合作峰会也取得了实效成果。

(三) 中国与亚太地区能源合作未来前景

虽然 2019 年亚太地区不确定性增加，但是相较 2018 年，区域内主要国家和地区组织对合作共识保持了一致，能源资源供求一体化趋势加深，能源转型的共同需要为未来中国和亚太地区的能源合作开拓了广阔空间。

1. 中国与亚太地区能源合作前景总体上喜忧参半，但机遇大于阻碍

可以看到，地区间频繁且激烈的贸易摩擦，全球经济疲软导致的贸易和投资乏

① 新浪网. 中马企业携手开发新能源客车. http://finance.sina.com.cn/stock/relnews/cn/2019－11－12/doc-iihnzhfy8586981.shtml.
② 新能源网. 巨化集团与日本丸红签约"中日氢能示范工程". http://www.china-nengyuan.com/news/149659.html.
③ 国际能源网. 鹏飞集团与美国 GCES 公司签约发展氢能产业. https://newenergy.in-en.com/html/newenergy-2365484.shtml.

力，亚太地区能源消费需求大但是能源产出少所以整体上受其他地区能源供应影响比较明显，美国对外政策的不确定性太大等因素给中国和亚太其他国家的能源合作造成了一定的阻碍。

但是，亚太地区可再生能源的相对丰富以及各国政府对此投资和发展的支持，"一带一路"倡议下能源贸易合作机制的不断完善，中日、中韩关系的不断回暖也给中国在亚太地区的能源合作提供了良好的机遇。

2. "十四五"计划与对外能源发展趋势

2019 年 7 月 18 日，国家能源局局长章建华在江苏省开展"十四五"能源规划专题调研时讲到对于能源形势和趋势的基本判断："十四五"是中国能源转型变革的关键时期，能源需求发生新变化，高质量发展要求更加突出；能源安全面临新挑战，新旧风险交织并存；绿色转型出现新形势，未来任务更加艰巨；创新发展进入新阶段，科技和体制创新重要性更加凸显。

在此次调研中，章建华局长提出要求：谋划"十四五"能源发展，要聚焦安全短板，在供应保障能力建设上下功夫；要瞄准清洁低碳战略方向，在推动能源转型上下功夫；要突出系统优化，在提高发展质量和效率上下功夫；要坚持还原能源商品属性，在深化体制改革上下功夫；要扩大对外开放，在深化能源国际合作上下功夫，着力构建清洁低碳、安全高效的能源体系，为经济社会发展提供更加坚实的能源保障。[①]

在此统筹基础上，中国与亚太其他国家进行能源合作有先天地理优势，在深化亚太能源合作供求链上进一步向外辐射，既有利于亚太各国的协同发展，也裨益于中国能源转型。

3. 新科技革命继续加速，能源技术合作前景广阔

2019 年被许多学者称为第四次工业革命的元年，以人工智能、清洁能源、无人控制技术、量子信息技术、虚拟现实以及生物技术为主的第四次工业革命已经拉开序幕。[②]

第四次工业革命将为能源行业的发展带来极大的机遇与挑战。目前，中国能源领域科技创新取得了一系列重要成果，如煤电超低排放技术、新能源发电技术等进入国际领先行列，页岩油气勘探开发和复杂区块油气开采等技术装备达到世界先进

① 能源杂志. 能源现实与能源革命——论能源领域的十大矛盾（上）. http://www.inengyuan.com/dianli/492.html.

② 孙德强等. 第四次工业革命背景下油气行业的发展路径 [J]. 中国能源，2019，41（04）：4-14.

水平，"互联网＋"智慧能源、储能、能源综合服务等一大批能源新技术、新业态、新模式不断涌现。[①]

由于亚太地区各国普遍希望能加速本国能源向低碳清洁能源的结构转型，因此均非常重视对支撑该能源革命的相关科技发展，新能源产业和产品市场较为广阔，同时不少国家可再生能源的技术水平都处于世界领先地位。因此，中国更要抓牢此次科技革命的机遇，破除传统的以能源供应为核心的上中下游一体化产业组织和发展模式，构建以能源利用为核心的现代能源综合服务体系和市场体系[②]，充分发挥市场机制的决定性作用，提升全产业链效率，最大限度利用并促进和亚太各国能源的全方位合作，在开放合作中实现共同发展。

---

① 马建堂. 迎接全球能源转型 实现中国能源高质量发展［N］. 中国经济时报，2019-12-10（A01）.
② 同①.

美洲地区

潘 丽 张 敏

一、2019 年美洲地区政治经济形势综述

（一）美洲地区政治形势

1. 美国：单边主义、不确定性上升

从整体上看，2019 年美国国内政治形势继续充满变数，社会内部各团体之间更加撕裂，为了 2020 大选年造势，党派间"围绕特朗普'非常规执政'的博弈升温，两党政治的'极化'进一步加剧，枪支和种族等顽疾日趋恶化"①。由于对移民问题意见相左，两党就美墨边境修墙的预算迟迟不能达成一致，多次谈判未果，导致政府关门一个多月。直至 2019 年 2 月 15 日，这场跨年停摆随着特朗普的暂时妥协才结束。除了传统的议题争论更加极端化之外，围绕总统本人及其执政团队的博弈进一步发酵。2019 年 12 月 19 日，起因于"通俄门"，美国众议院通过了一项对特朗普总统弹劾案的表决，由此特朗普成为美国历史上第三位遭弹劾的总统，尽管最终弹劾未成功，却反映了美国国内对这位总统及其政策的强烈争议，并将继续影响美国政治政策的不确定性。

对外关系上，在"美国优先"的理念下，美国延续其单边主义的做法。以各种"任性退群"行动为例，2019 年 8 月美国正式退出《中导条约》。该条约于 1987 年签署并于次年开始生效，是 20 世纪 80 年代美苏关系缓和时期签订的重要军备控制协定。2019 年 2 月 2 日，美国政府宣布暂停履行《中导条约》。退出之后，美国可以

---

① 徐海娜. 2019 年国际形势研讨会暨世界知识论坛［J］. 东亚评论，2019（2）.

自由地发展战区导弹，将有权将几十年来禁止使用的所有此类型武器重新投入使用，从而为美国的决策者们在制定战略构想和任务计划时提供新的选项。事实上，美国此举已经引发新一轮军备竞赛。2018 年美国威胁退出《中导条约》时，美俄双方立即剑拔弩张。[1] 此外，早在 2017 年就宣布要退出《巴黎协定》的程序也于 2019 年 11 月开始启动。一系列"退群"行为令多国措手不及，昭示着今后美国的政治政策将会充满变数。

在中美关系上，自 2017 年底以来，美国公然视中国为主要战略竞争对手，在经贸、安全、内政、人文交流等领域对华全面发难。中美关系目前遭遇的困难为建交 40 年来所仅见，两国之间的相处模式正从合作与竞争并存转向以竞争为主旋律，这集中体现为最近一年多来美国对华全方位施压。[2] 2019 年这一趋势未见好转，并在多个领域出现令人不快的摩擦，美国越发倾向于对华威压政策。例如：在涉及中国主权的台湾问题上，2019 年 5 月美国众议院通过"台湾保证法"与"重新确认美国对台湾及对执行与台湾关系法之承诺"决议案，参议院又通过"2020 财年国防授权法"，鼓吹对台军售和美国军舰定期通过台湾海峡，挑战中国的核心利益。在新疆、香港等中国内政问题上，美国不顾中国政府态度，通过了"2019 年香港人权与民主法案"等一系列法案。在科技合作、人文交流等领域，美国甚至剑拔弩张，多次污蔑中国一些留学生从事间谍活动，封锁、制裁中国的一些高科技公司，进一步限制两国科技合作。北京大学国际关系学院贾庆国教授总结美国这一年的政策特点时说道："一是（美国）在对外政策中强调高科技的相关安全风险，对华开展科技战，也向其他的国家施压要求配合；二是安全部门在决策过程中的作用在上升，甚至导致人文交流领域受到冲击；三是外交和军事方面由强硬派主导，比之前程度有过之而无不及。"

2. 拉美地区："左右"缠斗、变乱交织

2019 年拉美地区有 7 国举行大选，其中有中美洲的萨尔瓦多、巴拿马和危地马拉，南美洲的玻利维亚、阿根廷和乌拉圭以及加勒比地区的多米尼克。大选放大了政治的不确定性，2019 年拉美地区乱象丛生，深刻的政治两极化加剧了左右翼政府间的对立，地区团结难上加难，多国社会积弊激化引发骚乱，政治格局以变为主。[3] 左右翼势力的缠斗轮替，在一些国家右翼党派轮番上台，包括巴西、智利、乌拉圭、危地马拉等；在另一些国家左翼则翻盘，包括墨西哥、阿根廷、古巴、尼

① 李大鹏. 美国退出中导条约影响恶劣且深远 [N]. 中国青年报, 2018-11-01.
② 胡勇. 四十有惑：十字路口的中美关系 [J]. 上海对外经贸大学学报, 2020 (1).
③ 丁大勇. 2019 年拉美地区形势 [J]. 当代世界, 2020 (1).

加拉瓜等。在拉美地区长期左右势力交互缠斗的周期中，"右进左退"是这一轮的宏观形势。此外，抛去正式的政党更迭外，各种民粹的、非正式的抗议浪潮迭起，加剧了地区内各种矛盾。

拉美大国巴西和墨西哥风起云涌。2019年11月，巴西总统博索纳罗与执政党社会自由党领导人的矛盾加剧，他宣布退出社会自由党，另组巴西联盟党，但至今为止，巴西联盟党尚未进行合法登记。墨西哥也正经历"第四次变革"，借助一系列方案，对经济社会进行了大调整，总统洛佩斯表示，目前墨西哥政府仍处在过渡期，还需一年时间强化执政。委内瑞拉更是动荡不安，秩序混乱。委内瑞拉反对派成员、议会主席瓜伊多宣布自己为"临时总统"，得到美国、欧洲和拉美多国承认。由于政府与反对派之间的对抗不断加剧，再加上外部势力加紧干涉，委内瑞拉局势发展充满不确定性。拉美其他国家形势亦不乐观：秘鲁总统比斯卡拉于2019年9月30日解散国会，宣布将于2020年举行国会选举，以推进反腐败改革，却受到国会挑战，府院之争再度升级；2019年10月，厄瓜多尔、智利发生暴力示威，厄瓜多尔政府机关被迫撤离首都，智利放弃主办亚太经合组织领导人非正式会议；2019年11月，哥伦比亚爆发全国总罢工。此起彼伏的动荡失序反映出拉美多国深刻的社会矛盾，治理难题凸显。

伴随着政局不稳定的是各种社会矛盾丛生，民生问题更加尖锐。2019年拉美地区贫困人口和极端贫困人口分别达1.91亿和7 200万，贫困率和极端贫困率分别从2018年的30.1%和10.7%升至30.8%和11.5%；收入分配改善举措成效不彰，地区平均基尼指数居高不下；部分国家就业困难、就业质量下降等问题突出；暴力犯罪、贩毒等社会痼疾难除，积重难返。[①]

（二）美洲地区经济形势

1. 美加：增速放缓、总体平稳

2019年，美国整体经济维持扩张但增长放缓（见图1）[②]，就业市场保持强劲，失业率保持在低水平，家庭消费强劲增长，但制造业持续萎缩，企业固定投资和出口仍然疲软。美国国债收益率多次出现倒挂，增大了市场对美国经济衰退的担忧，美联储采取降息策略，为美国经济提供"缓冲"。

就美国经济形势而言，一方面，特朗普政府实施积极的财政政策与减税计划，

---

① 丁大勇. 2019年拉美地区形势［J］. 当代世界, 2020 (1).
② 数据来源于EIU countrydata.

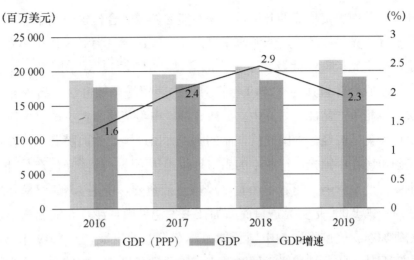

图 1   2016—2019 年美国经济发展趋势

税改全面涉及个人所得税、企业所得税、跨境所得税等主要税收来源，成为美国近 30 年来最大的减税计划。短期看，减税确实刺激了美国经济增长，吸引了企业新增投资和跨国企业重返美国，也提高了居民收入，进一步支撑了消费需求[①]，就业情况有所改善，失业率处于 3.7% 的历史低位。对华加征关税政策也"初见成效"，根据道琼斯财经指数的报道，美国 2019 年全年商品和服务逆差缩减 1.7% 至 6 168 亿美元，为 2013 年以来首次下降，商品贸易逆差缩减 2.4% 至 8 860 亿美元。种种因素之下，美联储开始降息，意味着美国开始进入新的降息周期。在 2018 年四次升息之后，美联储在 2019 年 7 月、9 月和 10 月三次连续降息，联邦基金利率目标区间下调至 1.5%～1.75% 水平。降息消息宣布后，美股尾盘三大股指拉升。

另一方面，随着政策刺激效应减退以及特朗普政府贸易保护主义政策负面影响显现，2019 年以来，无论需求、供给还是价格指标都反映出美国经济增长动能正在减弱。[②] EIU 各国宏观经济指标指出，2019 年美国 GDP 增长率为 2.3%，低于 2018 年的 2.9% 和 2017 年的 2.4%，实际 GDP 增长率为 1.5%，也有所放缓。主要的下行风险包括巨额财政赤字和政府债务、不断升级的贸易摩擦和前景黯淡的贸易谈判、美联储货币工具有效性受限，再加上民粹主义兴起、政党博弈、人口老龄化等深层次结构性问题削弱了美国经济长期增长潜力，未来一段时间"特朗普景气"终结的概率正在逐渐加大。[③]

① 杨子荣. 美国经济发展趋势［J］. 全球瞭望，2019（5）.
② 赵硕刚. 2019 上半年美国经济形势分析与展望［J］. 中国物价，2019（9）.
③ 李馥伊. 2019 上半年美国经济形势和全年展望［J］. 中国经贸导刊，2019（6）.

此外，随着中美贸易战的升级，中美在能源领域的合作也受到了影响，包括电力设备、油气、光伏产品、新能源汽车等产品。2019年4月，美国国际贸易委员会投票决定对特定光伏电池片及其下游产品启动"337调查"，中国光伏产业巨头晶科能源、隆基股份首当其冲。2019年5月，中美贸易摩擦升级，新一轮征税清单中，光伏产业相关产品被列入其中。毋庸置疑，中美贸易摩擦会严重影响中国光伏产品的出口。美国曾经是中国光伏产品的第二大出口国，然而随着双方贸易摩擦的加剧，美国市场在中国光伏行业中的出口地位逐年下降。除了光伏产品外，中美油气贸易也受到严重影响。随着中美贸易摩擦愈演愈烈，中美LNG贸易几乎完全停顿。美国对中国2 000亿美元进口商品加征关税清单中，涉及新能源汽车动力电池所需的钴锂原料，这也将影响中国新能源汽车行业的发展。至2019年末，中美约20个月的旷日持久的贸易战终于暂时迎来了阶段性成果，双方首次就一个协议文本达成一致。美国对大约2 500亿美元的中国进口商品保持25%的关税，对大约1 200亿美元的中国进口商品关税降至7.5%，原定于12月15日生效的新一轮关税取消。从长期来看，尽管中美有庞大的经济合作需求，但美国在经贸上对中国的挑战和施压仍会继续，与日本、加拿大、欧洲等国的贸易摩擦表面风平浪静，也存在不稳定性。

加拿大经济整体平稳发展，但增速放缓（见图2）。①

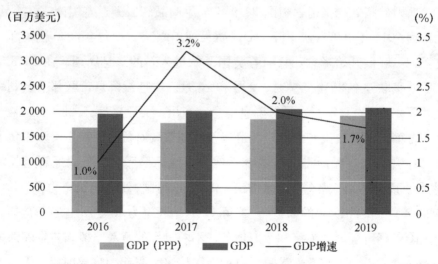

图2 2016—2019年加拿大经济发展趋势

通过美墨加协定的谈判，加拿大将"落日条款"有效期延长到16年，反倾销与反补贴的争端解决机制得以保留，跨国投资的规则更加公平，这些都为加拿大与

---

① 数据来源于EIU countrydata.

美国经贸关系的稳定提供了保证，大大减小了美国与加拿大之间贸易与投资的不确定性。在行业方面，加拿大奶制品、糖类与小麦进口的放松为美国农产品进入加拿大市场提供了更多便利，加拿大本土农业不可避免地会受到冲击。消费者进口零售货物的免税额从20加元提高到150加元无疑也不利于加拿大的零售业。此外，还有知识产权保护期的延长，由于美国的科技优势，加拿大要为此支付更多的授权费用。但与此同时，由于三国制造业重构，直接投资增加而使加拿大能够获得更多的就业机会，拓展商品产销网络。关于宏观经济与汇率的安排，也使得加拿大在北美市场的贸易风险进一步减小；服务业与中小企业的促进安排为监督增添了新的经济增长点，而美墨加协定关于贸易争端的安排和对各国产业安全、救济等贸易政策的尊重与协商合作条款，使加拿大在贸易主权形式上也得到了更多便利。① 除此之外，加拿大与欧盟及其成员国签订的《综合经济与贸易协定》（CETA）继续发挥作用，刺激加拿大经济发展。该协定的大部分内容在2017年已经生效，涵盖货物贸易、规制协调、政府采购、服务贸易与投资等多方面，协定的深入实施有望进一步拉动加拿大经济。

2. 拉美：经济低迷、下行压力加大

随着国际国内形势的变化，拉美各国都面临变革的巨大压力，不少国家试图通过程度和方式不同的财政、税收、养老金等方面的改革和政策的调整，来减少财政赤字、发展本国经济和改善民生。但是，由于财富分配不均、贫富差异扩大、民众诉求迟迟得不到满足，拉美多国爆发了大规模的抗议，暴力活动加剧，影响正常的经济生活秩序，致使2019年拉美经济增长缓慢。同时，特朗普政府调整美国对拉美政策，推行"新门罗主义"，企图分化、瓦解拉美的团结。中拉经济关系在"一带一路"倡议引领下取得新的发展，但也面临严峻挑战。②

拉美地区经济总体低迷，脆弱性凸显，下行压力加大。据联合国拉美经委会2019年11月12日的最新报告，2019年拉美经济预计只增长0.1%，为最近70年来增长最慢的一年③，地区33个国家中的23个增速不及2018年。其中，经济秩序动荡的委内瑞拉和阿根廷经历了负增长，分别为－23%和－3.0%；巴西、智利、古巴、墨西哥经济增长缓慢，分别增长0.8%、1.8%、0.5%和0.2%；哥伦比亚、秘鲁较为稳定，分别增长3.2%和2.5%；中美洲和加勒比地区表现较好，预计分

① 陈晶. 美墨加协定及对加拿大的有效分析［J］. 中国外资，2019（12）.
② 徐世澄. 拉丁美洲2019年度形势和2020年展望. http://www.charhar.org.cn/newsinfo.aspx?newsid=15693.
③ 同②.

别增长 2.4% 和 1.4%。[1] 拉美地区经济发展形势严峻，面临的挑战诸多。一是西方逆全球化思潮兴起，保护主义抬头，加之中美经贸摩擦负面影响释放，导致全球贸易、投资双减，对拉美国家冲击较大。二是拉美国家经济内生动力不足、债务负担过重、通胀严重等结构性问题突出，拉美特别是南美短期内难以摆脱产业结构单一、依赖大宗商品出口创汇的发展模式，各国政府财政货币政策手段有限。三是地区政治和社会不确定性犹存，多国局势动荡不安，推动结构性改革阻力重重，前景不明，动荡造成多国营商环境恶化，生产、贸易、物流等正常经济活动被迫中断，经济蒙受巨大损失，投资者信心动摇。[2]

巴西极右翼总统博索纳罗于 2019 年 1 月 1 日就职，大力推行以新自由主义为核心的全面经济改革，进行养老金等福利体系改革，上调最低退休年龄，推动国有大公司完成私有化改革，改造的 17 个国企名单包括巴西造币厂、巴西彩票公司等，同时放松国家对国有银行体系的控制，减少对劳工保护的劳动雇佣体系改革，以及以简化税制为核心的税收体系改革等。这些政策措施短期内发挥了作用，巴西 2019 年的经济表现在南美较为突出。然而，囿于总统所在党派在国会仍是少数党，以及巴西国内严峻的社会问题，这些政策的长期效应还有待观察。此外，巴西试图改善与特朗普政府的经济关系，恢复美国市场对巴西的巨大红利，同时基于优势互补，深化与中国等新兴经济体的合作，减轻对美国的过度依赖。

墨西哥经济走势较乐观，左翼政府已于 2018 年上任，洛佩斯总统在执政一周年时强调，在反腐、增加最低工资和养老金等改善民众福利、政府节俭和保持低通货膨胀率等方面取得了显著的成就，整体而言，墨西哥宏观经济基本稳固。此外，美墨加协定已经达成并逐渐发挥效益，美国制造业的持续活跃和复苏使墨西哥受益不少。毒品走私、暴力犯罪等社会治安问题以及美墨关系的不确定性仍可能对墨西哥经济发展造成负面影响。

二、2019 年美洲地区能源形势综述

(一) 美洲地区总体能源形势

1. 能源出口相对稳步扩大

根据 BP 的总结，2019 年美洲地区整体能源生产盈余，随着进一步开发，预计

① CEPAL. Preliminary overview of the economies of Latin America and the Caribbean. https://repositorio.cepal. org/bitstream/handle/11362/45001/43/S1901096_en. pdf.
② 丁大勇. 2019 年拉美地区形势 [J]. 当代世界，2020 (1).

到 2040 年美洲将成为能源出口的重要产地，原因在于美国页岩气革命的长远意义以及拉美各大储油国能源生产开发的稳步进行。美国油气资源净出口趋势见图 3 。[①]美国已在 2011 年超过俄罗斯成为世界最大的天然气生产国，在 2018 年超越沙特成为世界最大的石油生产国；在 2019 年 5 月成为世界第三大液化天然气出口国，预计将在 2025 年超越卡塔尔和澳大利亚成为世界第一大出口国。[②]另外，拉美能源生产开发活动稳步进行，尤其是资源储藏丰富的巴西、墨西哥、阿根廷等国，化石能源和矿产资源出口预计保持稳定增长，且出口对象日益多元化，预计亚洲市场将逐渐成为主要出口对象。

（百万吨油当量）

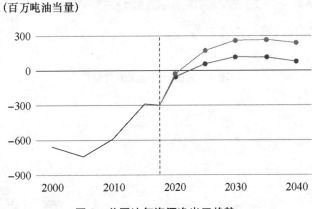

图 3　美国油气资源净出口趋势

2. 可再生能源投资继续扩大，能源结构继续优化

伴随着突破性的页岩气革命，美洲的能源技术进步势不可挡，为能源结构的优化提供巨大动力，虽然传统化石能源目前在多数国家仍居主要地位，但 2019 年新能源开发的趋势长期向好。以 BP 公司统计的美国一次能源消费结构为例[③]（见图 4），可再生能源、电能和核能预计在未来 20 年内所占比重逐渐加大。2019 年，拉美令人瞩目的好消息是可再生能源投资达到 181 亿美元，创历史新高，同比增长 54％[④]（见图 5），其中巴西、墨西哥、智利、阿根廷占有较大的份额。虽然拉美国家科技基础较美加等发达国家薄弱，但足够重视环境问题，清洁能源与可持续发展早已提上日程。拉美目前约有 2/3 的国家制定了清洁发展机制，1/3 的国家制定了

①　https://www.bp.com/en/global/corporate/energy-economics/energy-outlook.html.
②　周琪，付随鑫. 特朗普政府能源政策效果评估及前景预期 [J]. 国际石油经济，2019 (10).
③　https://www.bp.com/en/global/corporate/energy-economics/energy-outlook.html.
④　2019 年拉丁美洲可再生能源投资达 181 亿美元 创历史新高. http://guangfu.bjx.com.cn/news/20200213/1042940.shtml.

可再生能源发展战略。拉美和加勒比海国家根据各自优势大力发展可再生能源，目前已经形成了以生物质能、水能、风能和太阳能为主的新能源产业体系①，例如众所周知的南美以乙醇为代表的生物燃料技术。

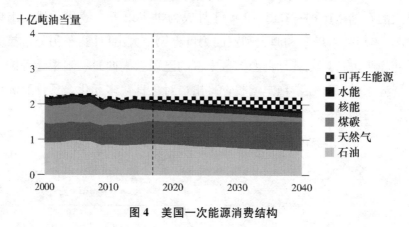

图4 美国一次能源消费结构

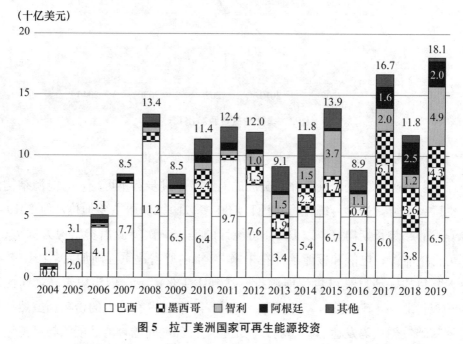

图5 拉丁美洲国家可再生能源投资

数据来源：彭博新能源财经.

3. 能源发展的潜在风险

拉美能源产业前景广阔的同时，也存在诸多挑战。相对于 2018 年，拉美尤其是南美各国国内局势不容乐观，2019 年此起彼伏的抗议浪潮、各种严峻的社会治

---

① 拉美三分之一的国家制定了可再生能源发展战略. http://news.bjx.com.cn/html/20150923/666413.shtml.

理难题、通货膨胀、政党朝野之间的斗争、亚马孙森林大火等严重的自然灾害、种族问题和移民问题等，严重影响了拉美正常的经济活动，妨碍了政策的连贯施行，致使域内许多国家经济表现差，委内瑞拉甚至出现了国家治理能力几乎失效的局面。这些问题普遍考验着拉美各国，制约着能源产业的长期健康发展。

美国、加拿大等发达国家所面临的风险较小，形势相对稳定，各项能源经济活动预计会平稳有序进行。美国能源角色及能源战略的重新定位，可能对地缘政治格局乃至世界能源局势产生微妙影响，此外美国两党能源政策的差异、对环境议题的争辩对经济形势都有潜在的不确定性影响。

（二）美洲地区主要国家能源形势

1. 美国：油气资源增产势头迅猛，清洁能源稳步发展

2019 年，美国能源消费继续呈油、气、煤"三足鼎立"格局，天然气消费长期保持优势地位。特朗普政府奉行维护化石等传统能源产业的政策，使用财政税收等手段维护传统能源产业的利润，延缓这些产业被淘汰的速度，同时搁置全球气候治理的国际责任，退出《巴黎协定》等一系列举动表明了他与民主党在环保议题、新能源议题上的分歧。

2017 年实行的大规模减税使化石能源企业受益巨大，采矿和油气产业是减税政策受益最大的行业之一，17 家美国油气公司将从中直接获益 250 亿美元，例如仅在 2018 年，石油巨头雪佛龙公司就获得 2.9 亿美元的税收减免。在联邦政府各部门预算普遍被削减的情况下，化石能源行业仍能得到大量财政支持，在 2020 财年预算中，能源部和环境保护署的预算分别被削减了 11% 和 31%，但化石能源研究办公室的预算增加了 12%[①]，从中可见特朗普政府的决心。在此时期，美国化石能源产量逐年增加，以石油资源为例（见图 6），尽管消费量仍大于生产量，但其增速远远小于生产量[②]，说明美国油气资源的生产正进入扩张期。且美国已在 2011 年成为世界最大的天然气生产国（见图 7）[③]，2019 年成为世界第三大液化天然气出口国。随着页岩气、页岩油开采成本显著下降，开采盈利平衡点已经降到 30 美元/桶，产量逐年增加，未来美国不仅能够实现国内能源供应充足，而且会在能源出口的国际市场上占有举足轻重的地位。2019 年美国能源信息署（EIA）发布的数据显示，

① 周琪，付随鑫. 特朗普政府能源政策效果评估及前景预期 [J]. 国际石油经济，2019（10）.
② 数据来源于 EPS 数据平台.
③ 2019 年 6 月中国与美国页岩气行业发展分析对比及 2018—2030 年中国国压裂设备增量市场空间预测. http://www.chyxx.com/industry/201911/801771.html.

美国2019年9月单月能源和石油产品出口量大于进口量——石油出口同比上涨18%，日均约876万桶；石油进口同比下降12%，日均约867万桶，顺差近9万桶。[①] 这是美国自1949年开始统计石油进出口数据70年来首次实现单月石油贸易顺差，成为石油净出口国。国际石油供应市场正在形成美国、沙特、俄罗斯的"三极博弈格局"以及OPEC减产联盟与非OPEC增产联盟的"两极角逐"，将为石油地缘政治格局和市场行情增加不确定性。

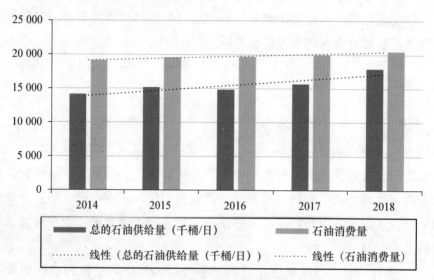

图6 2014—2018年美国石油供给量与消费量统计

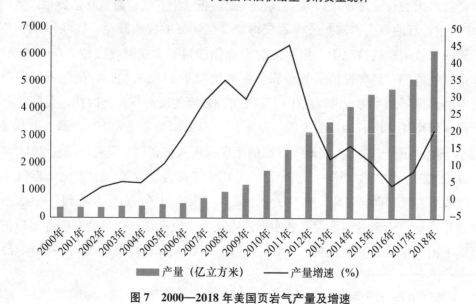

图7 2000—2018年美国页岩气产量及增速

---

① 王宏彬. 美国70年来首次成为石油净出口国 [N]. 经济参考报，2019-12-02.

就美国国内能源政策而言，尽管因两党代表的利益集团不同，政策可能出现波动反复，更看重环保意义的民主党会侧重于发展新清洁能源，但两党存在共同利益，能源安全与独立符合美国国家利益，也是两党共同的战略目标，短期内都不会轻易抛弃传统能源产业及其产生的巨额利润。美国的整体能源形势也不会发生大变动，即在宏观形势稳定的情况下，化石能源在短期内生产需求和消费需求仍保持旺盛，并成为带动其他产业发展的一大动力，但在整体能源结构中所占比重会缓慢下降，随着核心技术突破和民众环保意识普遍增强，环境友好型的清洁能源兴起是不可阻挡的必然趋势，水电、核电等清洁能源产业会随着市场逐渐成熟而得以壮大。

美国减少对国际石油市场供应的依赖，将为其奉行"能源新现实主义"、追求"能源主导"增添底气，也为其进一步影响世界主要产油区乃至全球局势提供了更多的腾挪空间。未来，在中东、中亚、拉美、非洲等世界油气资源富集区都会有美国控制与制衡的影子，这将给国际局势带来更大的不确定性。[①]

2. 加拿大：能源供应稳定，消费结构持续优化

加拿大是北美重要的油气资源生产国，根据《BP世界能源统计2019》的数据，加拿大是世界第三大石油生产国、第四大天然气生产国。加拿大石油生产商协会（CAPP）总裁兼首席执行官 Tim McMillan 表示，到2040年加拿大有机会在向世界提供其所需能源方面发挥领导作用。[②] 且加拿大的能源形势长期相对稳定，其国内的传统化石能源供应充足而消费需求较小，开采技术先进，安全度较高，多数出口美国市场，因此美国能源角色的转型，对加拿大有着直接而重大的影响。

除了供应无忧之外，加拿大能源消费结构也比较合理，石油、煤炭在消费结构中所占比重呈下降趋势，特别是煤炭从20世纪50年代约占50%至今不足1%。2019年加拿大正式施行碳税政策，这必然将进一步提升清洁能源在能源消费中所占的份额。加拿大天然气、水电、核电等清洁能源逐年上升，水电发电总量位居世界前三，风能、太阳能开发方兴未艾，氢能源的开发和利用也得到重视。加拿大电力公司 NB Power 正准备开发世界上第一个氢能分布式电网，自由党政府还承诺未来三年将投入3亿加拿大元（约合2.25亿美元）用于向电动车或氢燃料电动车支付高达5000加拿大元的购买补贴。此外，加拿大还有丰富的生物质能，且对其的利用起步较早。早在2016年，加拿大环境部长就宣布，2030年将完全淘汰燃煤发电，将温室气体排放量降低40%，以实现在巴黎气候大会上的承诺。2019年，加

---

① 黄佳音等. 中国油气行业改革开放并进 美国因素扰动世界能源大势［J］. 国际石油经济，2020，28（1）.
② 加拿大仍然是石油和天然气行业的领导者. http://www.sohu.com/a/339574579_99905077.

拿大风能、太阳能、生物质能的装机容量总和已占总装机量 11%。[①] 从各个方面可见加拿大大力发展新能源、继续改善能源消费结构的决心。

加拿大目前潜在的风险是对外出口市场过于单一，大部分的石油和天然气都是通过管道输送到美国，在出口方面对美依赖度较高，容易受外部环境影响，亟须拓宽出口市场。例如在天然气方面，受美国天然气进口需求大幅减低、加拿大页岩气探明储量递增等因素的影响，加拿大如果大规模开发非常规天然气，那么开拓北美以外的市场将至关重要。此外，油价波动也不利于加拿大许多传统油气能源项目的推进。加拿大也不能排除与美国政府继续生出贸易摩擦的可能性，再加上改善与中国外交关系的努力未见起色，这些都会给加拿大的经济形势和能源产业造成不小的压力。

3. 巴西：清洁能源融资数额巨大，海上油气产量增加

巴西作为拉美地区国土面积最大、人口最多、经济实力最强的国家，自然条件优渥，资源丰富，各种矿产种类繁多，是拉美地区第一大产油国，也是除美国外为数不多的、可以在短时间内大幅提高原油产量的非 OECD 国家。近年来，随着油气资源开发的目光逐渐转向海上，巴西石油产量大大增加，2018 年达到日产约 343 万桶（见图 8）。据称，巴西 2018 年原油产量已达 1.35 亿吨，其中向中国出口 3 250 多万吨，出口对象渐渐由北美转向亚太地区，以实现多元化、保障能源安全。

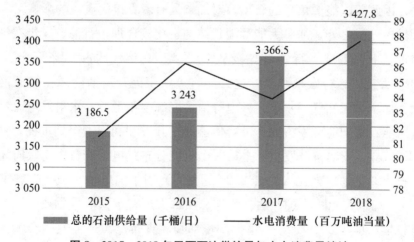

图 8　2015—2018 年巴西石油供给量与水电消费量统计

此外，巴西新能源的发展也是成绩斐然。据报道，2019 年巴西是全球五大清

---

① http://sl12345.51sole.com/companyproductdetail_200106779.htm.

洁能源投资新兴市场之一，由于拥有全面而具吸引力的清洁能源政策框架，并率先开展了竞争性拍卖以签订清洁能源合同，2009—2018 年巴西签约了超过 28GW 的可再生能源合同，为清洁能源发电厂吸引了近 560 亿美元的新资产融资，是该期间同期拉丁美洲金额最大的项目。[①] 作为全球乙醇燃料第二大生产国和最大出口国，巴西是世界上第一个生物燃料达到可持续利用的国家，也是生物燃料方面的领导者之一。[②] 巴西水力发电量位列世界前三，约占全国发电总量的 3/4，世界十大水力发电站中有两座在巴西。然而，为了减轻对水电的依赖，以及考虑水电站对生态环境的破坏，巴西目前正在大力降低生物燃料的成本，并探索其他多种能源。

4. 墨西哥：继续挖掘可再生能源潜力，优化能源结构

墨西哥地大物博、能源矿产资源丰富、历史文化源远流长，且地缘政治地位重要。墨西哥湾区域是除北极圈以外最大的待开发石油带，作为拉美重要的产油国，墨西哥油气资源为其国家财政贡献率高达约 1/3。但是近年来，墨西哥石油产量持续大幅度下降。与此同时，墨西哥下游炼油能力严重不足，不得不从美国进口成品油，后来又大量进口天然气，反而形成了对美国严重的油品和天然气进口依赖。[③]

自 2013 年起，墨西哥启动大规模尤其市场化改革，吸引外资和技术，以摆脱对石油出口的依赖，充分挖掘本国的可再生能源潜力，促进经济转型，如东南部的特旺特佩克地峡的风力发电系统、每平方米每天的辐射超过 5 千瓦时"太阳能地带"等。再加上墨西哥充足廉价的人力资源，可再生能源行业吸引投资的前景广阔。根据行业协会 Solar Power Europe 发布的《2017—2021 全球光伏市场展望》，墨西哥有望于 2021 年成为世界第七大太阳能光伏市场。[④] 墨西哥政府先后出台了《可再生能源利用特别计划》《可再生能源证书指导意见书》及各种补贴政策以优化能源结构。据 EIA 的数据，2015 年墨西哥的能源消费结构见图 9。其中，石油资源消费量和生产量逐渐下降（见图 10）。[⑤] 天然气上升到大概 40%，而其中约有一半的天然气是从美国进口，且美国对墨西哥的天然气管道出口量仍在继续增长。数据

① 国际能源研究中心. 2019 年全球五大清洁能源投资新兴市场. http://m.bjx.com.cn/mnews/20200204/1039940.shtml.
② 王源. 巴西新能源崛起之路. http://guangfu.bjx.com.cn/news/20160823/765178.shtml.
③ 吕建中. 墨西哥能源改革的困局与反思 [N]. 中国石油报，2019-12-10.
④ 国际能源网. 墨西哥有望于 2021 年成为世界第七大太阳能光伏市场. https://www.in-en.com/article/html/energy-2270164.shtml.
⑤ 数据来源于 EPS 数据平台.

分析公司全球数据于 2019 年 3 月在一份报告中称，尽管墨西哥新政府在努力减少对美国天然气的依赖，但未来 10 年，墨西哥将继续需要从美国进口天然气。① 这从侧面反映出墨西哥能源对外依赖度一直过高的问题，对美墨双边关系敏感，其他拉美国家的竞争以及本国复杂动荡的国内局势都可能对墨西哥能源行业的健康发展提出严峻的考验。

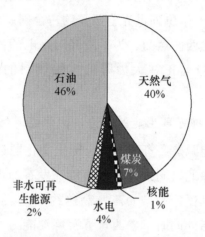

图 9　2015 年墨西哥能源消费结构

数据来源：BP 世界能源统计年鉴.

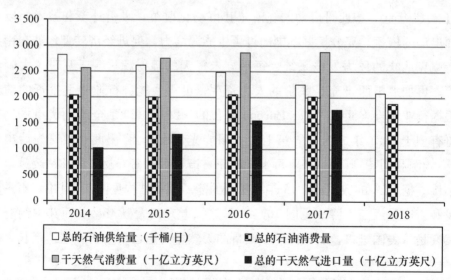

图 10　2014—2018 年墨西哥石油、干天然气供给量与消费量统计

---

① 尽管在推动能源主权，墨西哥依然将依赖美国的天然气. https://oilprice.com/Latest-Energy-News/World-News.

三、2019 年中国与美洲地区能源合作综述

(一) 中国与美洲地区能源合作成果

1. 与美加等发达国家：稳中有变、灵活调整

对石化能源等稀缺性资源，中美之前一直存在竞争性。两国不约而同地将眼光投向了里海、俄罗斯和非洲等地，加剧了在这些地区的能源角逐。随着页岩油气的成功开采，美国石油对外依存度从 2005 年的 60％降到现在的 40％左右[1]，本土资源潜力的开发使美国有可能实现能源独立，从而使中美能源合作关系出现新的挑战和机遇。而 2019 年，由于各种因素综合影响，中美两国整体上能源合作的不确定性继续加大。

在贸易战的背景下，中国的诸多能源产品被美国纳入征税清单，包括核电和可再生能源发电行业的电气设备、风电设备、核反应堆、电池等，以及石油行业的丙烯、聚乙烯及部分下游化工产品，所以部分可再生能源和石油行业受到美国发起的贸易战的冲击。2019 年 5 月 6 日，美国总统特朗普在社交媒体上宣布，从 5 月 10日起，对价值 2 000 亿美元中国商品加征的关税税率从 10％调高至 25％。中国政府很快予以反击，将从美国进口的液化天然气关税税率提升至 25％。2019 年 9 月 24日，中国商务部开始对 600 亿美元的进口美国商品加征关税，LNG 首次被纳入清单。中美能源合作跌入低谷。尽管 2019 年底，中美两国达成了暂时的阶段性协议，但贸易战实际上仍在进行，且前途未卜。

在能源技术合作中，由于两国战略互信减损以及美国对中国战略认知的转变，这一年双边关系更加紧张。当中国向欧美寻求技术支持时，常被美国以技术多为私营企业所拥有、中方在知识产权方面保护不力、涉及国家安全为由拒绝无偿或低价转让，并在高技术领域对华出口实行严格的管制政策。[2] 此外，在中国输美的光伏产品、锂电池等产品中也频现贸易摩擦，多次被美国指责为剽窃知识产权，两国在科技领域的激烈竞争和摩擦可见一斑。

2. 与拉美：成效显著、持续深化

中国作为世界第一大能源消费国和石油进口国，在世界能源买方市场中有举足

---

[1] 田慧芳. 中美能源与气候合作博弈：深化与突破 [J]. 国际经济评论，2013 (6).
[2] 同①.

轻重的话语权。而资源丰富、与中国没有核心利益冲突的拉美，是近年来的重点合作往来对象，随着双边外贸交流的长足进展，基于互补性的共赢合作也正在迈上新台阶。中拉油气合作早在 1993 年就从秘鲁起步，合作范围扩展至委内瑞拉、厄瓜多尔、巴西、墨西哥等多个国家，覆盖勘探开发、工程技术服务、管道运输、原油贸易、金融合作等全产业链。

近年来，中国与拉美能源贸易总体呈上升趋势。贸易额自 2007 年起增长速度迅猛，到 2014 年达到峰值。经历这一较迅速的发展阶段后，由于中国经济增长放缓和石油产业的全球性不景气，中拉能源贸易总额在 2014 年之后呈下降趋势，双方的能源贸易结构主要表现为中国从拉美进口原油[1]，此后逐渐缓慢回升。2019 年巴西跃升为中国第五大原油进口国，增长最快。

除了进口化石能源外，2019 年中国更加积极地"走出去"，继续深度参与拉美本土产业链。在对拉美投资中，中国是拉美第三大投资来源国，其中资本输出的主要方向是原料资源开发项目，尤其是油气及矿石资源。中国投资既涉及直接购买大型油气企业及矿物原料资源开采联合企业的资产，与拉美国家建立原料资源开发方面的合资企业，还包括发展相关的基础设施。[2] 2019 年，中国与巴西、阿根廷、墨西哥、智利等国又开启了许多新的能源合作项目，例如中广核收购巴西 Gamma 新能源项目，中国长江三峡集团有限公司旗下长江电力收购美国能源公司在秘鲁的配电等资产，中国石油参股中标巴西 2 个深海盐下项目等。中国"三桶油"及部分民营油企也参与了墨西哥一些陆上、海上油气项目投资及工程建设、技术服务业务等。总之，这一年，建立在互利共赢、优势互补上的中拉能源合作，不管是在广度上还是深度上都取得了进展。

（二）中国与美洲地区能源合作前景

1. 与美国

随着中美在能源领域的定位分别转变为消费大国与生产大国，优势互补性将进一步增强，尤其是在能源贸易、新能源与应对气候变化等领域中仍有巨大的潜在合作空间。

尽管美国退出《巴黎协定》在一定程度上使全球气候治理受挫，但在中美传统能源领域却开启了一些新的合作空间。由于中国的能源结构与特点仍以化石燃料为

---

① 丁宁. 特朗普政府的美国能源政策动向：中拉能源合作的新机遇 [J]. 太平洋学报，2018 (10).
② 林琳. 中国和拉美国家的经济合作管窥 [J]. 国际经济与贸易，2018 (9).

主，而美国在页岩气革命后转型为化石燃料出口国，中美两国在传统能源经贸合作方面有很大的共赢空间。特朗普在执政后所采取的一系列措施标志着美国"能源新现实主义"逐步形成，即在追求能源独立的基础上，向世界出口石油、天然气等化石能源，强化美国对全球能源市场的掌控力。这也为中美两国在石油、天然气的合作提供了潜在机遇。在石油方面，中国可以增加从美国的原油进口。根据 2018 年 3 月国际能源署发布的报告，从 2017 年到 2020 年，全球石油消费将增加 370 万桶/日，仅美国的产量就将增加 300 万桶/日，能满足未来全球石油需求增量的 60％以上。在天然气方面，中国亦能增加对美国液化天然气的进口。美国页岩气革命后，国内天然气产量大增，而中国的能源结构是多煤贫油少气，且对天然气的需求量逐渐增加。目前中国的天然气主要来自澳大利亚和卡塔尔，对美国而言，开拓中国的天然气市场，也有利于缓解美中贸易逆差。[①]

在清洁能源与环境保护议题中，中美有共同利益和共同认同。从能源政策上看，中国的"十三五"规划和十九大报告均指出，未来中国要推进能源革命，构建清洁低碳、安全高效的能源体系。作为最大的发展中国家和最大的发达国家，中美两国均为能源消费大国和全球气候治理体系中重要的行为主体，能源合作主要集中在清洁能源、能源效率以及应对气候变化等方面，主要包括中美清洁能源联合研究中心，中美能效论坛，中美能源和环境合作框架下的水、大气、电力、保护区和湿地、能源效率、绿色港口与船舶六个优先领域以及绿色合作伙伴计划等。特朗普上台后，双方仍将在已签订的长期工作计划框架下继续稳步推进这些领域的合作。[②]另外，中国也可以在特朗普政府减少对清洁能源的政策优惠力度时，抓住新能源产业发展的赶超机遇，鼓励新能源技术升级与合作，带头积极履行应对全球气候变化的责任，树立良好的国际形象。

综上，特朗普政府为美国传统能源的复兴提供了良好的政策支持，而中国出于当前能源结构和能源安全的考虑，将会继续或者扩大传统能源，如煤炭、石油、天然气的进口；另外，美国退出《巴黎协定》也不代表会放弃对新能源技术的开发与应用，中美在能源合作方面依然大有可期。

2. 与加拿大

加拿大石油、天然气资源丰富，以油砂开采为技术的非常规油气开采技术、LNG 出口政策都为中国油气资本在加拿大进行兼并收购提供了良好的基础。近些

---

① 邹晓龙. 美国退出《巴黎协定》后的能源政策及中美能源合作 [J]. 东亚评论, 2019 (2).

② 吴凡等. 贸易摩擦视角下的中美两国能源合作现状、空间及策略 [J]. 亚太经济, 2018 (6).

年，中国油气企业加大了投资力度，并不断创新开采技术，为降低加拿大油气开采成本提供了良好的条件。

但是中加两国油气能源合作也面临许多困境。首先，双方能源领域高端技术较为缺乏，制约了合作进程。虽然两国油气技术发展迅速，但仍处于初级研发阶段，开采技术落后，难以顺利对接，且一些技术合作受到政治因素影响而被迫中断，能源技术合作前途未卜。其次，整体税率较高，加拿大税收始终处于较高状态，极大制约了双边油气能源贸易合作。再次，双边油气能源基础设施滞后。尽管加拿大国家的总体基础设施较发达，但在油气能源领域的基础设施不足，尤其是中加两国距离远，运输成本较高，是两国油气合作的重要妨碍因素。最后，受双边战略认知趋向负面和外交关系恶化等因素影响，未来中加合作效果仍有待观察。

3. 与巴西

中国与巴西同为金砖国家，能源合作具有天然的互补性与战略性，尤其是在海洋油气、电力、新能源产业等领域，发展潜力巨大。两国在《金砖国家领导人第十一次会晤巴西利亚宣言》中共同声明：强调确保各国人民获得清洁、可持续和负担得起的能源的重要性。为此目的，我们致力于继续有效利用化石燃料，并提高包括生物燃料、水电、太阳能和风能在内的可再生能源在我们经济中的比重。除了共同的战略目标，在可再生能源技术合作中，中国还有巨大的实力优势。中国在可再生能源领域日益成为全球性的主要产品与服务提供方，尤其在水电、光伏、风力涡轮机、能效技术、电池、热电等领域均具有一定优势，在水电、光伏和电厂领域，中国是全球领先的出口国。根据联合国商品贸易统计数据库的数据，中国在2013年出口的水电、光伏和电厂设备占全球出口额的百分比分别高达17%、44%和18%；这些比例均远远超过美国同类出口占全球出口的比例（4%、8%和9%）。[1]

在海洋石油领域，中巴原油贸易量逐年攀升，2015年中国超越美国成为巴西石油的最大买家，而"贷款换石油"不仅让中国获得稳定的原油进口，又为巴西注入充裕资金拉动经济增长，实现双赢。随着中国"蛟龙号"等深海勘探领域的突破，两国在未来海洋能源的探索和开发等方面的合作前景广阔。在电力领域，中巴两个水电大国有诸多"不解之缘"。三峡集团通过"参股合作、资产并购"等方式深度参与巴西水电开发，目前三峡巴西公司已成为巴西第二大私营发电企业。而负

---

[1] 丁宁. 特朗普政府的美国能源政策动向：中拉能源合作的新机遇［J］. 太平洋学报，2018（10）.

荷中心远离能源基地的特性为中国特高压输电技术提供了施展空间。2017年投运的国家电网巴西美丽山项目一期工程是中国特高压输电技术的海外首秀，2019年该项目又取得可喜的进展。在新能源领域，巴西作为推动全球生物燃料产业发展的先锋，可为中国通过发展生物质能源丰富能源多样性、推动农村能源革命提供有益参考；而巴西作为风电、光伏发电的新兴市场，其广阔的市场空间为中国相关产业"走出去"提供了重要机遇。

总之，虽然未来中巴能源合作可能面临资源民主主义、文化制度差异、法律法规制约、党派博弈及美国干扰等不确定性因素的挑战，但同为崛起中的全球性发展中大国，走"生态优先、绿色发展"的能源之路必将符合两国发展的长远利益，也是向全世界展示"大国担当"的重要窗口；而两国在能源资源、能源技术等方面天然的互补性与互利性，决定着两国能源合作大有可为，这不仅有利于两国经济发展，而且对中拉能源合作乃至"南南能源合作"都具有极强的示范效应。

4. 与拉美其他国家

拉美与中国的能源角色定位有很高的互补性，中国从拉美进口能源符合双方基本需求。但当前中国在拉美地区的能源进口来源国高度集中①，为保障能源供应多元化，可以在该地区继续拓展与其他国家的能源进口渠道。同时，对于该地区多数国家而言，以往对美国的经济依赖度普遍过高，令一些国家对美国又爱又恨，而美国政策的转变逐渐使拉美国家普遍感到要尽快摆脱对美国的经济依赖，把目光转向欧盟和亚太地区的国家。② 对拉美而言，多元化的出口市场有助于减轻对外依赖性和敏感性、保障国民政治经济的独立性以及为其他产业的发展提供动力。而对中国而言，拉美各国探明储量不断上升的矿产资源和不断发现的大型油田也为中国的多元化战略提供了条件；中拉相距遥远，没有历史纠葛和领土争端，有着相似的历史境遇、共同的发展诉求和诸多领域合作的现实性和可能性，拉美作为未来中国经济可持续发展的外部市场以及能源、资源提供者，潜力巨大。③ 因此，未来继续深化进出口领域的合作符合中拉双方的利益需求。

近些年，中拉之间的能源合作正在稳步前进，2017年拉美地区对中国的原油出口量为5 850万吨，占其向全球出口总量的25.9%，但仍然滞后于中国经济和中

---

① 丁宁. 特朗普政府的美国能源政策动向：中拉能源合作的新机遇［J］. 太平洋学报，2018（10）.
② 同①.
③ 朱楠楠，苏聪. 中国与拉美经贸合作的现状与发展前景［J］. 经济研究导刊，2018（24）.

拉经贸关系的发展程度。[①] 从双方贸易需求的互补性、经济转型的动力、能源安全的保障以及积极参与全球气候治理等角度来看，中拉存在巨大的合作空间。资源的互补性使得中拉能源合作具有广阔的空间，主要领域包括油气资源的勘探和开发、工程技术和劳务出口、新能源和清洁能源等。除了与巴西等几个传统的重点国家合作之外，中国还可以继续拓展在拉美的广阔市场，基于互利共赢和优势互补，深入参与其他国家的能源合作项目。例如：以智利为例，其海岸线长达 6 400 余千米，自然条件特别有利于发展风电和太阳能。近年来，智利也在利用自己的天然优势，把风电和太阳能等摆在优先发展的位置，计划到 2020 年将新能源在本国能源消费结构中的比例提升至 20%，这为扩大中智合作开拓了新机遇。此外，同为发展中世界的大国与主要地区，拉美一直较注重环境保护问题，中拉双方在全球气候治理中有很高的默契。2019 年捷报频传，例如新能源领军企业比亚迪 3 月斩获墨西哥最大光储新能源订单等。

与此同时，中拉能源合作也存在一些有待克服的困难。首先，中国同拉美地区由于特殊的地理位置，距离远、运输成本高，中国从拉美地区进口石油和天然气与从中亚、俄罗斯等地进口相比较不具有价格和成本优势。其次，拉美一直处于美国的能源战略控制下，随着中国同拉美能源合作越发频繁，美国会认为中拉能源合作威胁其能源安全，在一些外交场合针对中拉合作进行的诋毁、诬蔑、挑拨不绝于耳，企图削弱中国的影响力。再次，拉美国家的经济社会发展具有很大的不确定性和不稳定性，经济结构不平衡，有些国家的国民经济完全依靠能源出口，经济基础还很薄弱；同时，拉美国家相继颁布了环境保护法律法规，进而增加中国对拉美地区能源投资的成本和地缘政治风险。最后，中国对拉美能源的投资比重偏低，与该地区在世界能源格局中的地位不符。而且在当前的投资项目中，存在风险过大等问题。中国社会科学院世界经济与政治研究所发布的《中国海外投资国家风险评级 2018》报告对中国海外投资额较大的 57 个国家投资风险进行了评级，其中，墨西哥为中风险级别，巴西、阿根廷、委内瑞拉为高风险级别（见表1）。这些投资项目具有投资大、期限长、条件差异较大的特点，若不加以合理管控和缓释，会给各方带来灾难性后果。[②] 所以，未来中国可以充分利用现有融资制度平台，在扩大对拉美能源行业投资的同时，注重项目质量与可靠性，稳步推进。

---

① 黄晓勇. 中国与拉美地区能源合作状况. http://www.cpnn.com.cn/zdgc/201311/t20131106_626648.html.
② 马秀伟. 中企在拉美地区新能源市场的开发策略 [J]. 西北水电，2018 (6).

表 1　中国海外投资国家风险评级结果表（部分）

排名	国家	风险评级	排名变化	上年级别
1	德国	AAA	—	AAA
4	美国	AA	—	AA
9	新加坡	AA	↓	AA
13	阿联酋	A	↓	A
24	俄罗斯	BBB	↓	BBB
25	印度尼西亚	BBB	↑	BBB
27	墨西哥	BBB	↑	BBB
28	土耳其	BBB	↓	BBB
38	南非	BBB	↓	BBB
48	阿根廷	BB	↑	BB
51	巴西	BB	↓	BB
55	委内瑞拉	B	↑	B

注：评级结果共分为 9 级，由高至低分别为 AAA、AA、A、BBB、BB、B、CCC、CC、C，其中，A～BBB 为中风险级别，包括 34 个国家；BB～B 为高风险级别，包括 14 个国家。

欧洲地区

赵 莉 苏 畅

一、2019 年欧洲地区政治经济形势综述

(一) 欧洲地区政治形势

2019 年，持续三年多的英国"脱欧"迎来终篇。受疑欧主义、民粹主义等的困扰，与 2018 年相比，欧洲政治形势更为复杂，呈现碎片化趋势。同时因特朗普对欧政策调整，欧洲开始更多地寻求战略自主。

1. 英国"脱欧"尘埃落定

自 2016 年 6 月英国全民公投决定退出欧盟以来，英国"脱欧"可谓一波三折。原本定于 2019 年 3 月 29 日的"脱欧日"前后三次延期，不仅影响了英国国内经济与社会建设，而且严重掣肘了欧洲一体化发展。2019 年底，英国"脱欧"持续三年多的不确定性终于迎来了休止符。2019 年 12 月 20 日，英国下议院以 358 票对 234 票的结果通过了约翰逊政府的"脱欧"协议法案，英国将于 2020 年 1 月 31 日正式脱离欧盟。① 尘埃落定的"脱欧"结果，给英国的发展与欧洲一体化带来了新变局。如何重新建设英国与欧盟之间的政治与贸易关系，将成为影响双方发展的决定性问题。

2. 欧洲政治呈碎片化

受民粹主义与右翼势力持续上升的影响，欧洲政治近年来呈现碎片化的特征。

---

① 中新网. 终于过了! 英国下议院通过约翰逊版脱欧协议法案. https://www.chinanews.com/gj/2019/12-20/9039636.shtml.

在欧盟层面，在 2019 年 5 月 23 至 26 日的欧洲议会选举中，两大传统主流党团欧洲人民党党团和社会民主党党团总席位首次未过半，失去欧洲议会多数地位，而新兴政党绿党和极右翼政党在欧洲议会的席位则明显增加。① 在欧洲国家层面，2019 年各国内部政治碎片化的趋势更为突出，右翼力量在法国、意大利、匈牙利、奥地利等国勃兴，打破传统政治格局。2019 年 4 月，西班牙议会大选中没有单一政党获绝对多数席位，导致组阁失败，被迫于 11 月举行四年内的第四次大选。2019 年 8 月，意大利联合政府垮台，而重组后的新联合政府仍面临多重危机。在德国，几次地方选举中民粹政党异军突起，也进一步强化了德国政治的碎片化趋势。

3. 欧洲寻求战略自主

自特朗普上台以来，欧美同盟龃龉不断，跨大西洋合作关系出现明显裂痕。特朗普将"美国优先"作为对欧政策的主导原则，以施压与交易方式推进对欧政策调整，欧美同盟关系显现出交易性、松散化以及竞争性的特征。② 2019 年，欧美在安全、经贸、多边外交与全球治理等众多领域存在意见相左。2019 年 11 月，法国总统马克龙在接受《经济学人》专访时直接表示，"我们正在经历的是北约脑死亡"，矛头直指"北约"这个欧美同盟最重要的纽带。

在"特朗普之变"背景下，欧洲更多地寻求战略自主，强调构建"主权欧洲"。2019 年，欧洲议会投票选举前德国国防部长乌尔苏拉·冯德莱恩担任新一届欧盟委员会主席。她宣布其任期内的委员会将会是一个注重地缘政治的委员会，旨在加强欧盟的战略自主。2019 年，欧盟持续推进"永久结构性合作"，提高防务自主能力。2019 年 11 月，欧盟召开国防部长会议，再次批准了 13 个联合防务项目。同时，法国倡导的旨在推动欧洲防务独立与合作的"欧洲干预倡议"也获得了更多支持。

(二) 欧洲地区经济形势

2019 年，欧洲经济延续了 2018 年以来的增长放缓趋势，德国、法国、英国等核心经济体都遭遇了经济增长困境，与此同时，欧盟积极推进自贸协定以期改善外部经贸条件。

1. 欧洲经济整体增长乏力

由于经贸争端形成的外部冲击加剧，以及内部制造业遇冷和投资不足，欧洲经

---

① 人民网. 2019 年欧洲议会选举及其影响评析. https://www.world.people.com.cn/n1/2019/0722/c1002-31248509.html.

② 赵怀普. 特朗普执政后美欧同盟关系的新变化及其总体特征 [J]. 世界社会主义研究, 2019 (06): 91.

济可谓步履维艰。据 IMF 预测，欧元区第四季度经济面临萎缩风险，预计 2019 年欧洲实际 GDP 增长率仅为 1.4%，跌至 2013 年以来的最低水平。而欧洲央行预计 2019 年欧元区经济增速仅为 1.2%，其于 2019 年 12 月发布的经济报告指出，尽管第三季度欧元区 0.2% 的经济增速略高于此前预期，但全球贸易依然低迷，各种不确定因素依然存在，经济疲弱状况将延续至第四季度及 2020 年初。反映实体经济运行状况的制造业采购经理指数（PMI）同样不理想，欧元区 2019 年 12 月制造业 PMI 初值由 11 月的 46.9 降至 45.9，连续第 11 个月低于荣枯线。

同时，针对 2019 年欧洲经济疲软，以货币政策继续宽松为主的刺激手段，效果依旧不明显，导致后续政策操作空间进而缩小，经济回暖缺乏良策。[1] 2019 年 9 月，欧洲央行推出了一揽子刺激措施，宣布将存款便利利率从 -0.4% 下调至 -0.5%；并且重启资产购买计划，从 11 月 1 日起每月净购买 200 亿欧元资产，不设置截止日期。尽管宽松力度加码，但通胀率迟迟没有回落。

2. 核心经济体遭遇困境

作为欧洲第一大经济体，德国一直扮演着欧洲经济"火车头"的角色。但德国联邦统计局公布的数字显示，2019 年德国 GDP 仅增长 0.6%，大幅低于 2018 年的 1.5% 和 2017 年的 2.5%，创近六年来最低水平。与此相对应的是，因全球对德工业产品的需求疲软以及汽车工业的结构变化，德国工业部门正遭遇 10 年来最严重的衰退。数据显示，德国 2019 年 10 月工业产出同比下降 5.3%。

法国国内严重的社会问题不断冲击其经济发展前景。2018 年底爆发的"黄马甲"运动在 2019 年继续席卷全国，制约法国经济发展。2019 年 12 月，因"养老金改革"削减福利遭到多行业抵触，法国国内爆发了 1995 年来最大规模罢工。法国大罢工对交通运输、旅游、酒店餐饮、地区贸易及部分工业部门造成直接局部影响，并在未来进一步放大法国经济的脆弱面。

英国经济则因"脱欧"面临极大的不确定性。2019 年，受"脱欧"日期几次推迟影响，英国经济波动明显，并延续了近几年来的放缓趋势。数据显示，英国 2019 年第四季度经济环比零增长，远低于前一季度 0.5% 的增速。"脱欧"引致的产业外流以及贸易不确定性，给英国经济发展蒙上阴影。即使在正式"脱欧"之后，英国未来经济前景仍将受"脱欧"相关因素制约。[2]

3. 欧盟积极改善经贸条件

受美国主导的经济单边主义政策影响，全球贸易呈现低迷态势。在此背景下，

[1] 中国产业经济信息网. 欧洲经济节节下滑回暖乏策. http://www.cinic.org.cn/xw/hwcj/697671.html.
[2] 新华网. 英国 2019 年经济增长 1.4%. http://www.xinhuanet.com/2020-02/11/c_1125561078.htm.

欧盟积极通过推进自贸协定改善其外部经贸条件，释放出支持开放和自由贸易的积极信号。2019 年 2 月 1 日，欧盟-日本经济伙伴关系协定正式生效。在其实施后的前 10 个月，欧盟对日本的出口同比增长 6.6%，超过之前三年 4.7% 的年均增幅。同期，日本对欧盟出口也增长了 6.3%。2019 年 6 月 30 日，欧盟与越南签署自由贸易协定和投资保护协定，同意逐渐削减直至取消双边货物贸易中 99% 的关税。[1]此外，欧盟与包括阿根廷、巴西、巴拉圭和乌拉圭等国在内的南方共同市场达成了迄今欧盟最大的自由贸易协定，就关税削减规模而言，是欧盟-日本经济伙伴关系协定的四倍。再加上服务、公共采购市场相互开放及贸易便利化等措施，将帮助双方有效降低产品成本并带来巨大就业机会。[2]

(三) 欧洲地区社会形势

2019 年，欧洲社会形势仍不稳定。较于 2018 年，尽管 2019 年前往欧洲的难民人数有所下降，但冲击欧洲的难民危机并无消退迹象。此外，伴随着欧洲其他社会矛盾的发酵，各类抗议浪潮在多国蔓延。

1. 难民危机分裂欧洲

自 2015 年起持续发酵的难民危机，仍旧是笼罩在欧洲大陆上空的阴霾。2019 年，土耳其在叙利亚东北部进行的军事行动导致大量难民逃离家园，使得欧洲难民危机有了卷土重来的可能。对此，欧盟推出了"临时团结机制"，旨在鼓励成员国自愿参加接收难民配额，不过应者寥寥。由于欧盟内部面临体制机制、利益分配、边境管理等诸多难题，欧盟难以出台强有力措施，在应对难民问题上形成合力。难民问题的持续发酵分裂了欧洲，给欧洲国家带来不小的社会和安全压力，并助长了民粹主义、反移民思潮、疑欧派及极右翼政党的崛起。

2. 社会运动浪潮在欧蔓延

2019 年，各类社会抗议活动在欧洲多国蔓延。尽管抗议主体的诉求有所不同，但都反映出欧洲社会存在的矛盾和部分民众对政府治理的不满。"黄马甲"运动点燃的愤怒在 2019 年仍困扰着法国。该运动的起因是政府加征燃油税，但随后抗议范围越来越广，包括经济不平等、工资停滞等。在 2019 年 11 月 16 日"黄马甲"运动一周年之际，近三万人在法国示威游行，与警方发生严重冲突。2019 年 10 月

---

[1] 新华网. 越南与欧盟签署自贸协定. http://www.xinhuanet.com/world/2019 - 07/01/c_1124694026. htm.

[2] 中华人民共和国商务部. 欧盟与南共市达成迄今最大自贸协定. http://www.mofcom.gov.cn/article/i/jyjl/m/201907/20190702880972.shtml.

14 日，西班牙加泰罗尼亚也爆发了严重的抗议运动，抗议者要求西班牙政府释放此前在加泰罗尼亚独立公投事件中被逮捕的分离主义领导人。此外，欧洲多国还爆发了针对全球气候变化的抗议活动，例如 2019 年 10 月 7 日以来英国"反抗灭绝"（Extinction Rebellion）示威者在伦敦市中心以及重要公共场所举行的大规模抗议活动。

二、2019 年欧洲地区能源形势与政策分析

（一）欧洲地区总体能源形势

2019 年，欧洲对外化石能源依赖现状（尤其是天然气）未有实质性改观，能源安全风险仍然存在。但同时，欧洲也在切实推进能源转型，并在清洁电力方面取得较大进展。

1."北溪-2"遭美制裁，能源安全风险仍然存在

2019 年 12 月 20 日，特朗普签署《保护欧洲能源安全法案》，强行喊停竣工在望的"北溪-2"天然气管道项目。该管道跨越波罗的海直接连接德国与俄罗斯，预计每年从俄罗斯向德国输送 550 亿立方米天然气。该项目建设进度本已超过 90%，预计在 2020 年中首次投产通气，但在美国压力之下，主要施工方瑞士公司 Allseas 被迫停工。虽然该项目并未因此终止，但其进展将被推迟，成本预计也将增加。此前美国就不断就该项目向欧洲施压，以降低俄罗斯在欧洲能源市场的影响力。未来美国将成为在欧洲能源市场的有力角逐者，此次制裁实际上也是为其进入欧洲市场铺路。

由于欧洲对能源进口的严重依赖，短期来看欧洲能源安全风险仍然存在。一方面，欧洲天然气供给承受较大压力。2025 年欧洲约有 1 000 亿立方米的长期合同到期，随着煤电、核电的退场，欧盟必须寻求更多的天然气进口，以弥补其预期消费量的三分之一。尽管美国正在国际天然气市场谋求更多份额，也有更多欧洲国家正在提高 LNG 再气化能力，但据 IEA 预测，长远来看俄罗斯将继续成为欧洲主要的天然气来源，预计到 2040 年俄罗斯仍将占欧盟市场需求的三分之一左右。[①] 另一方面，尽管欧洲设定了雄心勃勃的清洁能源议程，但目前其经济发展并没有完全摆脱对化石燃料的依赖。随着北海油田和挪威海岸石油产量的下降，欧洲对石油的进口

---

① PETER ZENIEWSKI. A long-term view of natural gas security in the European Union. https://www.iea.org/commentaries/a-long-term-view-of-natural-gas-security-in-the-european-union.

需求将不断增加。2019 年，美国和伊朗在中东的对峙，加上伊朗和委内瑞拉石油产量的大幅下降，令欧洲感到恐惧，如果伊朗关闭霍尔木兹海峡或骚扰波斯湾的船只，欧盟几乎没有能力保证来自中东的石油供应。[①]

2. 煤炭发电继续减少，风能发电加速发展

2019 年，欧洲在发展清洁电力方面取得较大进展。根据《欧洲电力部门2019》，2019 年欧盟煤电发电量同比减少 24%，硬煤发电量同比减少 32%，褐煤发电量减少 16%。电力部门中约一半的煤炭消费由天然气取代，另一半则由太阳能和风能取代。此外，由于 2019 年希腊和匈牙利承诺逐步退出煤炭，欧盟内开始逐步退出煤炭成员国总数增至 15 个，只有波兰、罗马尼亚、保加利亚、斯洛文尼亚和克罗地亚尚未宣布退出煤炭。由于煤炭消费减少，2019 年欧洲电力部门二氧化碳排放量降低了创纪录的 1.2 亿吨，降幅高达 12%。

随着煤电逐步减少，西欧可再生能源发电（尤其是风电）强劲增长。据《欧洲电力部门 2019》，2019 年欧盟可再生能源发电量达到总发电量 35%，创历史新高，风能和太阳能发电量首次超过煤电，占欧盟总发电量 18%。风能领域表现尤其突出，2019 年欧洲风电装机容量新增了 15.4GW（欧盟为 13.2GW），其中陆上风电增长 11.6GW，海上风电增长 3.6GW，较于 2018 年总体增长 27%。目前，欧洲拥有 205GW 风电产能，2019 年欧盟总用电量的 15% 来自风能，高于 2018 年的 14%，其中丹麦的风电需求占比最高（48%）。2019 年新增风力发电设施的约 76% 属于陆上风电场，其中英国新安装风电设施总容量最多（2.4GW），西班牙新增风力发电场投资最多（28 亿欧元）。[②] 尽管目前陆上风能仍是欧洲风能发展的主要技术，但海上风能将是未来发展的主要方向。据国际能源署（IEA），到 2042 年，海上风能可能成为欧洲最大的发电来源。

3. 增加基础设施投资，助力欧洲能源转型

欧洲能源转型离不开能源基础设施建设，2019 年 1 月，欧盟通过提案，拟向欧洲的优先能源基础设施项目投资近 8 亿欧元，旨在保障欧盟能源供应安全，推动可持续发展和环境保护。提案共涉及 14 个项目，包括 7 个电力项目，2 个智能电网项目，2 个 CO_2 跨境运输项目，3 个天然气项目。欧盟委员会气候行动与能源专员米格尔·阿里亚斯·卡涅特曾公开表示目前近三分之二的能源基础建设投资被用于电

---

① VICTOR DAVIS HANSON. Europe has an oil and gas problem it won't easily be able to fix. https://news.yahoo.com/europe-oil-gas-problem-wont-060000557.html.

② Wind Europe. Wind energy in Europe in 2019. https://windeurope.org/wp-content/uploads/files/about-wind/statistics/WindEurope-Annual-Statistics-2019.pdf.

力，未来欧盟将会投入更多的资金加强基建、助力实现清洁能源转型。[①]

欧洲投资银行（EIB）也发布报告强调，未来欧洲需要加强能源基础设施投资以实现能源转型。根据报告，至少到2050年为止，欧洲各国每年需要将其在各大能源领域的投资占GDP的比例提高2.5%～3%，或比正常水平高出约1.5%，其中60%～65%的投资应主要用于重建建筑物、改进工业流程和整合新的交通运输技术，35%～40%应用于加强能源基础设施，包括建造使用可再生能源的工厂、新的能源储存设施，以及生产绿氢和合成燃料的工厂。

（二）欧盟层面的能源政策：自上而下的能源转型

近年来，欧盟通过"自上而下"的能源与气候治理机制，以立法和机构改革推进成员国向可再生能源转型。欧盟能源体系转型，被视为其实现经济脱碳化的重要推动力。欧盟还试图通过能源转型追求另外两个重要目标：第一，提高能源效率，提升可再生能源在能源消费总量中的占比，降低欧盟对能源进口的依赖（目前进口能源占欧盟能源消费总量的50%以上）；第二，在全球清洁能源供应的需求不断上升、新技术不断发展的背景下，促进能源新兴产业的增长和就业，以构建更可持续的可再生能源系统。[②]

2007年起，欧盟开始将能源政策和气候政策整合在一起，在2010年、2011年、2014年先后出台了"能源2020战略""能源2050路线图""能源与气候2030战略"。[③] 2015年2月，欧盟委员会提出建立欧盟能源联盟，将成员国的能源政策统一为欧盟能源政策，旨在为每个欧洲人提供安全、可持续、有竞争力的能源。[④] 近年来欧盟能源政策最深远的变化来自"欧盟人人享有清洁能源一揽子立法"（亦称为"欧盟冬季一揽子计划"），其包含8项涉及可再生能源、能源效率、能源联盟、建筑物能效表现、能源市场跨境监管和规制协调等领域的立法，旨在为欧盟能源政策制定新框架，以实现欧盟2030年和2050年的能源目标。

2019年，欧盟继续在能源转型方面加快步伐，自上而下地将可持续发展目标落实到欧盟成员国层次。在新任主席冯德莱恩上台之后，欧盟委员会于2019年12月公布了应对气候变化、推动可持续发展的"欧洲绿色协议"，提出到2050年，欧

① 中华人民共和国驻欧盟使团经济商务处. 欧盟再投资8亿欧元用于能源基础设施建设. http://eu.mof-com. gov. cn/article/jmxw/201901/20190102831975. shtml.

② 国家发改委能源所，国家可再生能源中心，CIFF. Energy transition trends 2019.

③ 曹慧. 特朗普时期美欧能源和气候政策比较 [J]. 国外理论动态，2019（07）：121−122.

④ European Commission, et al. A framework strategy for a resilient energy union with a forward-looking climate change policy. https://eur-lex. europa. eu/legal-content/EN/TXT/?qid=1552484937764&uri=CELEX:52015DC0080.

洲将成为全球首个"碳中和"地区。欧盟为此制定了详细的路线图和政策框架。在产业政策层面，欧盟将发展重点聚焦在清洁能源、循环经济、数字科技等方面，政策措施覆盖交通、能源、农业、建筑、钢铁、水泥、信息与通信技术、纺织和化工等几乎所有经济领域。例如在交通运输方面，欧盟计划通过提升铁路和航运能力，大幅降低公路货运的比例；同时加大与新能源汽车相关的基础设施建设，2025 年前在欧盟国家境内新增 100 万个充电站，双管齐下降低碳排放量。① 为实现协议中提出的目标，欧盟委员会将在 100 天内提出首部《欧洲气候法》，还将提出《2030年生物多样性战略》、新的《工业战略和循环经济行动计划》、《从农场到餐桌的可持续食品战略》以及对无污染欧洲的建议。此外，欧盟委员会还将立即着手提高欧洲在 2030 年的碳排放目标，从而为实现 2050 年目标奠定坚实基础。

(三) 欧洲主要国家的能源政策

2019 年，欧洲主要国家的能源政策延续了可再生能源转型的基调，在法案规定上继续完善，以期实现减排目标。值得注意的是，各国对待发展核电的态度略有不同。

1. 德国：弃核之后再弃煤，推进发展清洁能源

2019 年，德国继续遵循欧盟能源转型政策导向，大力发展清洁能源，在先前退出核电的基础上，进一步明确了弃煤总体目标，并提出要在 2050 年将可再生能源发电比例提至 80%。

德国曾于 2018 年通过法案，计划 2022 年前关闭所有核电站，目前德国已经关闭 20 座核电站。② 在弃核之后，德国增长、结构变化和就业委员会于 2019 年初提出一项有关弃煤的提案。该委员会的主要任务即逐步淘汰煤炭，并在煤炭（褐煤）开采区（即卢萨蒂亚和莱茵兰）采取必要措施以达成目标。③ 据该提案，德国将放弃新的燃煤发电厂和新的煤矿开发，逐步实现淘汰煤炭目标：到 2023 年总体煤电装机容量降至 30GW，到 2030 年煤电装机容量降至 17GW。针对弃煤目标，2019年德国总理默克尔曾于多个场合明确表示德国将于 2038 年前逐步关闭所有燃煤发电厂，向外界显示了德国弃煤的决心。

---

① 国际能源网. 欧盟加速推进"欧洲绿色协议". https://www.in-en.com/article/html/energy-2286712.shtml.

② 海外网. 德国立法淘汰核电 气候专家"唱反调". https://news.sina.com.cn/w/2019-12-25/doc-iihnza-hi9904435.shtml.

③ 国家发改委能源所，国家可再生能源中心，CIFF. Energy transition trends 2019.

在清洁能源方面，德国政府在 2019 年 9 月 20 日通过的《气候变化法》中取消了先前在《可再生能源法》中规定的光伏装机量 52GW 的装机上限，这意味着今后光伏装机即使超过 52GW，也能获得国家政策支持。[①] 此外，德国正在积极探索清洁能源新路径——零碳燃料（Powerfuels）。2019 年，在由中国城市能源变革产业发展联盟和中德可再生能源合作中心联合主办的第二期"城市能源变革"沙龙上，德国能源署署长表示零碳燃料在建筑、工业和运输等领域，将发挥日益重要的作用，正成为德国能源转型的第三大支柱。[②]

2. 法国：逐步缩减核能，发展可再生能源

法国作为核电大国，其电力供应中有约 75% 来自核能。[③] 然而近年来，法国正重新审视其核能发展规划，转向逐步降低对核电的依赖，大力发展可再生能源。

2018 年 1 月，法国政府通过了《多年度能源计划》，调整了核电占电力供应的份额，计划到 2035 年将核能在发电中的占比限制在 50%。另外，法国议会正准备通过《政府能源和气候法案》。新法案重新定义了法国能源政策的目标，确定将核能发电在能源结构中所占比重降低到 50%。[④] 在核技术上，法国在 2019 年放弃了第四代核反应堆"Astrid"项目的工业部署。法国替代能源和原子能委员会表示，在 2050 年之前，不可能实现这类反应堆的工业部署。[⑤]

在逐步缩减核能的同时，法国政府计划以可再生能源填补核能发电的空缺。2019 年，法国用电量的 23% 来自可再生能源，与上一年相比略有增加，其中主要原因是风力发电量的增加。目前，法国可再生能源电力的装机总量为 53 609MW，其中，水力发电装机总量为 25 557MW，占电力消费的 11.7%；风力发电装机总量为 16 494MW，占电力消费的 7.2%，比 2018 年增加了 1.3 个百分点；太阳能装机总量为 9 436MW（2019 年新装 890MW），占电力消费的 2.5%；生物能源发电的装机总量为 2 122MW（2019 年新装 75MW），占电力消费的 1.6%。[⑥] 为了进一步推动可再生能源的发展，法国总统马克龙曾确认将最终每年花费 70 亿欧元作为财政支持。

① 北极星太阳能光伏网. 德国最新发布的"能源一揽子政策"都讲了什么. http://guangfu.bjx.com.cn/news/20190924/1009349.shtml.
② 中国能源报. 德国能源署署长答记者问：德国正在探索能源转型新路径——零碳燃料. http://www.nengyuanjie.net/article/31766.html.
③ 中国能源报. 法国核电政策摇摆不定. https://power.in-en.com/html/power-2342499.shtml.
④ 中国储能电站网. 法国放弃了第四代核反应堆. https://cessn.com.cn/news/show-154053.html.
⑤ 同④.
⑥ 国际能源网. 法国 2019 年电能消费的 23% 来自可再生能源. https://www.in-en.com/article/html/energy-2286558.shtml.

3. 英国："脱欧"与净零排放目标冲击能源安全

2019 年，由于"脱欧"造成的不确定性，英国当前的能源安全将面临一定冲击。同时，气候变化议程在 2019 年占据了英国能源政策制定的核心位置。2019 年 12 月 9 日，英国能源研究中心（UKERC）发布的题为《2019 年英国能源政策回顾》（Review of Energy Policy 2019）的报告指出，英国政府提高减排目标，立法规定到 2050 年要实现温室气体净零排放目标。减排所要求的经济脱碳化同样给能源供应带来了压力，进一步加剧了对英国能源安全的挑战。

目前，英国能源消费的大约一半源于进口，其中大部分来自包括挪威在内的欧盟内部能源市场（IEM）。然而，伴随着英国"脱欧"进程走向终点，一系列与能源相关的政策问题亟待解决：与欧盟内部能源市场（IEM）就新的伙伴关系进行谈判；在爱尔兰岛保持单一电力市场（SEM）；研究实施新的碳定价机制，以取代欧盟碳排放交易系统（ETS）；保证充足的能源投资以创建一个零碳排放能源体系等。[①] 未来，这些"脱欧"带来的在能源方面的遗留问题，将使得英国向净零排放的过渡更加困难重重，并使得英国政府需要加强政策措施以保证其能源安全。对此，英国能源研究中心（UKERC）就未来的能源政策重点提出十点建议，包括加大对可再生能源发电的政策支持、到 2030 年应逐步淘汰化石燃料汽车、与欧盟保持密切合作等。

4. 荷兰：提高能源效率，向低碳能源系统过渡

2019 年，荷兰能源政策的重点是提高能源效率、逐步向低碳能源系统过渡。荷兰议会于 2019 年通过了一项以推动荷兰能源转型为核心的气候协定，该气候协定包含多项措施，以推动实现将 2030 年温室气体排放量在 1990 年的基础上降低 49%，以及将 2050 年温室气体排放量在 1990 年基础上降低 95%、达到 100% 可再生能源发电的目标。[②] 为进一步促进实施《环境保护法》下的节能措施，荷兰还针对每年能耗超过 50 000 千瓦时电力或 25 000 立方米天然气的公司出台了一项强制性规定，要求这些公司向主管当局提交节能措施实施状况报告。[③]

荷兰政府采取特别措施以促进航运部门的可持续性。2019 年，荷兰各级政府、港务局、海事部门组织、运货商、运输公司及研究机构等与基础设施和水资源管理

---

① UKERC. Review of energy policy 2019. http://www.ukerc.ac.uk/publications/rep19.html.

② IEA. Climate agreement. https://www.iea.org/policies/7986-climate-agreement#policies.

③ IEA. Energy efficiency notification obligation. https://www.iea.org/policies/7741-energy-efficiency-notification-obligation.

部长一起达成了一项绿色协议，其中包括几十项措施，旨在大幅减少内陆和海运行业的二氧化碳排放和有害空气传播物质，以及推动零排放船只的引进。荷兰政府还将为内陆航运部门拨出 1 500 万欧元用于促进新技术研发，其中包括购买清洁发动机。[①]

此外，荷兰各省市纷纷出台优惠政策，推动新能源汽车行业发展。阿姆斯特丹市于 2019 年针对购买电动商务车制定了一项补贴政策，根据该项补贴政策，每购买一辆电动商务车可补贴 5 000 欧元。Ecotap 公司和 Allego 公司还在荷兰海尔德兰省和上艾瑟尔省设立了 2 250 个充电站和 4 500 个智能充电点，并且人们可以申请免费使用公共区域内的充电点。

5. 挪威：发展可再生能源系统，可持续利用化石能源

作为世界上最大的能源出口国之一，挪威具有丰富的油气资源和水电资源。依靠水电立国、油气富国，并通过能源与金融、企业、产业等领域的高效协同管理谋求可持续发展，是挪威能源战略的最大特色。[②] 2019 年，挪威延续其旧有能源战略，发展以水电为核心的可再生能源系统，并可持续地利用化石能源，以实现减排目标。

挪威可再生能源发展良好，据 IEA 数据，截至 2019 年初，挪威能源消费中可再生能源占比超过 50%。其水力发电不仅满足了部分国内生产与生活需要，而且可以实现向瑞典、荷兰等国的出口。近年来，风能、地热、生物质能等非水可再生能源在挪威也得到了大力发展，占一次能源消费的比重已由 2000 年的 0.1% 提高到 2017 年的 1.5%。但新能源的推广也并非一帆风顺，2019 年 6 月 10 日，位于挪威首都奥斯陆郊外的一座加氢站发生爆炸，导致相关企业决定停止在挪威销售氢燃料电池汽车。

挪威在应对气候变化方面，确立了在 1990 年基础上到 2030 年将温室气体排放量减少 40%，并在 2050 年之前成为低碳社会的总体目标。为实现该目标，挪威坚持可持续地开发与利用化石能源，在油气的勘探、生产和运输中，始终注意环境保护与污染控制并且也在大力发展低碳技术。

6. 波兰：降低煤炭发电，加强核电基础设施融资

由于煤炭发电占电力部门的主导，波兰的温室气体排放一直不容乐观，降低煤

---

① IEA. Green deal on sea transport, inland shipping and harbours. https://www.iea.org/policies/8645-green-deal-on-sea-transport-inland-shipping-and-harbours.

② 中国石油新闻中心. 挪威能源战略——协同管理. https://news.cnpc.com.cn/system/2019/03/28/001724468.shtml.

炭在能源供应结构中的地位是波兰未来的重要政策方向。此外，波兰正积极推进核电发展。

根据《波兰 2040 年能源政策草案》，到 2030 年，硬煤和褐煤在发电中所占比例将从 2017 年的 80％左右降至 60％。该政策草案大力强调减少温室气体排放和空气污染，提高能源效率，并实现运输系统脱碳化。该草案的实施需要大量投资，以减少碳密集型电厂的份额并增加低碳能源的份额。尽管目前波兰能源基础设施已实现现代化，但也需要进一步投资以加强与周边市场的整合。

未来，核电可能在波兰的能源供应中发挥重要作用，波兰正在计划部署其第一座核电站。2019 年 11 月，波兰政府声称在建立核能融资基础方面取得进展。波兰计划组建一家特殊目的公司，由政府持股 51％，由外国合作商持股 49％。波兰并不希望在负债的情况下投建核电厂，而希望采取基于资本的融资模式。因此，此次由政府组建的公司将有望在融资方面助力波兰核能发展。①

三、2019 年中国与欧洲地区能源合作综述

（一）中国与欧盟的能源合作

中国和欧盟是全球两大能源消费国（地区），大约消费了全球三分之一的终端能源。长期以来，中国与欧盟在能源领域保持着良好合作。2019 年，中欧能源合作在长效机制建设上取得突破。未来，中欧还将在气候变化等全球性议题上加强合作。

1. 中国-欧盟能源合作平台（ECECP）项目正式启动

中国与欧盟都致力于发展低碳、清洁、高效的能源系统，近年来在能源体系转型、能源市场完善等领域合作不断，但缺乏长效机制平台。2019 年，中国与欧盟的能源合作迈上新台阶——中国-欧盟能源合作平台（ECECP）正式启动。该平台的成立，为中欧双方开展能源合作提供了机制化渠道。

2019 年 4 月 9 日，第八次中欧能源对话在布鲁塞尔顺利举行。中国与欧盟签署了《关于落实中欧能源合作的联合声明》，并支持新建立的 ECECP 的启动实施。② 2019 年 5 月 15 日，ECECP 项目启动会在北京举行。会上宣布 ECECP 正式启动，

---

① 2020 年欧洲核能展望. https://mp.weixin.qq.com/s/MLd0ocFHCRxbZ0uTSNRWoQ.

② 一带一路能源合作网. 推动新时期中欧能源合作取得新的更大的成绩. http://obor.nea.gov.cn/detail2/8053.html.

并公布了《项目总体工作计划》和《年度工作计划》。[①] ECECP 项目作为 2019 年中欧能源合作的关键，由欧盟出资 350 万欧元，将在 ICF 咨询公司、中国国家发展和改革委员会能源研究所和中国节能环保集团有限公司的牵头下，于 3 年多时间内实施。该项目的总体指导由欧盟委员会提供，并与中国国家能源局通力合作。ECECP 将致力于能源体系转型这一主题，包括能源系统建模、能源效率、液化天然气市场开发以及如何加快创新能源技术的商业化等方面的交流。ECECP 还将支持欧盟能源企业进入中国市场，包括沟通市场准入壁垒等。

2019 年下半年，在 ECECP 项目框架下，中欧已成功举办多场能源合作交流活动。2019 年 9 月 25 日，ECECP 在北京召开中国电力市场及监管机制研讨会，与会中欧专家围绕中国电力系统的发展与规划、电力消费趋势与展望、电力市场建设与监管设计、电力市场化进程与市场运行态势等议题进行了交流。[②] 2019 年 11 月，ECECP 主办的清洁能源转型与欧盟一体化高效电力市场作用研讨会成功举办，与会中欧专家围绕清洁能源转型及电力市场的作用、电力监管、加强区域合作等话题展开了研讨。[③] 未来，ECECP 项目还将为中欧能源合作注入更多活力。

2. 中国与欧盟继续深化气候变化和清洁能源领域合作

随着特朗普政府推行"厌绿"能源政策、退出《巴黎协定》，中国与欧盟在全球能源议题上的合作有了更大的必要与空间。2019 年，第二十一次中国-欧盟领导人会晤顺利举行，中欧双方更加坚定了在气候变化、清洁能源、绿色金融等全球能源议题领域合作的决心。

2018 年 12 月，在波兰卡托维兹举办的联合国气候变化大会期间，中国金融学会绿色金融专业委员会就与欧洲投资银行联合发布《探寻绿色金融的共同语言》第二版白皮书，旨在建立中欧绿色金融一致化标准，共同应对全球气候变化。2019 年 4 月 9 日，国务院总理李克强同欧洲理事会主席图斯克、欧盟委员会主席容克在布鲁塞尔举行第二十一次中国-欧盟领导人会晤并发表声明。声明指出，中欧将加强气候变化、清洁能源、绿色金融等方面合作。此外，双方强调落实《巴黎协定》和《蒙特利尔议定书》的坚定承诺，在 2018 年《中欧领导人气候变化和清洁能源联合声明》基础上进一步加强合作。在此背景下，双方将加强绿色金融合作，以

---

① 一带一路能源合作网. 扬帆起航谱新篇, 中国-欧盟能源合作平台正式启动. http://obor. nea. gov. cn/detail2/8451. html.

② 中国智造网. 中欧能源合作平台助力中国电力市场化转型. http://www. china-mic. cn/html/china/zzyw/6535. html.

③ 中国科学报. 中欧携手推动清洁能源与电力市场改革. http://newenergy. giec. cas. cn/zhdt/201912/t20191206_529248. html.

引导民间资本流向更具环境可持续性的经济。[①] 2019 年 12 月，尽管西班牙马德里联合国气候变化大会未能就《巴黎协定》第 6 条实施细则这一谈判议题达成一致，但欧盟委员会在这次大会期间提出了《欧洲绿色新政》，同时中国也始终坚持共谋全球生态文明建设、构建人类命运共同体，因此中国与欧盟在气候变化上的合作仍旧前景广阔。2019 年 12 月 16 日，国务委员兼外长王毅在欧洲政策中心举办的欧洲智库媒体交流会上发表演讲，也明确表示气候变化是中欧合作的一大亮点。[②]

（二）中国与欧洲主要国家的能源合作

2019 年，中国与欧洲主要国家的能源合作延续了旧有的良好态势，在核电、风电等新能源及可再生能源领域成果突出。中国与中东欧国家的能源合作，对"一带一路"能源领域建设形成助力。

1. 2019 年中法核能合作亮眼

自从 1978 年中国引进两座法国核电站设备、建设大亚湾核电站以来，中法在核能领域多有合作。2019 年，在中法两国政府的支持下，中法核能合作再谱新篇，取得亮眼成果。

首先，在政策规划方面，中法两国于 3 月 25 日在巴黎签署了第十三个和平利用核能合作议定书，为未来核能合作制定了总体框架。自两国 1982 年签署首个核能合作议定书以来，双方在议定书框架下通过人才培养、专家互访、联合研发、协作实验室等形式开展了富有成效的核能合作。第十三个和平利用核能合作协议书的签署，将为未来两国拓展深化合作领域、加强核工业全产业链科技研发合作提供有力保障。

其次，中法合作的核电站项目落地。2019 年 5 月 28 日，法国电力集团宣布采用第三代压水反应堆（EPR）技术的广东台山核电厂 2 号机组启动。[③] 作为中法两国最大的能源合作项目，台山核电站的建设对中法两国核电产业的发展都具有积极的意义。台山核电站一期工程两台机组采用中外合作、共同设计、共同建设的模式，这有效推动了中法双方在第三代核电技术领域的合作，对中法核电装备制造业

---

①　一带一路能源合作网. 推动新时期中欧能源合作取得新的更大的成绩. http://obor. nea. gov. cn/detail2/8053. html.

②　王毅. 气候变化是中欧合作亮点. http://www. xinhuanet. com/politics/2019-12/17/c_1125356943. htm.

③　北极星核电网. 中法合作的台山 EPR 核电厂 2 号机组启动了. http://news. bjx. com. cn/html/20190530/983394. shtml.

的发展意义重大。

最后，中法在核能技术领域合作加深。2019年6月24日至25日，第三届中法核能技术创新研讨会在福清核电站召开，旨在共同探讨在未来多类型能源共存格局下核电定位、提升经济性所面临的技术难关和挑战，共同推动核电高质量发展。此次研讨会上，中核集团和法国电力集团签署了谅解备忘录，中国核动力研究设计院和法国电力集团签署了关于蒸汽发生器管道流致振动模拟计算的协议，将中法双方核能技术创新领域的合作水平推上一个新的高度。①

2. 中欧清洁能源合作如火如荼

随着气候行动和清洁能源转型的紧迫性和重要性日益显现，中欧携手推动清洁能源发展，在海上风电、新能源汽车及生物质能等领域的合作多有推进。

首先，中欧在海上风电领域的交流与合作成果不断。2019年3月19日，中挪风电行业合作交流高层联谊会举办，旨在增进中挪两国风电企业的沟通与交流，促进两国风电领域的共同发展和产业合作。② 2019年9月6日，国内风电塔筒企业天顺风能将全额收购位于德国的欧洲海上风机基础制造商Ambau。作为欧洲重要的供应商，Ambau为北海多个海上风电场供应风机基础，此次收购标志着天顺风能正式进军欧洲海上风电产业。③ 2019年9月25日，国家电投下属公司中电国际与挪威国家石油公司在北京签署谅解备忘录，共同开发中欧海上风电。④

其次，新能源汽车仍是中欧能源合作的关键领域。2019年10月15日，中国科学技术部与德国联邦交通和数字基础设施部签署《关于在创新驱动技术和相关基础设施领域继续开展合作的联合意向声明》，旨在扩大电动汽车领域合作，促进纯电动汽车和氢燃料电池电动汽车（包括基础设施建设）的可持续发展。⑤ 2019年12月6日，中国新能源汽车企业比亚迪与欧洲公共交通运营商凯奥雷斯荷兰分公司正式签署合作协议，宣布达成259台纯电动大巴订单。所有车辆将于2020年底投入荷兰爱塞尔-维赫特地区运营，年运载量将高达1700万人，成为迄今为止欧洲最大

① 搜狐网. 中核集团和法国电力集团签署谅解备忘录. https://www. sohu. com/a/323198250_673510.

② 北极星风力发电网. 中挪风电领域合作谅解备忘录签约仪式在北京举行. http://news. bjx. com. cn/html/20190320/969938. shtml.

③ 新浪网. 天顺风能拟收购德国海上风机基础制造商. https://finance. sina. com. cn/stock/relnews/cn/2019-09-06/doc-iicezueu3941762. shtml.

④ 中国能源报. 中电国际携手挪威，国油发力海上风电. http://paper. people. com. cn/zgnyb/html/2019-10/14/content_1950513. htm.

⑤ 科技日报. 中德签署联合意向声明继续推进电动汽车领域合作. http://www. stdaily. com/kjrb/kjrbbm/2019-10/17/content_802390. shtml.

的纯电动大巴项目。①

最后，中欧在生物质能领域的合作也有突破。② 2019 年 4 月 24 日，山西省首个生物天然气试点项目正式投产，项目的核心工艺全部来自德国。2018 年 9 月，山西能源交通投资有限公司已与德国恩威泰科公司签署战略合作协议，将在山西省合资建设生物质能高端装备制造基地，项目投产后，可年产 120 套生物天然气装置。这是中德开展新能源合作的又一进展，也是传统煤炭大省山西加快推进能源革命的缩影。③

3. 中国-中东欧能源合作助力"一带一路"

中国-中东欧国家能源合作论坛于 2019 年 10 月在克罗地亚首都萨格勒布召开，此次论坛主题为"绿色能源投资与产能合作"。中国及中东欧国家代表围绕清洁能源合作潜力与机遇、风电和太阳能技术创新与分享、金融机构在能源合作中的作用等议题进行讨论，以推动中国和中东欧企业在能源领域开展务实合作，助力"一带一路"能源合作高质量发展。④

2019 年，中国与中东欧国家的电力合作取得不小突破，尤其是在风电、光电等清洁能源领域。2019 年 4 月 25 日，黑山莫祖拉风电站项目投入试运营。该项目于 2017 年 11 月开工，是由中国国家电力投资集团所属上海电力股份有限公司与马耳他政府携手在第三方市场共建的新能源建设项目。按计划，莫祖拉风电站总装机容量为 46MW，年发电量占黑山全国发电总量的 5%。⑤ 2019 年 11 月 11 日，中方参与的希腊 MINOS 50MW 光热发电项目多边合作协议成功签署。该项目总投资约 2.9 亿欧元，装机规模为一座 50MW 塔式熔盐太阳能光热发电站，提供希腊克里特岛所需 10% 的电力供应。作为国际多边合作及中国-中东欧"17+1"能源合作的重要成果，该项目将为推动共建"一带一路"高质量发展注入新动力。⑥ 中希还签署了另一份能源合作协议，即由中国国家电网有限公司与希腊国家电网公司共同签署

① 新能源网. 比亚迪中标荷兰 259 台纯电动大巴订单. http://www.china-nengyuan.com/news/149633.html.
② 阳信县人民政府. 奥地利、丹麦生物质专家到阳信考察清洁取暖并达成合作意向. http://www.yangxin.gov.cn/xinwen/html/?6328.html.
③ 新能源网. 中德企业合作发展山西生物天然气产业. http://www.china-nengyuan.com/news/138380.html.
④ 中国政府网. 中国-中东欧能源合作论坛聚焦清洁能源投资与产能合作. http://www.gov.cn/xinwen/2019-10/19/content_5442123.htm.
⑤ 新浪. 中企参与的黑山莫祖拉风电站项目投入试运营. http://finance.sina.com.cn/stock/relnews/us/2019-07-02/doc-ihytcerm0825089.shtml.
⑥ 新浪网. 中国能建签约希腊 MINOS 50MW 光热发电项目. https://finance.sina.com.cn/roll/2019-11-13/doc-iihnzahi0602098.shtml.

的《希腊克里特岛联网项目股权投资意向协议》，该协议旨在促进电力基础设施互联互通，深化中希能源领域务实合作，服务和推进"一带一路"建设。[①]

四、未来中欧能源合作的挑战

由于中欧双方在能源贸易投资等领域存在共同利益，能源合作将长期主导双方能源关系。然而，在实际合作中，中国在欧能源投资仍然存在法律、政治层面上的风险。并且，随着2019年欧盟委员会调整对华战略，将中国再定位为"制度性对手"，中欧能源合作未来将面临更多挑战。

（一）法律层面风险仍在，政治形势加剧不确定性

为实现减排目标，欧洲国家需要大量资金进行能源基础设施建设。近年来，中国对外投资的能源领域正逐渐从发展中国家的能源和原材料资源，转向发达经济体的能源基础设施、高科技能源产品以及能源企业收并购等领域。中国在欧能源投资，可有助于弥合欧洲能源转型所需资金的缺口。然而，欧盟层面法律规定对中国在欧投资造成制度性风险。同时，由于民粹主义的勃兴，欧洲政府能源政策的不确定性加剧，给中欧能源合作带来挑战。

首先，欧盟现行的法律制度可能对中国在欧投资，尤其是能源基础设施领域的投资带来极大风险。一方面，由于欧盟和其成员国在能源领域法律界定上部分地共享管辖权，导致在实际操作中产生一定的模糊性与争议性。根据《里斯本条约》，欧盟机构在能源领域的权能得到扩大，欧盟委员会被赋予了整合成员国与第三国现有能源协议的功能，以确保这些协议与欧盟法律的兼容性。换言之，任何成员国的能源对外合作必须首先征得欧盟委员会的同意，否则欧盟委员会有权向欧洲法院提起诉讼。[②]另一方面，欧盟层面对外资进行审查的立法趋于严格，中国企业进入欧洲市场将遭遇更大的法律壁垒。能源基础设施作为战略性极强的关键领域，在欧盟2019年确立的外资审查框架法案中被重点列出。

此外，欧洲民粹主义浪潮经久不息，将给中国在欧能源企业的活动开展带来更大的压力。在欧洲，地方民粹主义常常具有强烈的排外情绪。民粹主义政党领导人为达到其政治目的，会加大渲染外国资金进入开展项目对当地民众安全与利益的不利影响，导致民众的不安情绪蔓延，从而使政府的能源政策易受影响、具备更大的

---

① 能源界. 中国国家电网与希腊国家电网公司签署协议. http://www.nengyuanjie.net/article/31500.html.
② 曹慧. 中欧能源合作的机遇与风险［J］. 中国社会科学院研究生院学报，2016（06）：138.

不确定性。

（二）中欧关系竞争面凸显，欧洲对华战略忧虑上升

随着中国国际影响力和经济竞争力的日益提高，欧洲对华战略忧虑不断上升。2019 年 3 月 12 日，欧盟委员会发布了题为《欧中战略展望》(EU-China：A strategic outlook) 的报告，该报告首次将中国定位为寻求技术领导权的经济竞争者、提倡不同治理模式的"制度性对手"(systemic rival)，尽管该报告同时将中国视为拥有共同目标、不可或缺的全球合作伙伴，但特别指出中国给欧洲带来的挑战和机遇之间的平衡已经发生变化。

中欧在科技领域的竞争引发了欧洲对于中资的担忧，欧洲开始收紧外国投资国家安全审查限制。2019 年 3 月 5 日，欧盟理事会正式通过了欧盟的外资审查框架法案。尽管一些欧盟成员国已经有各自的外资审查机制，但此次法案是欧盟层面首个基于安全和公共秩序对外资进行审查的立法。新法案主要审查外资并购是否会对欧洲带来国家安全风险，并在欧盟层面建立起一个信息共享与监管合作平台。

该欧盟外资审查框架，将对中资能源企业在欧投资与并购造成负面影响。一方面，能源领域的投资在国家安全风险方面具备较高敏感性。由于能源属于国家重要战略资源，因此与能源相关的基础设施和技术都将属于审查法案中所声称的"关键基础设施"和"关键技术"，尤其是能源存储、量子与核能技术等尖端领域，而且与能源相关的商业活动也属于"关键原材料产品的供应安全"所关心的范畴。另一方面，由于担心关键基础设施被外国控制而引发国家安全风险，新法案的重点审查内容之一是"外国投资者是否由政府控制"，而中国主要的能源企业基本属于大型国有企业，因此这类具有政府背景的企业极有可能触发欧洲国家的敏感神经，从而导致中资并购项目的失败。

（三）西方指责中国经济体制，外企对华投资信心受挫

近年来，中国不仅在保持国内稳定的同时实现了经济增长，而且在国际事务中积极有为。然而，中国所取得的成绩也招致了西方国家的质疑与批评，尤其是在经济体制方面。在美国的大力渲染下，西方世界正在给中国扣上"经济侵略"的帽子，指责中国采取政策手段扭曲市场，企图窃取他国技术和知识产权等。当前，"中国威胁论"、"一带一路"威胁论、"中国经济帝国主义论"等负面舆论甚嚣尘上，将对中欧能源国际经济合作形成不利影响。

2019 年《欧中战略展望》就表达了对于中国经济体制的不满，认为欧中贸易

投资关系不够"平等互惠"。该报告一方面指责中国正在依靠政府力量实施产业政策，通过市场准入限制和大量国家补贴等保护性措施培育国家冠军企业，另一方面埋怨中国并未为欧洲企业提供互惠市场准入和公平市场环境，在欧盟对中国的在线支付及金融科技公司"敞开大门"时，欧洲金融运营商却被拒绝进入中国市场，即使是在其他放开准入的领域，欧洲企业也只有"与中国公司建立合资企业"或"将关键技术转让给中国同行"才能进入中国市场。[①] 此外，在 WTO 改革议题上，尽管欧盟在维护多边主义问题上与中国持一致立场，但同时与美国一起在中国"发展中国家身份"和国内经济政策等问题上对华施压。

在西方负面舆论的影响下，中国与欧洲经济和治理模式的差异被进一步放大甚至"妖魔化"，这将打击欧洲企业与中国开展能源合作的主动性。目前，中国正在深化市场经济改革，改善投资环境。2019 年特斯拉上海独资工厂正式开工和标普全球公司获准进入中国信用评级市场，标志着中国在放宽新能源汽车和金融服务行业外资限制方面取得新进展。中国应该积极主动地向国际释放友好信号，消除西方国家的"对等"质疑和外国企业的合作疑虑。

---

① European Commission. EU-China：A strategic outlook. https：//ec. europa. eu/commission/sites/beta-political/files/communication-eu-china-a-strategic-outlook. pdf.

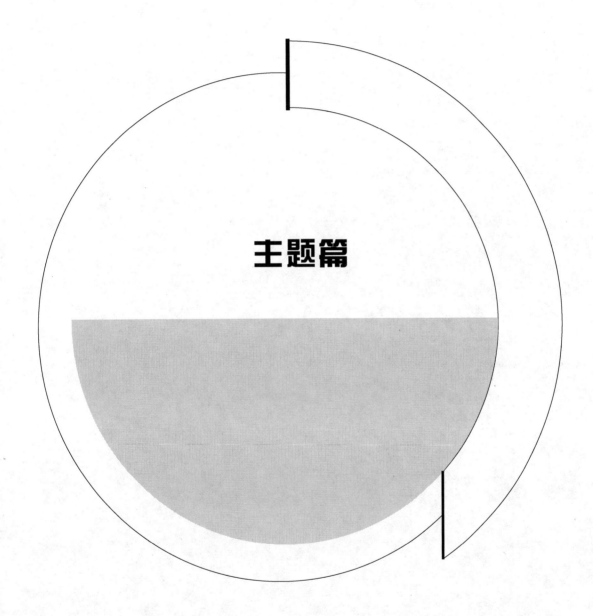

主题篇

中国新能源汽车产业的国际竞争力和海外市场

李文琪　Nata

【摘要】早在 2017 年，全球就兴起了一股禁止燃油车的风潮，不仅在国家层面，多国陆续公布了禁售传统燃油车的时间表，而且在厂商层面，部分汽车厂商也拟订了停产燃油车、发展新能源车的计划，中国也同样高度重视新能源汽车产业的发展。在这样的时代背景下，中国新能源汽车国际竞争力如何？如何拓展海外市场？2020 年的新型冠状病毒肺炎疫情对新能源汽车产业造成了怎样的影响？应该如何应对？本文主要对这些问题进行了一些思考与讨论。

一、中国新能源汽车出口现状

在政策和市场的双擎强力驱动下，中国新能源车企们正在世界汽车制造业的正面战场上创造着新历史。中国新能源汽车产业经过近 20 年的发展，产销规模突破 100 万辆、跃居全球第一。从全球新能源乘用车市场来看，中国已连续四年占据全球第一。据 EV Sales 统计，2018 年全球新能源乘用车共销售 200.1 万辆，其中中国市场占 105.3 万辆，超过其余国家总和。中国新能源汽车产业未来发展空间巨大。2019 上半年，中国国内新能源汽车销售 61.7 万辆，同比增长 49.6%，其中乘用车 56.3 万辆，同比增长 57.7%。2019 年，中国国内共销售了 103.83 万辆新能源乘用车，相比 2018 年的 92.06 万辆同比增长 12.79%（见图 1）。[①]

2019 年 9 月，新能源乘用车市场过了补贴过渡期，退坡压力大，厂家新能源车批

---

① 澎湃新闻. 中国新能源汽车发展报告 2019. https://m.thepaper.cn/baijiahao_4495025.

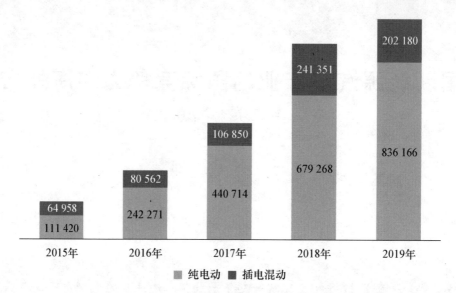

图 1   2015—2019 年国内新能源汽车销量

数据来源：乘用车市场信息联席会.

发实现 7 万台的偏低销量水平，同比减少 16％，这是新能源乘用车零售偏弱的传导压力。财政补贴自 2017 年开始明显退坡，2019 年继续加速退出，2020 年后完全退出。从 2013 年至今，工业和信息化部联合其他部委先后发布 6 份新能源汽车购置补贴通知文件，4 次调整财政补贴标准引导市场走向：（1）退坡力度加大；（2）鼓励高能量密度、低电耗技术；（3）补贴转向运营端和基础设施建设。2018 年 11 月，工业和信息化部等四部委印发了《提升新能源汽车充电保障能力行动计划》，要求引导地方财政补贴从补购置转向补运营，逐渐将地方财政购置补贴转向支持充电基础设施建设等环节。[①]

　　近年来，中国国内新能源汽车的销量每年都在增加，但增幅逐渐放缓，尤其是 2019 年，增幅放缓非常明显。增幅放缓主要有两个原因，一是中国对于新能源汽车的补贴在逐年退坡，2019 年的退坡程度相当的大，对于刚刚发展起来的新能源行业是一个不小的冲击；二是新能源汽车销量每年都在增长，基数不断增大，增幅有所放缓也属正常行为。分开来看，2019 年中国共售出纯电动车型 83.62 万辆，同比增长 23.10％；共售出插混车型 20.22 万辆，同比减少 16.23％。插混车型的销量下滑，也是导致 2019 年新能源汽车销量增速放缓的一个重要原因。

---

　　① 中华人民共和国财政部. 关于印发《提升新能源汽车充电保障能力行动计划》的通知. http://www.mof.gov.cn/zhengwuxinxi/zhengcefabu/201812/t20181212_3088828.htm.

二、出口贸易国家呈现分化状态

乘用车市场信息联席会公布的数据显示，2017年中国新能源乘用车出口量前三位国家分别为孟加拉国（78 512辆），印度（13 636辆）、韩国（4 228辆），主要集中在发展中国家，出口量较大的前20个国家中发展中国家占5个，出口量共计93 882辆，占中国新能源乘用车出口总量的91%，出口金额为7 360万美元，占出口总额的30%，出口类型多为未列名低速电动车。对发展中国家的出口拉低了总体的出口均价，2017年新能源乘用车的出口均价不到0.1万美元。

而新能源乘用车出口至美国1 042辆、比利时836辆、日本180辆、新加坡170辆，虽然出口量较少，但出口均价较高，5个国家出口总金额占新能源乘用车出口总额的51%。

2017年中国新能源商用车主要出口至发达国家，其中新能源客车出口317辆，均价达到25万美元，前5大出口目的国分别为以色列、荷兰、韩国、美国、法国，出口量占新能源客车出口总量的77%，占出口总额的80%。[1]

2019年以来，新能源汽车出口表现仍较强。根据中国海关统计，2019年1—12月，新能源汽车出口25.4万辆，同比增长表现突出。2017年从12月开始的纯电动车出口，已经达到月均万台以上，因此2019年纯电动车的出口仍有一定压力，但也是重大机遇。目前的纯电动乘用车以微型低速电动车为主，出口单价极低，仍有巨大提升空间。2019年12月，插电混动车型出口2 403台，数量较大，同比增速178%。[2]虽然目前中国出口的新能源车平均单价不高，但数量已达到一定规模，且在汽车出口总量中所占比例越来越高，未来出口潜力巨大。这或许将成为中国汽车产业新的增长点，改变中国汽车出口长期不足的局面。

同时，中国新能源车企也正加快"走出去"的步伐，比亚迪、北汽、海马新能源、众泰汽车等车企，已经对海外市场，尤其是"一带一路"沿线国家展开布局。未来，随着"一带一路"倡议的推进、电池等技术的成熟、产业链经验的积累，以及在海外市场品牌的树立，中国新能源汽车"走出去"步伐将加快。

---

① 数据源自乘用车市场信息联席会.

② 搜狐网. 2019年我国进口新能源汽车15.8万台 出口25.4万台. https://www.sohu.com/a/370100044_275361.

三、国际竞争力影响因素分析——基于波特钻石模型

(一) 生产要素分析

中国稀土、锂金属等资源丰富，并且稀土资源出口量大。中国可以依靠电机形成竞争力，更多使用转矩、功率密度大且重量轻、尺寸小的永磁同步电机。相比之下，欧美国家多生产并使用交流异步电机，即使具有成本低的优势，但结构简单、调速范围小、转矩特性相对较弱。使用交流异步电机的新能源汽车在性能上不及使用同步电机的新能源汽车。日本和韩国虽然也多使用永磁同步电机，但由于生产要素限制，稀土依赖从中国进口，成本上受到较大制约，难以依靠电机生产要素形成竞争力。

在电池电控技术方面，中国比较落后，需引进国外电池、电控关键技术甚至完整产品，竞争力受到较大制约。

(二) 资本号召力强，资金充足

初期发展阶段，随着鼓励政策的推出和市场前景被广泛看好，中国对新能源汽车产业的投资规模逐渐扩大。[①] 中国各省市区发改委新能源汽车审批项目见表1。

表1 中国各省市区发改委新能源汽车审批项目

省份	投资额（亿元）	主要项目名称
浙江	641	吉利长兴新建新能源汽车基地，吉利杭州湾项目群
陕西	420	比亚迪新能源乘用车扩产项目，宝能新能源汽车生产基地项目
湖北	267.3	广汽新能源乘用车宜昌整车项目，众泰湖北整车生产基地项目
河北	260	中交新能源汽车产业园项目，京威股份秦皇岛新能源基地项目
江苏	230	恒天新能源大轿车项目，东旭光电宿迁新能源商用车项目，艾康尼克泰州姜堰区新能源基地
江西	146	吉利上饶新能源商用车项目
北京	119	北京奔驰战略重组项目
广东	60	艾康尼克肇庆新能源基地
内蒙古	50	开沃集团新能源汽车产业项目
四川	40	五龙电动车集团新能源乘用车及4GWh锂离子动力电池项目

① 胡睿. 中国新能源汽车产业国际竞争力分析 [D]. 河北经贸大学，2019.

续表

省份	投资额 （亿元）	主要项目名称
广西	35	广西钦州浦北高迈新能源电动重型卡车项目
重庆	30	小康股份新能源汽车增资
云南	28	云南航天神州汽车有限公司新能源商用车项目
总计	2 326.3	

数据来源：根据《经济观察报》及车企公开资料整理.

2019年，政府补贴退坡产生较大影响，提高推荐车型目录门槛并动态调整。一是增加整车能耗要求。二是提高整车续驶里程门槛要求。三是引入动力电池新国标，提高动力电池的安全性、循环寿命、充放电性能等指标要求，设置动力电池能量密度门槛，提高燃料电池汽车技术要求。四是提高安全要求，对由于产品质量引起安全事故的车型，视事故性质、严重程度等扣减补贴资金、暂停车型或企业补贴资格。五是建立《目录》动态管理制度。新能源汽车产品纳入《目录》后销售推广方可申请补贴。一年内仍没有实际销售的车型，取消《目录》资格。六是督促推广的新能源汽车应用。非个人用户购买的新能源汽车申请补贴，累计行驶里程须达到3万千米（作业类专用车除外），补贴标准和技术要求按照车辆获得行驶证年度执行。[①]

在保持2016—2020年补贴政策总体稳定的前提下，调整新能源汽车补贴标准。对新能源客车，以动力电池为补贴核心，以电池的生产成本和技术进步水平为核算依据，设定能耗水平、车辆续驶里程、电池/整车重量比重、电池性能水平等补贴准入门槛，并综合考虑电池容量大小、能量密度水平、充电倍率、节油率等因素确定车辆补贴标准。进一步完善新能源货车和专用车补贴标准，按提供驱动动力的电池电量分档累退方式核定。同时，分别设置中央和地方补贴上限，其中地方财政补贴（地方各级财政补贴总和）不得超过中央财政单车补贴额的50%。除燃料电池汽车外，各类车型2019—2020年中央及地方补贴标准和上限，在现行标准基础上退坡20%。同时，有关部委将根据新能源汽车技术进步、产业发展、推广应用规模等因素，不断调整完善。[②]

改进补贴资金拨付方式。每年初，生产企业提交上年度的资金清算报告及产品

销售、运行情况，包括销售发票、产品技术参数和车辆注册登记信息等，企业注册所在地新能源汽车推广牵头部门会同有关部门对企业所上报材料审查核实并公示无异后逐级报省级推广工作牵头部门；省级新能源汽车推广牵头部门会同相关部门，审核并重点抽查后，将申报材料报至工业和信息化部、财政部，并抄送科学技术部、国家发展和改革委员会。工业和信息化部会同有关部门对各地申请报告进行审核，并结合日常核查和重点抽查情况，向财政部出具核查报告。财政部根据核查报告按程序拨付补贴资金。

（三）生产要素充裕而利用率低

中国拥有新能源汽车制造所需要的多数自然资源，在产业政策的推动下，中国实现新能源汽车产业化、规模化。但新能源汽车是技术密集产品，中国技术积累不足，生产工艺落后，粗放生产普遍存在的现象使中国新能源汽车产业生产要素平均利用水平较低，边际产品价值同样较低，相对世界其他新能源汽车强国，中国在新能源汽车领域呈现一种劳动充裕、技术稀缺的特征。

（四）需求条件分析

中国国内市场需求规模大、增长快，而市场结构待优化、潜在空间大，主要表现为重乘轻商、空间分布不均。市场需求层面存在地域分布不一、需求质量参差不齐等问题，但随着新能源汽车消费向三线城市延伸的趋势以及消费者对新能源汽车认知的提高，新能源汽车产业将得益于需求结构优化所释放的巨大市场空间而进一步扩张。

（五）相关产业和支持度分析

产业链逐渐得到完善。从产业链上游角度来看，电池原材料生产规模大，中国锂、钴、镍产量较为丰富。从产业链中游角度来看，"三电"技术逐渐完善，电机产品竞争力强，而电控技术起步较晚，需要加强。从产业链中下游角度来看，整车生产产品较全面，但相对发达国家仍为短板。从产业链下游角度来看，充电设施建设正在加快。中国新能源汽车产业链虽然仍有待优化升级，但是总体来看比较完整，且有广阔的消费市场作为依托，中国新能源汽车的产业基础正在逐渐牢固。

但是，中国充电设施布局相对不充分，充电设施利用率较低，充电设施普及障碍多，充电设施产业厂商发展方向不同，建设布局与产品标准上未能实现全部统一。从其他国家充电设施布局情况来看，欧洲充电设施运营模式灵活多样，德国充分利用路灯、广告牌等基础设施资源充电。日本充电设施管理效率高，实施充电设施认证制度，由车企与银行共同成立的充电服务公司在充电设施布局，更具针对性。

从国外动力电池回收体系来看，美国采取生产者责任延伸与押金制度，共同分摊运营成本，通过此手段维持美国废旧电池回收市场化运营；欧盟采取生产者承担的强制回收制度；日本体系成型且最为完善，明确立法，有世界最成熟的电池生产、销售、回收、再生处理的回收利用体系。

总体而言，中国产业链健全但整体松散，优势是充足的生产要素、政策红利和广阔市场，但未能充分发挥提高资源配置效率的作用。企业前期过于依赖政策补贴，彼此在利益获取方面相对孤立，技术标准未能有效对接，充电设施的布局与需求严重不匹配，资源浪费较大，类似问题也出现在动力电池等新能源汽车核心部件的供需中。

（六）企业战略分析

1. 低成本竞争策略

比亚迪以"城市公交电动化"为口号，根据积极配合中国"十城千辆"推广项目时积累的经验，已实现多类型新能源汽车产品出口，如纯电动出租车出口至哥伦比亚，电动公交车出口至美国、日本，均揭示了其在一定意义上的成功。比亚迪企业战略的主要特点是乘用车低成本、高性价比，商用车高安全性、主打质量与服务。在新能源汽车产业，比亚迪实现了上中下游的高度垂直整合，已经形成产业链闭环。[①]

在上游产业，比亚迪从源头掌握电池原材料，拥有青海盐湖锂资源及西藏盐湖锂资源。在中游产业，比亚迪能够自主研发制造电池、电机、电控等新能源汽车核心零部件，同时能够自主制造发动机、变速箱等传统汽车核心零件。在下游产业，比亚迪拥有完整的整车制造及研发体系，同时拥有传统燃油车、新能源汽车两条技术路线。

目前，比亚迪在中国拥有西安、长沙、深圳、常州四大乘用车生产基地，均有新能源产能投入。据统计，合并燃油车产能后，比亚迪新能源汽车产能规划将超过140万辆，其中至少有70万辆是纯电动汽车。

比亚迪在全球六大洲均设有研发中心，包括深圳全球研发中心、常州新能源乘

---

① 万以娟. 比亚迪新能源汽车国际品牌战略研究［D］. 江西财经大学，2016.

用车研发中心、香港电动汽车研发中心、荷兰鹿特丹研发中心、美国洛杉矶研发中心、巴西圣保罗海外巴士研发中心。[①]

在动力电池技术路线上，比亚迪旗下乘用车和商用车采用了不同的方案，且为顺应行业发展，比亚迪乘用车开始逐步放弃原有的磷酸铁锂技术路线，向三元锂电池转变。

目前，比亚迪在惠州、深圳、西宁建有动力电池生产基地。

2. 比亚迪新能源汽车海外市场经营现状

比亚迪在海外共设有绿地投资及合资模式共6座工厂，其中1座为合资，剩余5座均为独资。地域分布来看，欧洲共有3座，南美2座，北美1座（见表2）。除此以外，比亚迪还通过出口方式进入日本、澳大利亚、印度等59个国家（地区）。

表2　比亚迪在部分国家的进入模式与进入时间

国家（地区）	进入模式	进入时间
新加坡	出口	2011 年
泰国	出口	2012 年
保加利亚	合资建厂	2012 年
美国	绿地投资	2013 年
英国	合资企业	2013 年
日本	出口	2015 年
法国	绿地投资	2016 年
匈牙利	绿地投资	2016 年
巴西	绿地投资	2016 年
澳大利亚	出口	2016 年
厄瓜多尔	绿地投资	2017 年

根据比亚迪官网，比亚迪新能源公交大巴和e6出租车已然行驶在华盛顿、伦敦、京都、吉隆坡、雷克雅未克、伊斯坦布尔等200个城市的街头。

比亚迪新能源汽车进入美国市场的动因包括市场挑战、国内市场竞争趋于白热化与政策扶持力度逐步减弱。根据《关于2016—2020年新能源汽车推广应用财政支持政策的通知》，2018年新能源汽车补贴标准将在2016年基础上下调20%，2019年至2020年下降40%，2020年以后，新能源汽车补贴政策将退出。比亚迪公司在中国市场的营业收入远高于在其他国家之和，比亚迪对本土市场的依赖性十分

---

① 未来智库. 比亚迪新能源汽车业务深度解析. https://baijiahao. baidu. com/s? id＝1665195161295206664&wfr＝spider&for＝pc.

明显。比亚迪仍有短板，企业技术短板即整车制造技术与一线厂商存在差距，企业品牌短板即品牌价值较低、有待提升。[①]

3. 进入美国市场主要模式

各个进入模式之间实际上并非完全互斥，部分进入模式是可以共存的，例如比亚迪能够在出口汽车至美国的同时，在美国进行绿地投资。如果比亚迪能够以出口和合资的结合或出口和收购的结合进入美国，就能够同时满足其进入美国市场的全部动因。比亚迪进入美国市场主要动因及风险点见表3。

表3　比亚迪进入美国市场主要动因及风险点

进入美国市场动因	特许经营	直接出口	间接出口	小规模合资	小规模绿地
提升海外市场创收能力	低	高	低	低	低
规避母国风险	低	高	低	低	低
输出过剩产能	无	高	低	无	无
提升海外市场运营能力	低	低	无	高	高
提升技术水平	无	无	无	高	低
提升品牌价值	低	低	低	高	高
风险点	协调风险 质量风险	贸易壁垒	贸易壁垒	市场风险 控制风险	市场风险

比亚迪能够在出口与合资并存的海外进入模式下获得优势[②]，如下：

第一，投资规模较小，流动风险可控。出口模式下，比亚迪无须进行直接投资；而合资模式下，得益于合资伙伴，无须投入建厂的全部资金，不会占用过多资金资源，造成流动性压力。

第二，产能输出与技能学习统一。这种模式不仅能够在一定程度上缓解产能过剩压力，而且能够在合资企业中学习到国际化的生产、管理、营销等技能，达到二者有机结合。

第三，更全面的政治风险应对能力。贸易管制下仍能够通过合资企业模式在美国市场发展；如果在美国的合资企业受到当地政府的歧视性干预，那么比亚迪仍然能够通过出口方式将产品继续销往美国。

而使用全资子公司绿地投资方式有以下几个特点：第一，通过在美直接建设工厂，进行投资获取产能；第二，管理运营可能由于东道国和母国的法律体系、政治体系、文化体系之间存在差异产生水土不服现象；第三，技术提升效率低，很难向

[①] 万以娟. 比亚迪新能源汽车国际品牌战略研究［D］. 江西财经大学，2016.
[②] 王士奇. BYD新能源电动汽车英国市场进入战略研究［D］. 山东大学，2016.

当地车企学习到更为先进的整车制造经验和技术，只能通过缓慢人才挖角进行补给。

对此，建议如下：第一，可以适当引入拥有较高整车制造水平的企业投资者；第二，增加对美直接出口模式；第三，主动同高科技企业进行深度合作。

（七）国际竞争力影响因素分析

政府分析方面，财政补贴自 2017 年开始明显退坡，2019 年继续加速退出，2020 年后完全退出。从 2013 年至今，工业和信息化部联合其他部委先后发布 6 份新能源汽车购置补贴通知文件，4 次调整财政补贴标准引导市场走向：（1）退坡力度加大；（2）鼓励高能量密度、低电耗技术；（3）补贴转向运营端和基础设施建设。2018 年 11 月，工业和信息化部等四部委印发了《提升新能源汽车充电保障能力行动计划》，要求引导地方财政补贴从补购置转向补运营，逐渐将地方财政购置补贴转向支持充电基础设施建设等环节。[1]

2019 年 9 月，新能源乘用车市场过了补贴过渡期，退坡压力大，厂家新能源车批发实现 7 万台的偏低销量水平，同比减少 16%，这反映新能源乘用车零售偏弱的传导压力。总而言之，中国新能源汽车补贴起步早、规模大但补贴效率相对较低。

（八）机遇分析

首先，在当今时代，低碳与环保逐渐成为世界发展的主题，中国应当顺应时代潮流，把握低碳能源发展先机。其次，中国新能源汽车海外合作有较好基础，"一带一路"倡议也可助力海外订单获取。再次，在政府政策方面出现了新的变化，2020 年 1 月 11 日，工业和信息化部部长表示，为稳定市场预期，保障产业健康持续发展，2020 年的新能源汽车补贴政策将保持相对稳定，不会大幅退坡，给车企留下了更长的缓冲时间。[2]

新能源汽车销量的下降跟 2019 年补贴大幅退坡有着直接的关系。目前新能源汽车生产成本仍过高，无法和传统的燃油车竞争。从长期来看，随着新能源汽车补贴大幅退坡，新能源汽车行业发展将更趋市场化，拥有领先技术优势、可靠品质验证和良好市场口碑的新能源汽车厂商有望进一步提升市场份额，巩固领先地位。

---

① 中国政府网. 发展改革委关于印发《提升新能源汽车充电保障能力行动计划》的通知. http://www.gov.cn/xinwen/2018-12/10/content_5347391.htm.

② 中国新闻网. 2020 年新能源汽车补贴不再进一步退坡. https://www.chinanews.com.cn/auto/2020/01-11/9057332.shtml.

四、中国新能源汽车产业国际竞争力综合评价

中国新能源汽车产业现有的挑战与短板包括技术要素方面投入不足,新能源汽车专利布局存在失衡,新能源汽车专利核心技术不足,新能源汽车前沿研究相对贫乏,品牌价值较低。市场方面,依赖本土市场,海外市场经验相对缺乏。产业化方面,中国新能源汽车产业化不足,未来风险较高。[①] 总而言之,中国新能源汽车专利海外布局不足,面临较大的国际技术壁垒潜在风险,不利于中国新能源汽车国际化以及国际竞争力的提升。中国新能源汽车技术投入不充足,倚重纯电动汽车,而由此产生的机会成本较高,相对于纯电动汽车,混动汽车行驶里程最稳定,因此中国需要推动混动汽车与纯电动汽车均衡发展。中国新能源汽车竞争力在根本上受到制约,专利主要为实用型创新而发明创新较少,技术含量较低。无论是复杂的汽车生产工艺还是未来市场前景的挑战,大量研发投入与技术知识积累已成为提升新能源汽车产业国际竞争力的必然要求。

从需求条件分析,国外新能源汽车销售量趋稳,需求质量较高。现阶段,美国、欧洲等新能源汽车消费者较为成熟,中大型轿车占比较大,由于国内外人均收入水平差异,消费者对新能源汽车的价格相对不敏感,消费群体主要为中高收入人群。而相对于国外市场需求,国内需求条件可能造成阻碍。中国消费者对价格与政策的敏感不利于支撑现阶段新能源汽车市场的过渡、转型与升级,使中国新能源汽车市场供给结构存在相对的偏差。

新能源汽车生产工艺复杂,更向着智能化与联网化不断靠拢,新能源汽车产业的国际竞争力在现阶段的含义表达应更倾向于一国产业是否具有承前启后的能力。中国新能源汽车产业 SWOT 分析见图 2。

提升产业国际竞争力的建议如下:

在企业角度,加深新能源汽车整车概念理解,提升新能源汽车技术整合能力,强化服务打造高质量自主品牌,教育营销培养市场需求,通过多元销售渠道实现双赢,根据需求动态化定位海外市场。中国新能源乘用车主要为小型、微型车,平均成本低、售价低,价格优势明显,但是性能上仍有续航里程短、整车性能弱、技术含量较低的短板。[②] 新能源汽车产业只有确定自己的市场定位,满足消费者逐渐提高的需求,才能提升走进国际市场的竞争力。政策优惠与消费者偏好的改变导致新

---

① 胡鹏山. 竞争战略与竞争优势 [M]. 北京:华夏出版社,2002.
② 胡睿. 中国新能源汽车产业国际竞争力分析 [D]. 河北经贸大学,2019.

优势 (Strength)	劣势 (Weakness)
➤ 劳动力成本低 ➤ 生产要素优势 ➤ 资源丰富 ➤ 资金充足	➤ 自主创新能力弱 ➤ 技术和质量低下 ➤ 售后服务不健全
机会 (Opportunity)	威胁 (Threat)
➤ 国家政策支持 ➤ 市场需求巨大 ➤ 低碳环保议题	➤ 贸易壁垒风险 ➤ 基础设施升级难度

图 2　中国新能源汽车产业 SWOT 分析

能源汽车消费市场的需求快速改变，新能源企业应主动进行全球科学的市场调研以动态为常态，做到像特斯拉高端化向普通化定位转变时的战略目标一致性，根据市场需求适时准确做出改变。企业积极利用中国"十城千辆"积累的运营经验，发挥中国的特有优势，弥补海外市场的空白和不足，尤其注重海外公共交通领域售后服务与提供运营咨询业务，把握公共交通领域运营的高曝光性、宣传性，逐渐提高车企的海外形象。①

在政府角度，发挥主导作用，不断规范市场发展；发挥协调作用，积极沟通各方利益，通过高效规划充电设施优化消费体验。

在国际能源合作角度，新能源发展能够促进能源合作，国家在能源地缘政治博弈中需要共同应对能源短缺，国际新能源的发展构成了共生关系，共生环境不断优化有利于实现中美能源合作互利共赢。美国页岩气革命异军突起，降低了其能源对外依存度，特朗普上台后将中美列为战略竞争关系。鉴于国际地缘政治新秩序下，一国保障能源安全的能力已成为其在国际社会中影响力不亚于军事实力的重要权力，在当前特朗普政府的能源外交新现实主义色彩愈加浓厚的背景下，能源独立的美国将能源因素作为对华施压的工具。中美在清洁能源的合作领域非常多且拥有互补能力，应该建立重要合作关系，但是双方在政治层面上缺乏互信，实质性合作难以推动。

此外，2020 年开年肆虐的新型冠状病毒肺炎疫情使得产业环境、资本环境等外部形势更加不容乐观。对于正在爬坡的新能源汽车产业而言，这一行业黑天鹅事件带来的是更加严酷的生存考验，考虑疫情引起的连锁反应，这一考验也许可能持续一年甚至更久。一方面，经销商线下的营销活动难以开展；另一方面，受疫情影

---

① 王洪星. 吉利汽车国际化战略研究 [J]. 经营管理者，2015 (5).

响，很多人不能正常复工，很多企业面临破产、裁员降薪等危机，新车需求下降。年前去库存的目标落空的可能性加大，而研发计划也被打乱。由于湖北等地汽车生产产业链暂时停止，汽车供应链条可能断裂。在新型冠状病毒肺炎疫情被国际卫生组织列为 PHEIC 之后，由于货物运输的影响，汽车产业需要的零部件运输也受到限制。[①]

面对种种困难，多家车企开始尝试线上卖车，这使得更多的企业认识到了线上销售的重要性，对车企线上销售模式发展起到巨大的促进作用。从另一个角度来看，这次疫情引发的行业危机，也是新能源汽车企业展开合作，进行创新实现行业新突破的一次机遇。而从疫情中恢复除了需要国家政策支持，银行、工商等多部门联手帮助之外，也依赖于车企门店运营、客户关系维护、产品开发等方面的创新，积极推进市场营销。

---

① 光明网. PHEIC 对我国的影响是有限的、暂时的. https://m. gmw. cn/baijia/2020-02/03/33517436. html.

变局与挑战：世界能源格局变动与中东国际秩序变化对沙特的挑战

林震宇　邢得正

【摘要】国际能源的生产格局和消费结构都发生着深刻变革，这对于全球重要的石油生产国——沙特而言无疑是一个巨大的挑战。随着美国单方面退出伊核协议，俄罗斯通过叙利亚问题涉足中东事务，沙特的地缘政治面临新的不确定性。沙特王储雄心勃勃的"2030愿景"计划能否顺利实施面临国内政治、社会等多方面的重重困境。

随着一大批新兴经济体和发展中国家的崛起，世界经济中心开始向亚太转移，世界权力转移对象的根本性变化引起了国际格局的剧烈动荡。多边主义、经济全球化遭遇严峻挑战，战后国际秩序正经历大调整。作为世界重要的能源生产国和中东地区有影响力的大国，沙特当前在地缘政治、经济环境、社会治理等多方面面临挑战。

首先，随着美国单方面退出伊核协议和叙利亚战局的变化，沙特地缘政治环境正在面临诸多不确定性。其次，美国正在成为全球最大的能源生产国，里海地区在全球能源供应市场中的重要性也与日俱增，加之传统能源消费比重持续降低，沙特经济环境日益恶化。再次，沙特及其周边国家的政治、社会环境持续恶化，对沙特的发展构成了严重挑战。

当前中东秩序是殖民主义遗产、冷战以及美国霸权的产物。[①] 伊拉克战争的爆发和2008年全球金融危机逐步瓦解了中东地区的国际秩序，2015年7月伊朗与五常加一（P5＋1）达成的伊核协议进一步引发了"逊尼派阿拉伯世界（和以色列）

---

① 高柏. 做连接亚洲与非洲的大陆桥：沙特问题的中国解决方案［J］. 西南交通大学学报（社会科学版），2014，15（4）：1-18.

的地缘政治地震"。特朗普上台后，将"美国优先"奉为圭臬，不断指责奥巴马政府签署的伊核协议不利于美国，并于 2018 年 5 月单方面宣布退出伊核协议，中东地区的国际秩序再次进入深刻变革期。本文将结合国际政治经济的大背景，对沙特在地缘政治、经济环境和社会治理等三方面面临的挑战进行深入的分析。

一、美国"退群"与俄罗斯"入群"：新的地缘政治不确定性

中东地区不仅拥有丰富的石油和天然气储备，而且是沟通东西方陆、海、空的重要通道，极具战略意义。长期以来，中东地区深受外部力量左右。第一次世界大战期间，英法以铅笔尺子圈定了中东的政治版图。第二次世界大战后，中东成为美国和苏联冷战对峙的前沿阵地。冷战结束后，美国在中东地区拥有不可争辩的霸主地位，并通过伊拉克战争和"民主化计划"逐步重塑中东国际秩序。2008 年以后，随着中国的强势崛起，美国调整了全球战略，在中东开始实行战略收缩。"阿拉伯之春"以来，俄罗斯趁虚而入，2015 年 9 月出动空军对叙境内的"伊斯兰国"势力进行打击，在中东地区与美国展开争夺。

(一) 美国敌我分明，极限施压，沙特地缘政治风险激增

极限施压，是特朗普政府的惯用伎俩，在中东问题上也不例外。不仅如此，特朗普政府近年来的中东政策可谓是敌我分明。对伊朗，不断加码，极限施压，甚至不顾国际关系的基本准则对伊朗高官实行暗杀；对以色列和沙特等盟友则极力维护，甚至罔顾事实。

2018 年 5 月，美国单方面退出伊核协议，随后重启对伊朗的金融、贸易制裁，并于 2018 年 11 月将制裁扩大到石油出口领域。作为对美国重启并新增对伊制裁的回应，伊朗自 2019 年 5 月起分阶段中止伊核协议部分条款。2020 年 1 月，美军击杀伊朗高级指挥官苏莱曼尼，使得地区局势进一步恶化，随后伊朗宣布将不会遵守伊核协议中对其核工作所设下的任何限制。至此，尽管中国、欧盟和俄罗斯对伊核协议小心维护，美国的单方面"退群"使得伊核问题的解决前功尽弃。

伊核协议签署时，沙特和以色列曾极力反对，认为伊核协议破坏了中东地区的稳定，将在本地区制造灾难。[①] 事实上，特朗普的毁约并没有给中东地区带来预期的稳定，反而加剧了中东地区地缘政治的风险。自"阿拉伯之春"以来，也门冲

---

① 观察者网. 伊朗核协议达成一致，以色列沙特唱反调. https://www.guancha.cn/Third-World/2015_07_15_326884.shtml.

突、沙伊断交、卡塔尔断交危机、哈里里辞职等一系列地区热点问题都反映了沙特和伊朗围绕地区领导权不断升级的斗争。特朗普政府重新巩固与盟友沙特的关系，奉行坚决遏制伊朗的政策，这进一步加剧了沙伊关系恶化的趋势。2019 年 9 月 14 日，沙特阿美（Saudi Aramco）的"世界最大石油加工设施"和一个油田遭无人机袭击，导致"对全球能源供应至关重要的加工设施"发生大火，石油产能缩减 50% 以上，每日减产 570 万桶。[①] 沙特作为美国在中东地区的重要盟友，不可能在美伊冲突中抽身而出，只会被更加卷入纷繁的伊朗的地区代理人战争之中。

（二）俄罗斯以"叙利亚牌"做足大国外交，高调介入中东事务

叙利亚 80% 的人口属逊尼派，20% 的人口属什叶派，现任总统巴沙尔·阿萨德属于什叶派中的阿拉维派。2011 年叙利亚危机爆发后，以沙特为首的逊尼派国家积极活动，大力扶植叙利亚反动派，力图使叙利亚实现政权更迭。俄罗斯则坚定支持阿萨德政权，在叙利亚问题上与沙特大唱反调，先后四次在安理会投票否决制裁叙利亚的决议草案，俄沙关系迅速转冷。

2015 年，俄罗斯武装干涉叙利亚后，采取果断和灵活的外交操作，充分发挥了自身优势，在中东获得了远超过硬实力的影响。在军事方面，2018 年 4 月至 8 月，叙利亚政府军相继收复了大马士革东郊的东古塔、中部省份霍姆斯和南部德拉省，阿萨德政权日益稳固。2018 年 9 月，叙利亚政府军兵临伊德利卜城下。利用欧洲对难民问题的担忧，俄罗斯与土耳其、法国、德国召开四国峰会，专门探讨叙利亚问题。通过外交、军事等一系列的运作，俄罗斯成功保住了阿萨德政权，并成为叙利亚局势的主导者。

在对待沙特的问题上，俄罗斯积极寻找共识和合作重点。2014 年 6 月起，受美国页岩油产量迅猛增长、市场需求疲软等一系列因素影响，国际油价开始急剧下跌，布伦特原油价格从 115 美元/桶的高位半年内跌破 50 美元/桶，2016 年 1 月滑入 27 美元/桶的低谷。面对页岩油的冲击，沙特最初希望通过价格战将页岩油逐出市场，因此在 2014 年底至 2016 年间多次领导 OPEC 实行"冻产"，维持原有的石油生产规模。但是，沙特的低油价战略并未能打压美国的页岩油，反而造成 OPEC 成员国财政状况持续恶化。[②] 俄罗斯方面也因乌克兰危机受到西方制裁，油价下跌使能源产业陷入困境，在此背景下，俄罗斯开始着手与沙特联手控制石油产量。2016 年 12 月，俄沙双方在维也纳达成"OPEC＋"减产协议，成功推动国际油价

① 2019 年全球能源大事件盘点［N］. 中国自然资源报，2019-12-28（6）.
② 富景筠. 俄罗斯与欧佩克：竞争与合作的复杂关系［J］. 当代世界，2019（8）：62-67.

进入持续稳定的回升通道，国际油价从 2017 年下半年以来不断走高（见图 1）。2017 年 10 月，沙特国王萨勒曼访问俄罗斯，双方达成至少 30 亿美元的军购协议。俄沙对抗关系开始"解冻"。

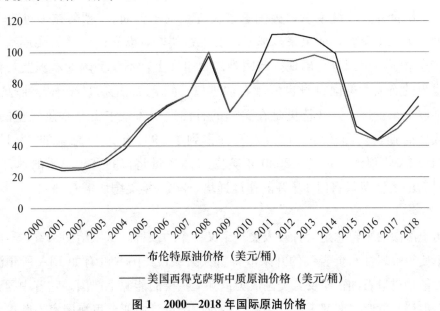

图 1　2000—2018 年国际原油价格

数据来源：BP 世界能源统计年鉴 2019.

同时，叙利亚战场形势的变化也使沙特意识到，俄罗斯不仅是解决叙利亚问题最具话语权的关键参与方，而且将在中东地区的其他事务中扮演更重要的角色。2018 年 10 月的卡舒吉事件将沙特进一步推向俄罗斯的怀抱，当月沙特举办的"未来投资倡议"招商大会，在欧美跨国巨头高管纷纷缺席的情况下，俄罗斯派出了包括 30 名大型企业高管在内的庞大商贸代表团。在此次大会上，沙特能源大臣哈立德·法利赫（Khalid al-Falih）宣布，沙特计划收购俄罗斯天然气公司 Novatek 北极液化天然气项目 30% 的股份。此项目总价值约为 210 亿美元。Novatek 为俄罗斯最大的独立天然气公司，其在亚马尔-涅涅茨（Yamal-Nenets）自治区的天然气生产量占俄罗斯天然气总产量的 80%，占世界天然气总产量的 16%。2019 年 10 月，普京对沙特成功进行了回访。

俄罗斯对叙利亚的介入不仅成功将世界的注意力从乌克兰移开，而且改变了冷战后中东的地缘政治格局——美国在中东地区不再拥有绝对的霸权，美俄在中东将进入新一轮的僵持和共存期。沙特面临新的地缘政治的不确定性。

二、世界能源格局重塑：沙特经济环境日益恶化

第二次世界大战结束后，美国总统艾森豪威尔曾断言："阿拉伯世界的石油对欧洲会愈来愈重要，如果来自那里的石油被切断，欧洲的经济就会崩溃，欧洲的经济崩溃了，美国也会出现空前困难。"[①] 事实上，不仅美国的欧洲盟友依赖阿拉伯世界的石油，美国自身也依赖石油进口。到 21 世纪初，美国石油总需求量的一半以上来自进口，沙特更是在美国的石油进口体系中占有举足轻重的地位。海湾战争时期，美国从沙特进口的石油占到了 1991 年进口总量的 27.1%。据 1999 年 EIA 的预测，1998—2020 年美国石油产量将以每年 0.8% 的速度递减，而其对石油的消费量将以 1.6% 的速度递增，2020 年美国所需石油的 64% 将需要进口。[②]

历史滚滚的车轮总是会打破人类一个又一个的预言。从供给侧来看，科学技术的变革使得页岩油和页岩气的开采取得重大突破，美国并没有如 EIA 所预测的那样高度依赖进口石油；相反，美国成为世界上主要的能源生产国。随着中国"一带一路"倡议和欧盟"南部天然气走廊"项目的推进，中亚、里海国家不断扩大能源合作的范围，在全球能源供应中所占的比重不断增加。从消费侧来看，全球能源的消费中心逐渐转向亚太地区。全球能源格局的重塑对沙特的经济环境造成巨大冲击，基于石油利益的美沙同盟也受到严峻挑战。

（一）"页岩革命"与美国在国际能源市场上身份的转换

"页岩革命"带来了美国国内石油产量的快速增长。2013 年 10 月，美国日产原油量达到 770 万桶，这是美国 20 多年来第一次日产原油量超过进口量。2018 年 11 月，美国原油产量达到 1170 万桶/日，超越沙特、俄罗斯成为世界第一大石油生产国。2018 年 12 月，美国原油和成品油净出口量为 21.1 万桶/日，首次实现净出口。根据《BP 世界能源统计年鉴 2019》，全球石油产量 2018 年增加 220 万桶/日，超过历史平均水平的两倍，增长主要由美国驱动，其 220 万桶/日的增长是单一国家石油产量年度增长的历史最高水平（见图 2）。

---

① 樊为之. 石油因素对美国和沙特阿拉伯关系的作用和影响 [J]. 中国石油大学学报（社会科学版），2007，23（1）：16-20.

② EIA. Annual energy outlook 2000 [M]. Washington D. C: United States Governments Printing Office (USGPO)，1999：5.

年度增长（百万桶/日）　　　　　年度增长（百万桶/日）

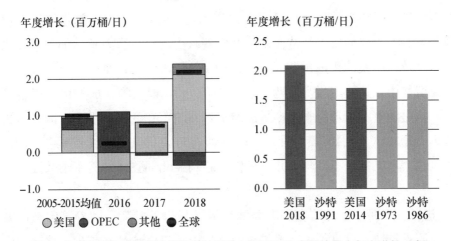

图2　全球石油产量年度增长（左）与单一国家石油产量的最大年度增长（右）

数据来源：BP 世界能源统计年鉴 2019.

　　美国国内页岩油产量的增长降低了美国对外国石油的依赖。2005 年，美国石油进口占国内需求的比重为 60％。2011 年，这一比重降为 45％。到了 2018 年，这一比重已低于 30％（见图3）。"页岩革命"使美国在一定程度上实现了能源独立，

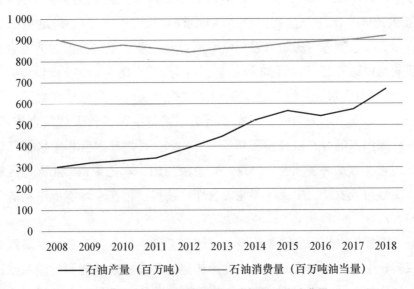

图3　2008—2018 年美国石油产量和石油消费量

数据来源：BP 世界能源统计年鉴 2019.
注：石油产量，包括原油、页岩油、油砂、凝析油（油气田凝析油和天然气厂凝析油）与天然气凝液（从天然气制品中分离出的乙烷、液化石油气和石脑油）。不包括其他来源的液体燃料，例如生物质油、其他煤制或天然气制油。石油消费量，陆地燃油需求加上国际航油、船用油和炼厂自用燃料及损耗，也包括生物汽油（如燃料乙醇）、生物柴油和煤制或天然气制油。

美国对中东的能源依赖相对下降，由此带来了美国对外政策的改变。针对美国对伊朗进行石油制裁的极限施压，约瑟夫·奈指出，"美国利用石油制裁使伊朗回到核问题谈判桌旁，不仅仰仗了沙特愿意填补伊朗减少的每日百万桶石油产量，而且得益于页岩气革命引发的普遍预期"[①]。2018年11月，特朗普在采访中公开质疑美国为什么要留在中东这一"世界危险、粗野的部分"，他认为，虽然保护以色列是一个原因，但是随着美国自身石油产量的增加，石油正在变得不重要，因此提出要从中东撤军。2019年10月6日，针对土耳其即将对叙利亚北部展开军事行动，特朗普宣布美国"不支持、不参与"并将仍留在叙利亚北部驻守的美军士兵陆续撤出相关区域。

"页岩革命"带来了美国在国际能源市场上身份的转变。随着美国在能源独立的道路上越走越快，可以预见，美国对中东的关注自然会越来越少。这不仅会使得基于石油利益的沙美同盟面临越来越严峻的考验，而且沙特也不得不在一个全新的国际环境中经营其石油产业。

（二）欧亚能源地缘政治新动向

随着中国、印度等新兴经济体的崛起，亚太地区已经成为世界能源消费中心，2018年亚太地区一次能源消费占全球的比重超过43%。[②]为了满足本国的能源需求，中、印、日、韩等国纷纷加强与俄罗斯以及中亚、里海国家的能源合作。2013年，俄罗斯与中国签订了为期25年、金额高达2700亿美元的石油供应合同；2019年12月2日，中俄东线天然气管道工程正式投产通气，完全建成之后，每年可向中国提供380亿立方米天然气。土库曼斯坦不仅与中国进行天然气合作，与日本、韩国乃至欧洲国家的合作也日益密切。2015年10月，日本首相安倍晋三访问土库曼斯坦期间与土方签署多项合作协议，总金额高达180亿美元。亚太地区能源消费大国不断加强与俄罗斯、中亚等国能源合作，使得沙特在全球能源市场的竞争压力进一步加大。

克里米亚危机发生后，欧盟积极倡议"南部天然气走廊"项目以降低对俄罗斯的能源依赖，中亚、里海国家也开始加速构建绕开俄罗斯的能源运输基础设施，扩大能源合作范围。2015年3月17日，土耳其、格鲁吉亚和阿塞拜疆在土耳其东北部正式开始建设跨安纳托利亚天然气管道（TANAP），该天然气管道全长为1337

---

① 冯玉军，庞昌伟，许勤华等. 俄罗斯在国际能源战略格局变化中的地位及中俄能源合作 [J]. 欧亚经济，2018（3）：1-69，125，127.
② BP世界能源统计年鉴2019.

千米，并于 2018 年 6 月 12 日正式开通，预计年输气量为 160 亿立方米，其中 100 亿立方米将供应欧洲。

在全球经济下行压力大、石油需求增长乏力的国际背景下，俄罗斯以及中亚、里海国家国际能源供应比重的增加进一步削弱了沙特在国际能源格局中的影响力。

（三）可持续发展与世界能源结构的调整

当今，绿色、低碳、可持续已经成为全人类发展的共识。随着新能源技术的不断突破，世界新能源和可再生能源替代化石能源的进程加快，传统能源在世界能源结构中所占的份额逐渐下降（见图 4）。目前，虽然石油仍然是占比最大的一次能源，但石油在世界能源消费总量中的比重在 2008 年以后开始持续快速下降。据 BP 预测，至 2040 年世界将持续电气化，电力行业将会消耗全球一次能源增量的 3/4，世界能源供应增量的一半将来自可再生能源，并且可再生能源将会成为最大的电力来源。[①]

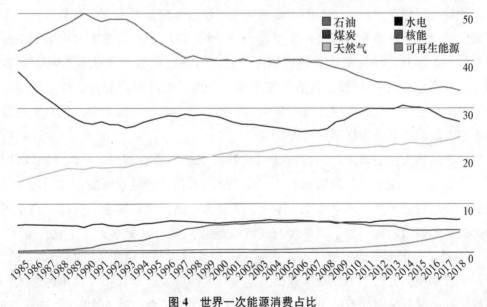

图 4　世界一次能源消费占比

数据来源：BP 世界能源统计年鉴 2019.

世界能源格局的调整和国际能源市场的变化给沙特带来了前所未有的压力，沙特开始主动推动经济结构多元化。2016 年 4 月，沙特正式发布了"2030 愿景"和"2020 年国家转型计划"，期望通过能源战略转型实现自身经济转型升级。"2030 愿景"旨在维持沙特石油生产总体稳定的基础上，重点发展炼油化工产业，计划将沙

---

① BP 世界能源展望 2019.

特非石油收入占政府收入的比重由当前的10％提高至2030年的70％。对外石油政策采取"向东看"的战略，通过重点扩大亚太地区的市场份额来巩固市场份额。沙特"2030愿景"的顺利实施面临诸多挑战，不仅受制于新的地缘政治不确定性和世界能源格局的重塑，也承受着来自国内政治、社会的重重压力。

三、机遇与风险并存：来自沙特国内的挑战

沙特国王萨勒曼登基后，沙特内政外交出现重大转向，引发了沙特国内和中东局势一系列的连锁反应。当前，沙特国内面临来自政治、社会等领域的风险，严重制约着沙特"2030愿景"的顺利实施。

（一）政治风险

沙特是以伊斯兰教为国教的伊斯兰国家，政治体制是君主制，政教合一、多个家族联合执政是沙特政治制度的主要特点。[①] 沙特家族是沙特王国六大家族中最为显赫的一个家族，沙特家族首领即国王，行使最高行政权和司法权。英国学者蒂姆·尼布洛克指出，"阿拉伯之春"发生后，海湾君主制国家的合法性话语体系发生了根本转变，安全因素成为政权转型的重要推动力量，并成为获取民众支持及构建国家新的政治基础和框架的重要工具。[②]

出于政治安全的需求，2015年1月沙特国王萨勒曼登基后，采取了巩固政权、强化自身领导地位等一系列措施，并一改"兄终弟及"的继承制度，先后两次废黜王储，最终确立了其子穆罕默德·本·萨勒曼为王储。继承制度的更改打破了王室内部既有的权力结构，为了进一步打压潜在的政治对手，穆罕默德王储于2017年11月发动了自上而下的反腐运动，更换了多个关键部门的负责人，将军事、政治、经济大权集中到自己手中。穆罕默德王储大规模的整肃运动和强悍草率的个人行事风格引起了部分王室成员的不满，沙特王室已经挫败了数起政变企图。[③] 毫无疑问，王室权力结构的剧烈变动所引发的风险将对萨勒曼父子的统治构成严峻挑战，能否平衡王室内部和各大家族之间的权力成为萨勒曼父子能否执政和顺利推行改革计划的关键。

---

① 唐宝才. 略论沙特阿拉伯政治制度及政治民主化走势 [J]. 西亚非洲，2007（3）：58-63.
② [英] 蒂姆·尼布洛克. 政权不安全感与海湾地区冲突的根源析论 [J]. 阿拉伯世界研究，2019（1）：3-15.
③ DIPANJAN ROY CHAUDHURY. How saudi princes' arrest averts coup in oil-rich kingdom. https://economictimes. indiatimes. com/news/international/world-news/how-saudi-princes-arrest-averts-coup-in-oil-rich-kingdom/articleshow/61620734. cms.

此外，作为一个政教合一的君主制国家，沙特缺乏经济转型和保障良好营商环境有效的制度保障。沙特石油工业经过数十年的发展已经形成庞大的社会利益集团，官僚特权阶层的固化导致沙特政府效率低下，这种建立在亲缘关系基础上的传统经济模式无法在短期时间内得到改变。沙特实行以《古兰经》和"圣训"① 为法源的伊斯兰教法，不设宪法，在教法原则的适用上，沙特法院拥有极大的自由裁量权。法律制度的不完善使得外国投资者在沙特境内难以获得有效的法律保护，降低了沙特的营商便利度。为了鼓励企业赴沙特投资和增强沙特的国际竞争力，沙特于 2016 年颁布实施了新《公司法》，赋予股东大会和董事会更大的权力。根据世界银行发布的《2020 年全球营商环境报告》（Doing Business 2020），沙特的营商环境便利度在 190 个国家中排名第 62 位，相较 2018 年已大幅跃升 30 位，但排名依旧相对靠后。

（二）社会风险

沙特"2030 愿景"着力推行经济改革，力图打造多元经济，提升社会活力，不断促进对外开放和吸引国际投资。沙特阿美作为全球最大的石油公司，将由石油生产商转型为多业态的全球工业公司，上市并出售 5％的股份。2019 年 12 月 5 日，沙特阿美成功上市，一跃成为全球市值最大的上市公司。但是在全球经济增长放缓、能源绿色转型的国际背景下，加上沙特阿美在透明度、估值和地缘政治风险等方面存在诸多难题，外国机构的认购比例仅为 10％左右，每股股价也低于外界预期。

石油是沙特的主导性产业，石油产业收入约占政府总收入的 75％、GDP 的 40％和出口收入的 90％。② 2014 年 6 月以来，国际油价大幅下跌，沙特石油收入锐减，2015 年 3 月沙特介入也门冲突进一步加剧了财政赤字危机。石油工业作为资源密集型产业和资金密集型产业，对劳动力的吸纳能力不足，沙特石油部门只吸纳了全国 5％的就业人口。③ 与此同时，沙特在过去的 30 年间人口快速增长，青年人口迅速膨胀，国内的 15～24 岁青年失业率长期处于高位（见表 1）。当前沙特公共职位处于饱和状态，如果政府不能够创造更多的就业机会，沙特青年的失业率在 2030

① "圣训"是指穆罕默德在向弟子传教的过程中口述的一些非"启示"性的言论，加上圣行的举止或活动，由弟子们代代相传，构成了"圣训"的基本内容。中国社会科学院世界宗教研究所伊斯兰室. 伊斯兰教文化面面观［M］. 济南：齐鲁书社，1991：32-33.
② 王然. "2030 愿景"背景下沙特能源战略转型［J］. 当代世界，2017（11）：69-72.
③ PAUL RIVLIN, ANDREA HELFANT. Saudi Arabia's plans for change：Are they feasible? Middle East Economy，2016，6（5）：2.

年可能超过 40%。①

此外，沙特的教育体系与实际需求长期错位，尽管沙特受过中等教育以上的人口比例较高，但是集中在社会管理、阿拉伯文学、宗教、艺术等相关专业，缺乏必要的工程技术人才。人口的快速增长加上高青年失业率，沙特社会将面临高度的不稳定，沙特的能源转型注定是一个漫长、曲折而困难重重的过程。

表 1 沙特主要统计指标

年份	2007	2008	2009	2010	2011	2012
人口（万）	2 518	2 588	2 663	2 742	2 826	2 915
人口增长率（%）	2.73	2.72	2.79	2.89	2.99	3.04
15~24 岁青年失业率（%）	29.94	29.34	29.95	缺失	29.93	28.66
年份	2013	2014	2015	2016	2017	2018
人口（万）	3 005	3 091	3 171	3 244	3 309	3 369
人口增长率（%）	2.99	2.80	2.52	2.23	1.98	1.78
15~24 岁青年失业率（%）	29.43	30.20	28.49	24.19	缺失	28.82

数据来源：世界银行数据库.

四、结语

国际能源的生产格局和消费结构发生深刻变革，这对于全球重要的石油生产国沙特而言无疑是一个巨大的挑战。特朗普上台后，美国单方面退出伊核协议并重新巩固与沙特的盟友关系，进一步加剧了海湾地区沙特与伊朗之间的竞争。俄罗斯通过叙利亚问题涉足中东事务，美俄在中东地区的僵持与对峙使得沙特的地缘政治面临新的不确定性。为了促进经济结构多元化、实现能源经济转型，沙特王储提出了雄心勃勃的"2030 愿景"计划，但是计划能否实施面临来自国内政治、社会等多方面的重重困境。

沙特在地理位置上处于欧、亚、非的交界地带，是中国推进"一带一路"重要的沿线国家和合作伙伴。在政治上，中国不但要确保与萨勒曼父子合作的政治延续性，也要平衡沙特与中国另一个重要的能源进口和贸易伙伴——伊朗的关系；在经济上，中国自身的转型升级与沙特的"2030 愿景"能否有效对接面临重重考验；在社会治理上，中国企业在沙特不仅面临来自伊朗地区代理人的越境袭击和恐怖主

---

① Arabian Business. Saudi youth unemployment forecast to exceed 42% by 2030. http://www. arabianbusiness. com/saudi-youth-unemployment-forecast-exceed-42-by-2030-653770. html.

义的威胁，沙特国内青年的高失业率也增加了在沙企业的风险。中沙两国都是有地区影响力的大国，中沙关系对中国同海合会国家、阿拉伯国家、伊斯兰国家的合作关系都具有重要的引领作用。推动"一带一路"倡议与"2030愿景"的对接，不仅惠及两国人民，也有利于世界的繁荣与进步。

"安哥拉模式"的反思与重构

李坤泽

【摘要】"安哥拉模式"是由世界银行提出的一个名词，主要用来概括中国与非洲国家进行合作的一种模式，即非洲国家以未来资源产出为担保，换取中国的贷款、援助，特别是基础设施建设方面的支持。尽管这种模式并非中国首创，安哥拉也不是中国首次使用这一模式展开合作，但由于这一模式在安哥拉应用规模最大，效果最突出，因此 2008 年在世界银行的一次报告中首次被命名为"安哥拉模式"。[①]从这个概念被提出开始，就受到了学界和政界的广泛关注，特别是在 2004—2012 年之间，中国通过"安哥拉模式"与安哥拉和其他多个非洲国家进行了十分广泛的合作，取得了很大的成功；2011 年，安哥拉一度成为中国最大的原油进口来源国，也引起了其他一些国家的效仿。尽管 2012 年以后，随着中国与安哥拉双方合作需求的变迁，"安哥拉模式"的绝对主导地位开始消退，各种新的合作模式份额不断提高，但"安哥拉模式"至今仍在中安关系乃至中国与其他非洲国家的关系中产生着不容小觑的影响，仍然影响中国与安哥拉及其他非洲国家的能源合作。换而言之，"安哥拉模式"从产生到顶峰再到回落，是中国与以安哥拉为代表的非洲国家进行能源合作的一个缩影，也反映了这种合作模式是诞生在特殊的历史背景下为了应对特殊的双方需求而达成的合作模式，却产生了远超出这一特殊背景的效果和影响力。"安哥拉模式"的研究是中非能源合作中不可忽视的一页，需要进行深入研究。

---

① FOSTER V, ZUTTERFIELD W, CHEN C, PUSHAK N. China's emerging role in Africa [R]. Washington DC: World Bank, 2008.

一、"安哥拉模式"的产生背景

"安哥拉模式"产生于特殊的大环境下。这一时期，中国与安哥拉均处在独特的发展阶段，相互之间需求互补，因此"安哥拉模式"虽然并非中国和安哥拉首创，却在安哥拉产生了远高于其他国家的效果。这其中，中国与安哥拉两方面的特殊性都不可或缺。

（一）内战后安哥拉百废待兴

从 1961 年安哥拉人民解放运动（简称安人运）率先在苏联支持下打响安哥拉独立战争后，安哥拉就深陷战争泥潭。1975 年安哥拉独立后旋即迎来分别受美苏支持的三大主要力量安人运、安哥拉民族解放阵线（简称安解阵）和安哥拉彻底独立全国联盟（简称安盟）的内战之中。在苏联和古巴的支持下，安人运一直占据主导地位；而中国由于一度追随美国支持安盟而与安人运政府关系冷淡。一直到 2002 年，安盟领导人萨文比被击毙才宣告内战的结束。

贯穿 41 年的战争让安哥拉几乎成为一片焦土，经济长期停滞。从 1985 年到 2001 年，按当前美元计算，安哥拉 GDP 总量增长微乎其微，只从 68.04 亿美元增长到 89.36 亿美元，人均 GDP 反而从 750 美元下降到 621 美元。

结束内战后，安人运政府需要面对大量的民间武器、1 000 万枚地雷以及高达 400 万难民等问题。而安哥拉国内基础设施几乎在内战中被破坏殆尽。因此，安哥拉提出了"安哥拉确保更好的生活"的口号。但安哥拉的战后重建需要大量的资金和基建力量：尽管安哥拉石油储量丰富，但因为战争的破坏产量极低；与此同时，世界银行、国际货币基金组织以及很多西方国家却为贷款开出了苛刻的政治社会条件。然而对安哥拉来说，1992 年"失败的种子"[①]，即美国、葡萄牙等个别国家为了解决冷战遗留问题而草率安排的选举和政治制度的惨痛失败让安哥拉对外界设计的政治社会方案高度警惕，因此拒绝接受这些条件。

安哥拉对于战后重建资金的迫切需求和对于苛刻政治条件的不满，让安人运政府将目光转向曾经支持安盟的中国，来自中国的支持让安哥拉成功实现战后重建的目标。

对安哥拉而言，这种模式并不陌生，早在 1984 年与巴西合作的卡潘达水坝项

---

① PAUL JORGE. The challenges for free and fair elections in Angola. http://aceproject.org/ero-en/regions/africa/AO/BAFelections.pdf.

目中就使用了未来的石油产出进行支付。但这种模式大多只针对具体的项目，实行"一项一议"的合作方法，只被当作一种资金短缺，金融系统在内战中崩溃的权宜之计，除支付手段外也并没有更多的创新。内战结束后，这种方式被再次当作已有成功先例的吸引外部投资援助方式，也是安哥拉过去经济合作方式的一种路径延续。而这种延续事实上也埋下了"安哥拉模式"后来开始减退的种子：安哥拉政府更倾向于将这种合作模式作为应急之策，而非长期的合作方式。

（二）中国与安哥拉的合作

中国与安人运政府曾经一度关系紧张，且关系发展远慢于中国与其他很多非洲国家。因为中国支持安盟，直到1983年中国与安哥拉才建交。但冷战结束后，中安关系开始解冻：1995年时任国务院副总理的朱镕基访问安哥拉，1996年时任外交部副部长的李肇星访问安哥拉，中安两国重启经贸关系。特别是1998年安哥拉总统桑托斯访华后，对中国的经济发展模式十分欣赏，认为中国的模式很适合安哥拉，从而逐渐消除了对中国曾支持其对手安盟的顾虑。

从1996年起，中国成为原油净进口国，到2003年原油对外依存度已经高达33.26%，原油进口量达9 102万吨。此时石油资源丰富的安哥拉已经成为中国第三大原油进口来源国，地位十分重要。而安哥拉薄弱的经济基础和落后的基础设施成为制约中安能源关系的瓶颈。此时，中国已经加入世界贸易组织，中国企业"走出去"的步伐明显加快，百废待兴并且无法与西方国家和部分国际组织达成共识的安哥拉就成为中国企业"走出去"的重要一站。

对中国而言，在21世纪初前往陌生且刚刚摆脱内战的安哥拉进行大规模投资援助也面临巨大的风险，特别是安哥拉执政党对中国曾长期支持安盟心怀不满，即使在安哥拉总统桑托斯访华以后也很难认为安人运真正解除了对中国的戒备。即使是被有些西方学者认为"不计成本"[①]的中国进出口银行也对投资安哥拉持怀疑态度。但安哥拉以中国紧缺的石油作为抵押，不仅打消了中国进出口银行的经济顾虑，同样也缓解了中国对于石油进口的焦虑，因此得到了中国的积极支持。

在"安哥拉模式"的激励下，安哥拉一度成为中国最大的原油进口来源国，中国与安哥拉的合作不断升级。但随后安哥拉也出现了石油产量下降、寻求多元化合作伙伴等情况，因而"安哥拉模式"后期也开始了转型。2003年中国原油进口来

---

① CORKIN, LUCY. Uneasy allies: China's evolving relations with Angola [J]. Journal of Contemporary African Studies, 2011, 29 (2): 172.

源国见图 1。

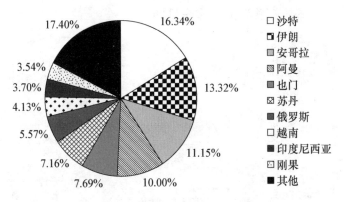

图例：
□ 沙特
▨ 伊朗
▦ 安哥拉
▧ 阿曼
▩ 也门
⊠ 苏丹
■ 俄罗斯
□ 越南
■ 印度尼西亚
▨ 刚果
■ 其他

17.40% 16.34% 13.32% 3.54% 3.70% 4.13% 5.57% 7.16% 7.69% 10.00% 11.15%

图 1　2003 年中国原油进口来源国

中国的外交政策中，"不干涉内政"一向是基本的原则，因此中国并没有对安哥拉提出其他政治社会条件，而愿意直接与安哥拉进行经济合作的谈判。这对于安哥拉而言无异于雪中送炭；而中国与安哥拉合作中与西方国家和部分国际组织不同的平等态度也让安哥拉感到更受到尊重。因此，中国与安哥拉的合作十分顺利：2004 年 2 月，中国与安哥拉签订了以工程、贷款和资源为主的一揽子合作协议，而此时的安哥拉根本没有偿付能力，为此，中国提出以安哥拉未来的石油产出为担保。由此，中国开始了对安哥拉的大规模的投资援助，逐渐形成了中国对外援助的"安哥拉模式"。

二、"安哥拉模式"的分析

"安哥拉模式"这种以未来产出资源为抵押换取援助投资的模式并非中国与安哥拉首创，但能被世界银行命名为一种独特的合作模式，也正是因为中国与安哥拉的合作中有着一系列的发展与升级之处，充分发挥了这种合作模式的优势。因此并不能简单将"安哥拉模式"的得名归结为合作规模，更应当注意到合作中出现的一系列新的特点。

（一）"安哥拉模式"的运作

"安哥拉模式"虽然以产出资源作为抵押换取援助投资作为基础，但在实际运作中却与其他国家间合作有着显著的不同。这种运作方式流程上的创新，是"安哥拉模式"之所以得名的关键所在。

在"安哥拉模式"下，从确定项目开始就是一个双方共同协商的过程，而非通常合作中由援助方指定方向和项目的模式。在具体的运作中，更是与常见的投资援助有很大不同。"安哥拉模式"的运作图见图2。

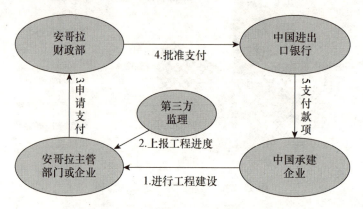

图2 "安哥拉模式"运作图①

"安哥拉模式"在实际运作中的流程相对其他合作项目更加复杂，并非简单将资金投入项目中由企业承建这么简单，而是形成了一套完整的闭环。经过多个环节的层层考察，保证施工项目质量的同时，也绕开了一些容易出现问题的环节。尤其是中国进出口银行直接向中国承建企业支付款项的工作方式，有效避免了金融系统能力不足和腐败等问题造成的障碍。

（二）"安哥拉模式"的特点

"安哥拉模式"不同于其他类似合作的特点使得中国与安哥拉的合作足以得名，归结起来主要有以下三个方面。

1. 不干涉内政

自和平共处五项原则提出以来，中国在对外关系中一直坚持不干涉内政的原则，充分尊重各国主权。而中国本身与欧美西方国家在意识形态上的差异也让中国并不热衷于对其他国家国内事务过分关注甚至影响他国大政方针。体现在"安哥拉模式"中，就是中国并不会要求以安哥拉为代表的受援国进行大量的政治经济改革措施为援助先决条件。

中国的这一外交传统尽管受到了很多西方国家的批判，这些国家认为中国忽视受援国内政情况会助长专制与腐败等"有害思想"，甚至会破坏地区安全与稳定②，

---

① 唐晓阳. 评析中国与安哥拉经济合作的新模式 ［J］. 西亚非洲，2010 (7)：56.

② WOODS N. Whose aid? Whose influence? China, emerging donors and the silent revolution in development assistance ［J］. International Affairs，2008，84 (6)：1207.

但却受到了深受殖民统治和西方国家横加干涉内政之苦的亚非受援国的广泛欢迎，特别是苏丹、津巴布韦等与西方国家关系不佳的非洲国家。此外，西方国家以及由西方国家主导的国际货币基金组织（IMF）等的援助方案往往粗暴傲慢，如IMF的"职员监督方案"（Staff Monitored Programme，SMP）十分苛刻，直接干涉所在国的经济政策，即使是韩国等较为发达且与西方关系密切的国家也对此持反感态度。中国坚持的不干涉内政原则成为中国在21世纪以来在非洲不断取得突破的重要前提，让很多非洲国家更乐于接受中国。即使投资援助的模式与"安哥拉模式"不尽相同，却都将不干涉内政放在关键的位置上，体现了充分的对非洲国家政治经济自主主权的尊重与发展道路选择的信任。

2. 充分尊重当事国意愿

西方国家的投资援助项目大多由援助国在了解受援国情况的基础上单方面为主制定计划。虽然西方国家有着技术和经验优势，这种方式有些时候效率更高也能降低投资风险，但非洲国家却普遍对这种强制安排心怀不满，西方国家殖民宗主国的傲慢在这种情境下显露无疑。而外部主导的援助方案往往也与受援国的实际要求不尽相同。例如很多西方国家将大量的援助投向"政府管理和能力建设"，对于社会部门援助的兴趣逐渐超过基础设施方面的援助。但对于安哥拉这样的国家，战后基础设施重建的迫切性远高于这类"软投资"。

"安哥拉模式"却反其道而行之，首先由受援国提出意向，继而双方对受援国意向进行讨论协商，敲定项目的具体规划与实施进程，最终确定项目的最终内容。这种模式展示了中国对受援国的高度尊重：相对于西方国家对受援国能力的不信任，中国更愿意接受受援国政府对本国状况评估后提出的现实要求，并以此为基础进行讨论。尽管这种方式可能因为当事国的一些问题造成评估错误，如个别非洲国家曾对中国提出不切实际的援助请求；但对于战后的安哥拉而言，战争造成的惨痛损失让安哥拉有着极为迫切的现实需要，提出了可操作性相对较强的方案。2006年温家宝总理访问安哥拉期间，提出了"中安经济合作三原则"：一是合作应有利于提高安哥拉整体经济实力；二是合作应有利于安哥拉掌握先进技术；三是合作应有利于安哥拉的可持续发展和造福于安哥拉人民。[①] 这些原则高度概括了"安哥拉模式"中对于当事国意愿的尊重，明显区分于其他国家和部分国际组织。

---

① 搜狐新闻. 温家宝会见安哥拉总理 中安经济合作坚持三原则. http://news. sohu. com/20060621/n243863226. shtml.

3. 款项支付与工程进度紧密结合

从"安哥拉模式"的运行可以看出,"安哥拉模式"下,款项并非一次性拨出,而是根据工程的具体进度在第三方的监理下,经安哥拉政府相关部门或企业向安哥拉财政部申请支付并被批准后,才拨给承建企业。有效提升了承建企业的积极性,避免工程拖沓低效,保证贷款的使用效率。与此同时,援助款项并未经过受援国企业和政府部门,而是直接由中国进出口银行支付给中国承建企业。资金无须经过受援国企业和政府,有效避免了部分发展中国家严重的腐败问题带来的消极影响,保证了资金的有效使用。

(三)"安哥拉模式"的成果

自 2004 年 2 月中国与安哥拉签署第一批"一揽子协议"以来,到 2008 年,中国进出口银行首批 20 亿美元的一揽子贷款额度已经基本完成,远超过世界银行的 5 亿美元(援助和贷款等总和)。在与中国合作期间,安哥拉经济发展迅速,2004—2008 年经济年均增速高达 17.8%,成为全非洲乃至世界经济增长最快的国家。[1] 由于中安合作涵盖领域很广,特别是将卫生健康、教育、能源供水等社计民生的关键领域作为重点(见表 1),在几年间显著改善了安哥拉受到内战严重摧残的基础设施,安哥拉人民生活明显改善,中安合作被称为"中非合作和南南合作的典范"。[2]

表 1　2004 年中安贷款框架合作协议涉及项目

援助类型	合同数量	金额(美元)
卫生健康	10	249 905 925
教育	11	446 800 985
能源供水	11	388 747 726
农业	4	203 760 172
交通		13 840 648
社会	1	66 905 200
公共工程	3	301 174 101
渔业	1	266 847 509

---

[1]　IMF. Regional economic outlook:Sub-Saharan Africa.

[2]　人民日报海外版. 胡锦涛与安哥拉总统会谈. http://paper. people. com. cn/rmrbhwb/html/2008-12/18/content_159770. htm.

续表

援助类型	合同数量	金额（美元）
通信	4	276 307 189
总计	46	2 214 289 455

数据来源：安哥拉财政部.①

　　"安哥拉模式"的成功也吸引了其他非洲国家的关注，"安哥拉模式"走向其他非洲能源富国。例如中国与刚果民主共和国在 2008 年达成了总金额为 60 亿美元的合作协议，协议以刚果民主共和国的铜钴等资源产出为抵押，用以改善基础设施情况特别是道路和铁路建设。

三、"安哥拉模式"的问题

　　随着时代的发展，从 2008 年起，"安哥拉模式"得名的同时却也逐渐丧失了在中安合作中的绝对主导地位。到 2012 年后，"安哥拉模式"已经很难代表中非经济合作的主旨。"安哥拉模式"开始面临越来越多的现实问题。中安双方各自面临的新的现实问题令这种合作模式不再总是合作的首选。

（一）来自中国方面的问题

　　2008 年全球金融危机后，石油价格暴跌。尽管中国的原油进口量仍在不断攀升，但低油价下未来石油产出的价值也明显下降，安哥拉未来的原油生产对中国的吸引力呈下降趋势，中国企业的资金安全难以得到保障。而安哥拉在经历前几年的大规模战后重建后，生产生活秩序逐渐恢复，对应的建设与运营成本也在提高，中国企业很难像战后重建潮时期一样享受优厚的进入待遇，而必须面对更高的成本和更多的外部竞争。同时安哥拉方面也积累了较多的谈判经验，议价能力不断提升，如 2007 年的协议谈判中增加了将合同额的 30％留给安哥拉本土承包公司的规定。

　　区别于前期出于能源安全和在非洲"走出去"取得突破的迫切需要，中国企业以及中国进出口银行也对投资援助质量与成本更加关注，安哥拉以外的更多非洲国家也因为中国在安哥拉等国的成功经验而愿意与中国洽谈，中国企业也有了更多的选择空间。

　　此外，尽管中国与安哥拉合作规模巨大，双方都给出了很高的评价，但中国企

---

　　①　CAMPOS I，VINES A. Angola and China：A pragmatic partnership ［M］. Science and Technology，2008.

业发现安哥拉并未如原本期待的一样给予中国企业更多的优惠待遇，而是展现出对中国经济影响力过强的警惕心理，从而转向更多元化的合作伙伴，这也让"安哥拉模式"开始降温。

（二）来自安哥拉的问题

对安哥拉而言，经过了几年的战后重建高潮，安哥拉对于基础设施建设的需求相对不那么迫切了，对于此前大规模的"一揽子协议"兴趣减弱，更担心中国在安哥拉过强的经济影响力影响安哥拉经济主权以及将未来资源产出作为抵押带来的安全风险。因此，安哥拉从2007年起就逐渐改用通常的合作方式与中国签署合作协议，而尽可能减少使用"安哥拉模式"的方案。

从2004年以来，大量中国企业和中方人员进入安哥拉，大量的"中国元素"也引起了当地的恐惧。一方面，中方人员虽然绝对数量小于安方人员，但大多数从事高级管理和技术工作，还有大批通过各种渠道来到安哥拉的中国劳工；而安方人员却由于语言、教育和经验等原因无法胜任这些工作；这引起一些当地人的不满，认为中安合作中，中国处处占据主导地位，甚至出现"'安哥拉模式'令安哥拉蒙羞"的说法。另一方面，中国企业强大的竞争力也让安哥拉本土产业受到了较大冲击，安哥拉除石油工业以外的产业发展缓慢且完全无法与来自中国、巴西等国的企业竞争；即使法律规定了30%的强制本土分包比例，也只能承担一些较为初级的工作。

最后，出于国家安全考虑，安哥拉开始寻求多元化的外交政策：一方面向中国、巴西等传统合作伙伴以外的国家伸出橄榄枝，寻求与曾经关系冷淡的西方国家的合作；另一方面，借助本国较强的实力和相对稳定的政局，积极筹建几内亚湾委员会，发挥相对优势在周边国家扩张影响力，甚至成为几内亚比绍等国的主要援助国。在这种背景下，安哥拉也自发地与中国开始保持距离，避免中国的过多介入。

四、"安哥拉模式"的反思

尽管"安哥拉模式"的顶峰已经过去，中安合作中"安哥拉模式"的比例已经明显降低；但"安哥拉模式"的历史地位仍然重要。而"安哥拉模式"所开创的中国与资源富国的合作方式，也仍然在其他国家发挥作用。但"安哥拉模式"的衰落和瓶颈同样值得重视，以作为对中非能源合作的反思，为未来更多的合作项目提供参考。

（一）非洲存在普遍的"需求升级"

与很多人设想的不同，撒哈拉以南非洲早已不是被赤贫笼罩的大陆，一批政治极为稳定、区位条件较好的国家陆续脱离了赤贫与战乱，成为近年来经济发展亮眼的国家，经济快速增长，以安哥拉为代表的这些国家政府能力也在提升，资金也不再极度短缺。

在这种背景下，"安哥拉模式"这种以资源产出为抵押短时间内获得大批贷款和援建，以大规模满足基本基础设施要求的模式，已经不复存在。"安哥拉模式"兴起之初，安哥拉巨大的基建需求和国内极度短缺的资金使得以资源产出为抵押成为不得已而为之的办法；但经济改善之后，安哥拉有了更多的渠道和更强的支付偿还能力，甚至有余力去援助几内亚比绍等国，以资源产出作为抵押的贷款方式对受援国吸引力明显降低，即使有意采用这种方法也有更强的议价能力。因此2007年以后，安哥拉从中国进出口银行获得的贷款利率越来越低。

另一方面，"需求升级"也让这些非洲国家所追求的并不仅是通过外部投资和援助满足最基本的基础设施建设要求，而是转向有选择性的更高质量和更多元化合作伙伴的需求。相对于基本的基础设施要求，更进一步的需求相对而言迫切程度下降，有了更大的选择和考虑空间。在这种背景下，以效率和规模见长的"安哥拉模式"与安哥拉本国的需求出现脱钩，也让"安哥拉模式"在安哥拉趋于衰落。

（二）"安哥拉模式"中受援国的地位

对中国而言，集中力量办大事是广受认可的一条原则。在"安哥拉模式"执行期间，中国的这一信条也为安哥拉战后重建带来了空前的效率，让安哥拉用惊人的速度从内战创伤中恢复。

但这一模式在度过重建时期后，出现了一系列过去在追求效率和规模的目标下被掩盖的问题：

一方面，这种模式下资金并不经过安哥拉方面，而是由中国进出口银行直接支付给中国企业。在"走出去"战略的指导下，中国进出口银行甚至可以一定程度上不计成本地进行投资以服务于战略需要。但由此也带来安哥拉对于本国参与度和项目透明度的质疑：如果所有资金只在援助方的账目上流转，那么受援国在项目中的地位就只是一个工程接收方，虽然参与早期规划设计但在工程中参与度有限，很难不引起受援国反对派和部分民众的猜疑。

另一方面，"安哥拉模式"下的透明度问题也受到了一定的关注。例如中安合作初期，很多项目匆忙上马，透明度问题受到了相对忽视，一度出现私下交易和腐败的传言，特别是 2007 年的"杭萧钢构"案引起的轩然大波重创了"安哥拉模式"。为此，安哥拉从 2007 年起设立了相对完善的公开监督机制，才打消国内议论。但在部分西方媒体的煽动下，透明度、工程质量等问题仍然在安哥拉被不时炒作。尤其是部分中国企业缺乏跨国管理经验，且管理方式较为封闭，更容易遭到指责。[①] 仅将这方面问题归结于西方媒体的煽动也并不足以说明问题，在舆论场劣势短时间内难以扭转的背景下，也更需要设身处地地从受援国视角考虑。

（三）援助国与受援国的身份利益变化

在"安哥拉模式"从产生到发展再到减弱的过程中，中国与安哥拉各自的身份与利益都在悄然发生变化；而这种变化，也正与"安哥拉模式"的变迁同步。

对中国而言，中国企业逐渐在这段时间里有了更强的实力，积累了更丰富的海外投资经验，在很多其他非洲国家也获得了很大的突破，安哥拉所提供的政策优势和战后重建优势相对减弱，不再需要以政治目标为先导以期取得突破。中国在非洲的经济战略也由以几个主要能源原产国为主的点逐渐铺开，遍及整个非洲大陆；加之油价震荡低迷，安哥拉石油产量和潜力曾连年下降，安哥拉的重要性呈现下降趋势。而安哥拉对中国曾经大力支持安盟以及大量中国企业和人员涌入安哥拉的戒心，也影响了中国与安哥拉的经济合作前景。

对安哥拉而言，在中国的帮助下用几年时间度过战后全面重建时期后，其对于本国的定位也有了新的变化。作为几内亚湾沿岸大国和非洲最大的葡萄牙语国家，在本国的经济困难解决后，其作为区域大国的雄心也逐渐显现。从建立几内亚湾委员会到加入 OPEC，从内战阴影中走出的安哥拉的多元外交发展迅速，强调广泛与世界各国展开合作以扩展本国外交空间，而经济已经出现起色的安哥拉也让更多国家希望与安哥拉展开进一步的合作，特别是安哥拉丰富的石油资源成为其他国家最关注的部分，道达尔等石油巨头在安哥拉影响力继续上升。因此，安哥拉对中国投资援助的需求也相对不那么迫切，也相对不愿意用本国最具吸引力的石油资源作为抵押，而转向更加市场化的方式有选择地与中国合作。例如在中国具有优势的市政建设、热电厂、公路等领域的合作比重越来越大，"安哥拉模式"中显著的石油要素相对淡化。

---

① 安春英. 中国与安哥拉经济合作的利弊分析 [J]. 西亚非洲，2008 (5)：22.

五、"安哥拉模式"的发展与重构

作为中非合作曾经的代表,"安哥拉模式"往往被视为中非合作的成果与典范;时至今日,"安哥拉模式"仍然常常被提及,国内主流观点也大多对"安哥拉模式"持十分积极的态度。对"安哥拉模式"的反思近几年也开始出现。从"安哥拉模式"衰落之后,尽管中非合作突飞猛进,但仍然没能出现一种能与"安哥拉模式"相媲美的具有突出代表性的合作模式总结。虽然近几年也有埃塞俄比亚等国的模式受到关注,但始终没能取得"安哥拉模式"这样的影响力。"安哥拉模式"虽然只是一个特殊时期、特殊环境下的产物,不可避免地走向衰落,但它并非已经成为历史;相反,它的发展与重构正是中非合作特别是能源合作的基础。

(一)平等尊重的合作态度

新中国外交所取得的成就,特别是在第三世界所取得的成就,最重要的一点就在于和平共处五项原则始终作为基本的外交原则贯穿其中。

中国与非洲的合作曾经被称为"最不平等的平等关系",正是对这种尽管国家大小对比悬殊但关系平等的"中国合作"的诠释。在"安哥拉模式"中,中国也因为坚持了这种合作态度,因此赢得了安哥拉等国的好感,从而确立起"安哥拉模式"。

但也应注意到,由于体量相差的悬殊,"最不平等的平等关系"同样蕴含着非洲国家对中国的警惕。由于非洲的殖民历史和非洲各国同样有独立的主权和外交计划,中国绝不能以大国援助者自居,忘记新中国成立以来的外交传统。应当对其他国家的政策自主性有充分的理解和尊重。特别是在中安合作已经进入以市场为主导的时期,更应摒弃个别企业和个人的"恩人心态",坚持平等尊重的合作态度,只有这样才能在"安哥拉模式"的基础上进一步发展经济关系。

(二)与所在国实际需求对接

每一个国家都处在动态发展的过程中。以安哥拉为例,经过多年的发展,战争带来的外部威胁已经基本消失,而国内基本的生存威胁也基本解决,国内仅剩卡宾达省等个别地区仍有叛乱活动;而随着安哥拉执政党安人运在 2017 年实现领导人平稳交接,安哥拉内政也趋于稳定。再加上安哥拉近年来经济发展迅速,早已不能再用旧有的看待"第三世界"的眼光对待安哥拉,安哥拉的需求已经从满足温饱发展到"建设小康"。

这种背景下，新时期的中安合作也必须顺应这种需求变化。虽然安哥拉不再需要通过以资源产出作为抵押换取投资援助，但它仍然是一个以石油为支柱产业的国家，它对于炼油、勘探等方面的需求仍然旺盛，中安能源合作仍然大有可为。另外，随着安哥拉发展阶段的变化，像中国类似阶段一样的大量建筑、道路等方面的合作也有着很大的发展潜力。应当把安哥拉更多地视作世界经济发展最快的国家之一，一个新兴的非洲区域大国，而不仅是原油出产国。

（三）充分发挥比较优势

目前安哥拉仍然是中国的主要原油进口来源国，这一格局短期内几乎不会发生改变；但也应注意到，安哥拉正在调整政策，重视多元外交，特别是石油领域与道达尔、雪佛龙、BP 等的合作正在不断深化。卡宾达炼油厂项目也选择将不同的模块拆分给各国企业。事实上，安哥拉并未给予中国企业特殊的待遇；尽管进口额巨大，但相对苏丹、南苏丹等国，中国的石油公司在安哥拉份额并不高，安哥拉即使在战后重建需求最迫切的时期也没有放下对中国影响力过强的担心，一直坚持并不断提升国营的安哥拉石油公司在对外合作中的主导地位。[①]

从中安合作的进程可以看出，中国在安哥拉取得成功的关键在于中国在各个阶段都充分发挥了比较优势，而在不同阶段所呈现的比较优势也不尽相同。例如合作早期的不干涉内政带来的投资援助门槛优势，中期的资本优势，现阶段的基础设施建设优势等。

在当今日益密切的国际合作中，同样也呈现不同国家间更加激烈的竞争态势。只依靠大量的资本和经验或者旧有的影响力并不足以占据上风，更需要发挥比较优势来赢得所在国的青睐，因此不断发掘和提升自身优势领域，及时根据具体的国家和项目展示自身比较优势，才能取得更大的成果，从而在新的环境下总结出新的"安哥拉模式"。

六、结语

"安哥拉模式"某种意义上已经成为一个历史名词，现在它早已无法代表中国与安哥拉合作的全貌。毋庸置疑，中国与安哥拉的经济关系特别是能源关系仍然密

---

① VINES A，WONG L，WEIMER M，et al. Thirst for African oil，Asian national oil companies in Nigeria and Angola [M]. Chatham House，2009.

切，中国仍每天从安哥拉进口大量原油，安哥拉仍然是中国在非洲重要的合作伙伴之一。但中安能源合作也发生了巨大的变化：中国企业在安哥拉承建的非洲最大的卡库洛卡巴萨水电站、索约火电站等项目已经成为新的标志项目。过去需要以资源产出作为抵押换取投资援助的安哥拉也已经成长为非洲中南部具有较强影响力的区域大国。

在新的环境下，"安哥拉模式"更加需要推陈出新，在旧有的成功经验基础上进行反思与重构，提炼出"新安哥拉模式"，成为中非合作中的新的标志性模式。不同于"安哥拉模式"依赖于世界银行的命名和政策的推动，"新安哥拉模式"更是一种更多遵循市场逻辑下自发的探索，仍有待专业的总结与提炼。

有学者曾总结，"'安哥拉模式'作为两国政府间框架之下的协议，本身就是对于西方主导的全球自由资本市场逻辑的对抗"①。在西方主导的全球自由资本市场逻辑受到严重威胁，保护主义抬头的当下，像"安哥拉模式"这样直接向非合作问题上的西方话语霸权的成功挑战，具有非凡的意义。也正因为如此，才不能停留在旧有的"安哥拉模式"成绩上，需要正视"安哥拉模式"的问题，才能实现"一带一路"可持续发展的目标，共同建成中非命运共同体。

---

① 刘海方. 安哥拉内战后的发展与中安合作反思［J］. 外交评论（外交学院学报），2011（2）：50.

中俄能源命运共同体——"新能源革命"视角下的现状和未来

王　妃　王之程

【摘要】全球能源系统正在经历从几乎完全依赖化石燃料过渡到对清洁和可再生能源的更大依赖的转变。由于这种低碳能源转型将从根本上改变能源生产商与消费者之间的关系[①]，从而导致以传统能源为基础的地缘政治和地缘经济格局发生重大变化。中国作为一个能源消耗大国，虽然已经开始调整能源结构，并在可再生能源技术领域取得重大进展，但是受制于自身"多煤、少油、少气"的资源禀赋限制，在转型期间低碳能源缺口仍然巨大。中俄两国国土相邻，拥有良好的地缘优势，且俄罗斯拥有巨大的能源储量，其能源产业是国民经济的支柱型产业，中俄两国油气合作潜力巨大。俄罗斯作为横跨欧亚的地区强国，可以使中国的能源供应来源更加稳定、多元，并有效规避政治经济风险，且其自身也将收获巨大的政治经济收益。中俄能源合作具有长期性。在当前全球政治经济格局中，中俄两国战略目标相似、处境立场接近，俄罗斯提出欧亚经济联盟、"转向东方"、大欧亚伙伴关系、北极战略、北南国际运输走廊等战略举措都与"一带一路"倡议深入对接。2019年中俄东线天然气管道投产通气也是双方更加紧密地站在一起，发展中俄新时代全面战略协作伙伴关系的生动体现。"相互尊重、互利共赢"的中俄能源命运共同体必将促进利益融合，深化上中下游全方位一体化合作，把沿线地区的能源资源优势转变为经济社会发展优势，抓住全球新科技革命蔚然成风的趋势，开拓能源合作"新边疆"，形成新时代对全球秩序产生积极作用的"能源命运共同体"。

---

① STEVEN GRIFFITHS. Energy diplomacy in a time of energy transition [J]. Energy Strategy Reviews, 2019 (26).

一、中俄深化能源合作的新时代背景

（一）技术、经济因素：全球能源革命与能源权力格局的分散化

能源是人类社会发展的基本物质基础，具有重要的经济和战略价值。人类历史上社会发展的数次重大进步都离不开能源革命和工业革命的相互交织。前者为后者提供了制约其规模、范围、质量、频率的动力，衍生出符合技术禀赋和资源禀赋的不同政治经济发展模式。目前，以人工智能、清洁能源、无人控制技术、量子信息技术、虚拟现实、生命科学技术为主的第四次工业革命已经拉开序幕[①]，随之而来的是在技术影响下，低碳清洁能源在全球能源系统中的广泛传播。智能电网、能源互联网、分布式能源等新的信息化、智能化发展方式将极大地改变社会生活的各个领域，影响人们对未来政治经济关系的认知，并促进国际权力结构的变迁。

其中最为重要的一个表现就是能源消耗率与经济增长率的关系发生变化。能源消耗率曾是判断经济增长率的重要指标，但随着技术进步、能源使用效率的提高、低碳能源的发展，能源消耗和经济增长逐渐呈现"脱钩"趋势，各国的经济增长不再以高能耗为条件，全球能源需求进入低速增长时期。其中，主要发达国家能源消费总量趋于稳定甚至下降，新兴经济体能源需求将持续增长，占全球能源消费比重不断上升。随着页岩油气革命性突破，全球油气开始呈现 OPEC、俄罗斯-中亚、北美等多极供应新格局。中国、欧盟等国家（地区）可再生能源的发展，带动全球能源供应日趋多元，供应能力不断增强，全球能源供需相对宽松。[②] 这使得全球的能源权力中心也变得更为分散、多元。

根据《BP 世界能源展望 2019》，至 2035 年，天然气的比重稳步上升，而石油和煤炭的比重双双下降，但仍是主导能源。可再生能源的比重迅速提高，从当年的 3% 提高至 8%，并将在 2020 年超过核电，在 2030 年超过水电。

技术的飞速发展，使得美国页岩油革命对能源的供给、油价涨幅的实际影响力不如预期，但对于其自身的外交政策独立性的增强却有着极大的推动作用。伴随着特朗普上台以来"美国优先"口号、单边主义、重回"大国竞争"的基本战略成行，在全球能源消费结构转型时期，尤其是中国石油对外依存度不断升高、"煤改

---

① 孙德强，习成威，郑军卫，张涛，孙焌世，卢玉峰，姚悦，王维一. 第四次工业革命对我国能源的发展影响和启示 [J]. 中国能源，2019，41（11）：26-41.

② 中国政府网. 能源生产和消费革命战略（2016—2030）. http://www.gov.cn/xinwen/2017-04/25/5230568/files/286514af354e41578c57ca38d5c4935b.pdf.

气"政策向可再生能源消费转型的关键时期，保持能源进口的稳定、安全，仍然是当务之急。通过有效的能源政策和能源外交布局，保障转型时期的能源供给安全，并辅之以发展清洁、低碳、安全、高效的，符合中国经济向高质量发展转型的能源系统，将最终化解西方长期的传统地缘政治圈套。

（二）政治因素：区域主义的回归与地区秩序的建构

随着当前贸易壁垒不断增加，贸易和地缘政治相关不确定性升高，新兴市场经济体面临宏观经济压力，而发达经济体生产率增长缓慢和人口老龄化等结构性因素，使得全球经济面临下行压力，逆全球化思潮涌现。

对于俄罗斯而言，2008年经济危机使俄罗斯经济遭遇重创；2013年起持续升温的乌克兰危机使美国和欧盟国家开始对俄罗斯进行长期的经济制裁。俄罗斯必须寻找对策，应对被动局面，缓解不断加深的外部能源威胁。俄罗斯能源出口的对接国家越多样，其能源经济承担风险、抵御波动的能力越强。除了军事上出兵叙利亚、生产上形成与产油国OPEC＋的紧密合作，在其能源产业的下游领域保障稳定的市场需求，也是俄罗斯能源安全、经济安全的应有之义。中国作为俄罗斯最大的战略协作伙伴，同时拥有巨大份额的能源需求，势必可以满足俄罗斯稳定经济的需要。

对于中国而言，加强与俄罗斯的能源外交合作可以提高能源供应稳定程度，保障国家安全。能源安全的原则之一，就是能源的来源或去向多元化。[①] 中国目前的石油进口主要依赖于中东和非洲国家，但这些地区政治动荡依旧呈现常态化趋势。随着美国退出伊核协议，对伊朗革命卫队司令苏莱曼尼的轰炸，海湾地区局势再度紧张。中东局势的稳定事关中国的能源供给安全。与东北亚区域大国俄罗斯的能源合作，是中国追求能源来源多元化、降低政治风险的重要一步。据国家发展和改革委员会、国家能源局印发的《能源生产和消费革命战略（2016—2030）》显示："2020年将全面启动能源革命体系布局，推动化石能源清洁化，根本扭转能源消费粗放增长方式，实施政策导向与约束并重；能源消费总量控制在50亿吨标准煤以内，煤炭消费比重进一步降低，清洁能源成为能源增量主体。"能源转型下的巨大能源缺口加剧了中国对于能源供给安全的需要。在当前全球秩序式微，中俄两国共同受到美国的战略压力之下，两个地区主要大国双边关系的进一步发展变得更有推动力和必要性。

---

① DANIEL YERGIN. What does "Energy Security" really mean? [N]. The Wall Street Journal，2006-07-11.

二、建设中俄能源命运共同体的驱动因素

(一) 创新深化全面战略协作伙伴关系

根据能源地缘政治理论，国家的地理位置与区域间的和平及安全密切相关。而中俄作为欧亚大陆上的两个大国，在能源合作中进一步深化全面战略协作伙伴关系，正好体现了能源、政治经济和地理这三个能源地缘政治理论的核心需要。

全球能源革命与转型给各国带来了许多新的挑战和机遇。随着中国能源消费的强劲增长和能源供需结构的不断变化，开展高效稳定的对外能源合作的重要性日益突出。而与同样身处欧亚大陆的国家发展能源合作可以被视为中国能源产业发展的重要方向，不仅有助于满足中国日益增长的能源需求，拓展能源进口渠道的同时加强自身能源安全保障，还能为中国能源企业开展国际业务提供重要市场。而俄罗斯作为欧亚大陆上的传统能源大国自然应受到足够的重视。

同时，新能源革命带来的历史性影响还包括全球能源市场正从卖方市场逐渐向买方市场转变、国际能源战略格局发生权力转移等。在此影响下，俄罗斯的能源产业遭遇挫折，其在国际能源战略格局中的地位呈现衰弱之势，曾经享有的能源权力和话语权不断减弱。可以看到，俄罗斯现有的主力油气产区基本已达到生产峰值，而受累于技术和资金的相对落后和不足，再加上乌克兰危机的影响，其在北极油气产区等新产区的开发力度很难扩大。此外，受欧盟能源供应多元化战略的影响，一直以来在俄欧的能源博弈中占据优势地位的俄罗斯由于欧盟"南方天然气走廊"的成功建设和可再生能源的有效开发，逐渐失去了在欧洲广阔的能源市场。2016 年第一季度，俄罗斯对欧供气价格比上年下降 33.8%，为每千立方米 188 美元。[①] 在此情况下，俄罗斯不得不将其能源市场向东转移。

自从普京上任后，中俄的发展态势基本都呈现积极的一面。全面复苏俄罗斯的经济，巩固加强俄罗斯的大国地位也一直是普京的愿望和努力方向。作为能源出口大国，能源是俄罗斯经济发展和社会稳定的关键因素，也是决定其在全球舞台上政治经济地位的主要因素之一。同时，俄罗斯还力图通过能源外交来重振大国地位，通过油气资源的出口参与世界经济体系、扩大地缘政治影响、改善所处的国际环境。[②]

---

① 冯玉军. 国际能源战略格局新变化与中俄能源合作 [J]. 欧亚经济，2018 (3)：3.
② 张学昆. 中俄能源合作的现状、影响因素及意义分析 [J]. 和平与发展，2013 (4)：79.

中国作为世界第一大能源消费国和石油净进口国，能源供需缺口是很大的。而在能源供需上刚好互补的中俄进行能源合作毫无疑问是互利共赢的，对于双方的经贸合作也有很强的推动作用，有利于双方的经济安全和产业互动。中国目前是俄罗斯最大的贸易伙伴，2018年两国间的贸易额突破1 000亿美元；在石油领域，2018年中国原油进口总量达4.62亿吨，同比增长10.1%，而其中进口俄罗斯原油7 149万吨，同比增长19.7%，为中国原油第一大进口来源国。① 2019年中俄东线天然气管道的投产通气也是两国在能源经贸合作上的又一次重要成果。

此外，中俄的区域发展政策也是双方能源合作的新机遇。中国提出的"一带一路"倡议与俄罗斯的"欧亚经济联盟"十分契合。中俄双方也积极对接，于2015年5月在莫斯科发表《中华人民共和国与俄罗斯联邦关于丝绸之路经济带建设和欧亚经济联盟建设对接合作的联合声明》，指出未来中俄将在投资贸易、产能合作、基础设施、自贸区建设、金融等8个领域加强合作。② 同时，"中蒙俄经济走廊"规划的实施也加强了中俄以及蒙古在能源矿产资源、高技术、制造业等领域合作。在如此合作框架下，中俄能源商务论坛的机制化也为双方能源领域企业的长期一体化合作创造了良好的条件。在新能源革命的影响下，具备宏观统筹和具体平台的合作能够帮助双方更灵活地应对世界能源形势和市场的变化，加强科技创新的配合和促进。

通过汇聚这些高水平务实的能源合作进一步建设中俄能源命运共同体，既直接推动了两国的经贸发展和合作，也毫无疑问是在国际新形势下推动两国深化全面战略协作伙伴关系的重要一环。

（二）综合能源安全的驱动

能源安全涉及各个方面，包括运输安全、资源安全、技术安全、经济安全和政治安全等。首先从地理上来说，中俄互为近邻带来的地理上的优势可以通过降低运输距离和避免经传第三国来减少运输过程中的风险，同时两国间运输线路的建设对比其他的能源线路来说成本相对较低。

此外，两国在保障能源安全上的政策也非常契合。俄罗斯政府在《2020年前俄罗斯能源战略》中将能源安全定义成"国家保障及公民、社会和经济发展不受威胁的一种状态"，因此对俄罗斯而言能源的经济安全，尤其是对出口贸易的保障十

---

① 光明网. 推进中俄能源合作的提质升级. http://theory.gmw.cn/2019-06/12/content_32914382.htm.
② 新华网. 中华人民共和国与俄罗斯联邦关于丝绸之路经济带建设和欧亚经济联盟建设对接合作的联合声明. http://news.xinhuanet.com/world/2015-05/09/c_127780866.htm.

分关键。而俄罗斯的能源垄断地位在美国页岩气革命、中亚及里海国家的对外能源合作日益多元、欧洲加大能源进口多元化的冲击下风光不再，能源出口多元化战略成了其重要的战略需求。在《2035 年前俄罗斯能源战略草案》中，俄罗斯明确强调亚太市场的重要性，提出到 2034 年俄罗斯出口到亚太地区的原油份额从目前的12％提高到 32％，天然气从目前的 6％提高到 31％。[①] 要实现这个目标，中国作为能源需求量巨大的新兴经济体自然是首要合作选择。

对于中国而言，由于自身能源需求量大且对外依存度高，能源进口多元化战略成了保障能源安全的重中之重。2017 年，中国从中东进口原油连续四年下降，中东原油占中国进口原油总量的比例为 43％，较 2016 年下降 4.7 个百分点。俄罗斯则连续两年成为中国最大的原油进口来源国，占进口总额的 14％。[②] 在天然气进口上，虽然仍有 80％左右是从土库曼斯坦、澳大利亚、卡塔尔等国家进口[③]，但随着中俄东线天然气管道的投产，天然气进口渠道的多元化也将进一步实现。

最后，值得一提的是，在新能源革命下，各国对能源的技术安全和环境安全也都更加重视。尤其在亚太地区，新技术经济的发展十分迅猛，各国对可再生能源、清洁新能源的开发和传统化石能源的清洁化技术发展都有较大的投资。相比之下，俄罗斯目前的能源科技稍显落后，而中国在这一方面虽较为强势但也仍有缺陷。因此，想要在新能源革命的冲击下力争上游，中俄的能源合作更显得尤为重要。在强烈的合作意愿下，建设中俄能源命运共同体也是在新背景下推动彼此能源安全加强的有益路径。

三、中俄能源合作的历史与发展

中俄能源合作与俄罗斯的外交"东向"政策和中俄政治关系的阶段性发展密不可分。

（一）建设性伙伴关系（1994—1996 年）与能源合作的起步阶段（1994—1999 年）

中俄建设性伙伴关系的建立标志着世纪之交中俄关系的新动力。俄罗斯在经济

---

① 俄罗斯能源部. 2035 年前俄罗斯能源战略草案. http://government.zu/.
② 中国产业信息网. 2018 年我国石油和天然气市场运行情况分析. http://www.chyxx.com/industry/201805/636104.html.
③ 杨洋，董锁成，李泽. 中蒙俄经济走廊背景下中俄能源合作进展、驱动力、挑战及对策［J］. 资源科学，2018，40（2）：243.

和宪法危机下，于1994年9月签署了《中俄联合声明》，提出了建设性伙伴关系的概念，其中包括：加强双边互信，加强在联合国安理会的合作，加强经济和商业合作，特别是在边境地区。[①] 政治关系的发展为能源合作奠定了重要基础。主要的成果表现为：1992年中俄两国签订政府间协定，确定了两国的合作及贸易原则，这为两国能源合作奠定了基础；1993年中国正式成为能源进口国，这也助推了两国能源合作的开展；1994年，俄罗斯尤科斯石油公司首次提出向中国供应石油，即建设安加尔斯克-大庆石油输送管道项目；1995年，俄罗斯天然气工业股份公司向中国石油天然气集团有限公司提出两套俄罗斯对华天然气供应方案——西线（经阿尔泰）供气及东线（经贝加尔湖）供气；1996年，俄罗斯时任总统叶利钦访华期间，两国签署了《中华人民共和国政府和俄罗斯联邦政府关于共同开展能源合作领域合作的协定》，协定涉及俄罗斯经东西伯利亚管道对华供应天然气项目。[②]

两国能源合作的第一阶段具有互动程度低的特点。由于当时俄罗斯国内战争的不稳定状况，中国当时对俄罗斯持谨慎态度，并未将其视为可靠的合作伙伴；加之当时中国的能源进口需求并不高，对国外油气产品的依赖也不明显，在当时世界石油价格较低的情况下，可以低成本地购买替代资源。1998年前后亚洲经济危机也对两国能源合作产生了一定程度的冲击。在这些条件的综合作用下，第一阶段中国对能源合作的兴趣并不高。

（二）战略伙伴关系与区域一体化（2001—2008年）与能源合作出现转机阶段（2000—2008年）

在世纪之交，俄罗斯恢复了国内能源潜力，对外政策和经济中能源资源的使用也显著增加。俄罗斯一方面在积极扩大与欧盟的能源合作，另一方面积极寻求对华能源输出。2000年7月，普京首次访华，随后就俄罗斯参与中国西部省（区）新疆、甘肃等油田开发的可能性达成了协议；同年，两国签订在能源领域继续合作的政府间协议，这一协议对推动两国能源合作有着重要意义。2003年中国开始面临能源短缺的紧张局面，进而积极寻求与俄罗斯的能源合作。2004年，中国向俄罗斯石油公司提供了60亿美元的贷款，用于收购被击败的尤科斯石油公司。同年10

---

① JEAN-MARIE HOLTZINGER. The Russo-Chinese strategic partnership: Oil and gas dimensions [J]. Connections，2010，9（4）：69-82.

② 何旭鸶. 中俄能源合作的历史、现状及前景 [J]. 齐齐哈尔大学学报（哲学社会科学版），2019（11）：120.

月，俄罗斯天然气工业股份公司与中国石油天然气集团公司签订战略合作协议。该协议确定了天然气供应要素、两国之间天然气化工项目的实施、天然气生产合作作为优先方面。2006 年，俄罗斯和乌克兰之间在俄罗斯向欧盟供应能源方面的分歧促使欧盟尝试使天然气进口来源多样化，这也从另一个侧面推动了中俄能源合作的开展。2008 年 10 月，双方达成斯科沃罗季诺中俄边境原油管道建设与运营的原则协议。同年，王岐山和伊戈尔·伊万诺维奇·谢钦在莫斯科举行会晤，标志着双方政府互动不断加深。

而在地区和全球层次上，区域一体化的制度始于《中华人民共和国和俄罗斯联邦睦邻友好合作条约》的签订和 2001 年上海合作组织的成立。美国计划从全球反恐战争中获得力量。经过 2004 年北约新一轮扩张、原苏东地区的"颜色革命"、2008 年全球金融危机，中俄关系不断加深。例如金砖四国于 2009 年举行了首次峰会。美国通过北约扩张、"颜色革命"、实行禁运等手段加强了对俄罗斯的遏制，这为建立更紧密的中俄关系和塑造权力结构提供了动力。中俄两国的能源合作也在这一阶段得到探索和成长。

(三) 全球格局变化与能源合作的新发展阶段 (2009 年至今)

2008 年全球金融危机对中国的影响明显弱于其他世界强国。俄罗斯能源产业金融化程度低，受到打击十分严重，资金链投入上游领域无法收回。俄罗斯因此开始积极寻求中国的投资，特别是油气资源领域投资，中俄两国合作也因此走上了新的发展轨道。2009 年，油气合作方面的情况获得了新的动力，中国国家开发银行向俄罗斯国有企业发放了 250 亿美元的贷款；2010 年，俄罗斯总统德米特里·梅德韦杰夫访华期间签订了《从俄罗斯向中国供应天然气的扩充条件协议》，协议规定自 2015 年下半年起的 30 年内俄罗斯对华供应 300 亿立方米天然气，这标志着两国互信不断迈上台阶；2014 年 9 月 1 日，俄罗斯天然气工业股份公司开始修建"西伯利亚力量"天然气管道，在纪念仪式上，普京宣布俄罗斯准备向中国公司出售战略油气田的股份；2019 年 12 月，中俄东线天然气管道通气。对中国而言，管道全线建成后，将与现有区域输气管网实现互联互通，向东北、环渤海、长三角地区稳定供应清洁优质的天然气资源。中国每年因此可减少二氧化碳排放量 1.64 亿吨、二氧化硫排放量 182 万吨，惠及沿线 9 个省区市 4 亿多人口，能够有效优化能源消费结构、改善沿线地区大气质量。对俄罗斯而言，该项目有利于将资源优势转化为经济优势，为俄罗斯远东相关地区加速基础设施建设、创造就业提供了宝贵机遇。俄罗斯第一频道电视台在报道中俄东线天然气管道投产通气仪式时指出，数额如此巨大的项目在俄罗斯天然气行业历史上前所未有，将有力促进整个远东地区的发展。[①]

2018 年中俄双边贸易额突破 1 000 亿美元历史新高，中国连续 9 年成为俄罗斯第一大贸易伙伴，特别是在新兴领域，潜力巨大；近年来中俄原油贸易发展平稳，俄罗斯连续 3 年成为中国第一大原油进口来源国；中方参与的亚马尔液化天然气项目运营较为顺利，首船液化天然气试航"冰上丝绸之路"成功运抵江苏如东港；阿穆尔天然气化工项目即将最终投资决策，开创中俄最大化工项目先河；中俄首座跨境黑河公路桥、同江铁路桥、中俄东线天然气管道"一管两桥"等标志性项目稳步推进并取得阶段性成果。对此，中国驻俄罗斯大使张汉晖高度评价，"中俄是两国关系的典范"[②]。

不难看出，中俄两国能源合作已经超越了传统的能源供求关系，向能源项目投资、联合生产销售、配套设施、技术创新等领域深度发展。在第四次工业革命的引领下，双方还可加强一系列能源技术研发合作，增强能源产业的附加值，更好地促进双方经济的发展，对接"一带一路"倡议与欧亚经济联盟，创立名副其实的能源命运共同体。

四、中俄能源合作的前景

无论是从地理位置还是从各自能源禀赋，中俄两国具有开展能源合作的天然优势。基于当前和长远考虑，中俄未来在能源领域的合作方向选择上可以在继续巩固深化双边合作的基础上，充分把握世界新形势，加强在多边和全球能源治理层面的战略协作，为全球能源市场稳定有序发展发挥积极的建设性作用。

（一）全球新科技革命继续加速，能源技术合作前景广阔

2019 年被许多学者称为第四次工业革命的元年。迄今为止，人类社会已经经历了三次工业革命，即 18 世纪蒸汽机的应用、19 世纪电力的广泛使用以及 20 世纪互联网和新能源体系革命的出现。当今社会，以人工智能、清洁能源、无人控制技术、量子信息技术、虚拟现实以及生物技术为主的第四次工业革命已经拉开序幕。[③]当前，中国已经在数据、市场和政府等方面形成了一定的优势，但同时在智能硬件、算法框架、原始创新等方面存在较大差距。尽管美国对中国采取了技术封堵的

---

① 和音. 中俄深度融通、合作共赢的典范 [N]. 人民日报，2019-12-03（3）.

② 国际新能源网. 中俄氢能经济合作潜. https：//newenergy.in-en.com/html/newenergy-2355515.shtml.

③ 孙德强等. 第四次工业革命对我国能源的发展影响和启示 [J]. 中国能源，2019，41（11）：26-41.

策略，但中国应以更加柔性的竞争性合作的方式加以回应。①

从历史的角度看，每一次工业革命都与能源革命相互交织。能源革命带来下一次工业革命，而工业革命促进下一次能源革命。第四次工业革命将为能源行业的发展带来极大的机遇与挑战，中俄两国需要充分把握。

在此次工业革命中，可再生能源技术作为核心之一，也将在这一次革命中加速发展，从而影响化石能源在能源结构中的占比。油气作为传统化石燃料中的重要组成部分，如果谋求更长远的可持续发展，就必须找准适合自己的发展路径。提高天然气在能源结构中的比重、加强数字化信息技术在油气的勘探开发中的应用、创新油气的勘探与开发技术都是油气行业转型的可行路径。② 这就为中俄以及具备雄厚工业化实力的大国未来进一步深化能源合作开拓了持久的新领域。

由于全球各国普遍希望能加速本国能源向低碳清洁能源的结构转型，因此均非常重视对支撑该能源革命的相关科技发展，新能源产业和产品市场较为广阔，同时不少国家开发和利用新能源、可再生能源的技术水平处于世界领先地位。因此，中俄加强能源技术研发与创新，对接此次科技革命的机遇，将会对未来国家中长期的发展起到积极的推动作用，既有利于刺激新的经济增长点、促进能源结构优化和环境保护，还有利于国家实力在"未来梯队"里的提升。

例如：在目前已知能源中，氢能是最为清洁的能源，氢气使用过程的产物是水，可以真正做到零排放、无污染，被看作最具有应用前景的能源之一。从物质能量密度来看，氢能高出汽柴油和天然气约3倍多；从发电建设成本来看，氢能发电在油气、光伏、风能和生物质等众多发电方式中成本最低，约580美元/千瓦时。氢能经济作为全球一个新兴能源产业和投资的热点，具有巨大的经济潜力。③

2018年10月29日，国家新能源汽车技术创新中心与中俄新能源材料技术研究院在浙江长兴签署了战略合作协议，并建立了"新型动力电池及系统联合实验室"。国家新能源汽车技术创新中心是由科技部批复的、首个新能源汽车行业的国家级技术创新中心，也是集科技研发、产业转化和人才培养为一体的综合创新平台。中俄新能源材料技术研究院是中俄联合共建的创新科技研发平台，也是俄罗斯科教部设立于中国的研究生学位授权点。此次战略合作的领域涵盖了电池材料的基础理论研究，新型动力电池单体、模组，电池系统的测试分析平台，电池电机智能管控系统，智能网联系统，以及车身材料量化的设计研发等，实现了双方优势互补，将共

① 高奇琦. 人工智能、四次工业革命与国际政治经济格局 [J]. 当代世界与社会主义，2019（06）：12-19.
② 孙德强等. 第四次工业革命背景下油气行业的发展路径 [J]. 中国能源，2019，41（04）：4-14.
③ 国际新能源网. 中俄氢能经济合作潜力. https://newenergy.in-en.com/html/newenergy-2355515.shtml.

同推进新能源汽车前沿领域和共性关键领域的技术提升，是中俄积极探索合作"新边疆"的重要表现。[①]

根据中俄两国元首共识，2020—2021年是"中俄科技创新年"，双方将在新能源、新技术、新材料、现代农业、康养医疗、信息技术、绿色化工、数字经济以及科创基金和研发中心等领域联手开启新的合作机遇和新的发展阶段，大力赋能中俄关系向更高水平更高质量迈进。[②]

（二）构建更加紧密的能源市场联系，推动双边经济高质量发展

中国经济经过数十年高速发展，到2018年GDP达到13.6万亿美元，占世界经济比重近16%。2019年中国经济发展增长目标也稳定在6%～6.5%。目前中国经济运行平稳，并稳中有进，高质量发展积极因素不断增多，这一速度在当前国际形势错综复杂背景下仍位居世界主要经济体前列。

2018年俄罗斯GDP达到1.58万亿美元，经济增速为1.8%，占世界经济比重约1.86%。国际货币基金组织预计，俄罗斯2019年GDP增长约1.2%，而2020—2024年的经济增速将回升至1.8%～2%。[③]俄罗斯经济发展和能源管理部门早已注意到，若调整当前能源产业机构，将新能源能经济嵌入俄罗斯国家经济体系必将带来新的技术发展、长期需求市场和国际投资等新的经济支点，但其成功的关键在于要尽早调动所有市场和商业力量参与，借助成熟技术、引导资金等重要条件，实现体系化发展。

当前，中国对于风能、水能、氢能等可再生能源经济发展逻辑的理解深度、产业链完善程度、成熟经验和产能技术等方面较俄罗斯具有明显优势，特别是在国家各级政府、金融资本和产业力量的大力扶持推动下，目前已基本搭建起具有中国特色、区域性可再生能源经济圈并在此基础上保持着较快的发展速度。

基于此，中国完全可以从政策和经济领域的产业规划、产能技术研发、产品价值链布局、基础设施拓展等氢能社会全要素上，加强与俄罗斯的战略性合作，特别要关注目前俄罗斯天然气出口通道、炼油化工发展规划等全局性因素动态，综合考虑部署一批经济可及、技术可及的新能源试点项目。

2018年9月11日至12日，国家主席习近平赴俄罗斯出席第四届东方经济论

---

① 国际新能源网. 国家新能源汽车中心与中俄新材料研究院签署合作协议. https://newenergy.in-en.com/html/newenergy-2320930.shtml.

② 国际新能源网. 中俄氢能经济合作潜力. https://newenergy.in-en.com/html/newenergy-2355515.shtml.

③ IMF. 亚太地区经济展望. https://www.imf.org/zh/Publications/REO/APAC/Issues/2019/10/03/areo1023.

坛，在论坛全会上发表题为《共享远东发展新机遇 开创东北亚美好新未来》的致辞，并宣布"中方已设立首期 100 亿元、总规模 1 000 亿元人民币的中俄地区合作发展投资基金，愿同俄方一道支持运营好基金，推进重大项目落地，将其打造成为中俄地区合作的重要平台"。中俄地区合作发展投资基金由国务院批准设立，国家发展和改革委员会批复了基金设立方案，由国家电力投资集团、中国核工业集团等发起成立，采取有限合伙制，实行政府引导、市场化运作，重点支持中俄地区合作项目。

中俄地区合作发展投资基金是 2017 年 7 月《中华人民共和国和俄罗斯联邦关于进一步深化全面战略协作伙伴关系的联合声明》以及 2017 年 11 月《中俄总理第二十二次定期会晤联合公报》的明确要求，并被纳入 2017 年 5 月"一带一路"国际合作高峰论坛成果清单。该基金采取有限合伙制，普通合伙人公司注册资本金 1 亿元人民币，基金总规模为 1 000 亿元人民币，首期募集规模为 100 亿元人民币，首期由国家电力投资集团出资 15 亿元人民币，中国核工业集团出资 10 亿元人民币，其余向企业、金融机构等募集。中俄地区合作发展投资基金的主要投资方式包含股权、准股权、投资基金、境外债券以及跨境担保等，其首要关注的是东北亚地区基础设施建设、能源、矿产、农业、旅游等重点领域。

中俄地区合作发展投资基金结构实行母基金加专业领域子基金模式，首批设立能源电力子基金、核工业子基金和黑瞎子岛开发子基金。国家电力投资集团作为母基金的主发起人，同时主导设立能源电力子基金，能源电力子基金将专注于能源产业投资，聚焦国家电力投资集团业务范围内的中俄两国及友好第三国或地区的重点地区合作项目。[①]

中俄两国构建更加紧密的能源市场联系不仅是经济发展、国家战略的综合需要，也是双方能源合作的天然互补优势。巩固和发展这种优势将有利于两国最大限度发挥自身政治经济潜能，提升双方的能源实力和国家实力。

(三) 推进全球能源治理变革，加强双边和多边能源合作机制建设

2018 年，国际油价波动加大，全年最大波幅达 71%。中国和俄罗斯作为全球重要的能源生产、消费和贸易大国，在追求全球能源市场波动的可控以及能源经济的可持续发展上是一致的。《中国的能源政策（2012）》白皮书明确指出，中国要"积极参与全球能源治理，加强与世界各国的沟通与合作，共同应对国际货币体系、

---

① 国际能源网. 国电投、中核发起的 1 000 亿中俄基金成立，用于能源、核技术等合作项目. https://www.in-en.com/article/html/energy-2273278.shtml.

过度投机、垄断经营等因素对能源市场的影响，维护国际能源市场及价格的稳定"。2013 年，国家主席习近平在俄罗斯莫斯科国际关系学院演讲时首次提出"人类命运共同体"和"全球能源命运共同体"，为全球能源新议题的解决和推进全球能源治理变革提供了新理念。[①] 在 2018 年《中俄联合声明》中，双方强调在世界面临的不稳定不确定性突出的背景下，将继续深入开展战略安全磋商，保持两国外交部密切沟通，加强在各相关国际平台的协调配合。

五、结语

在新时期的世界能源格局下，能源技术将会成为各国布局世界能源版图，引领未来经济增长和产业创新，保障能源安全的重要手段。在当前全球政治经济格局中，中俄两国战略目标相似、处境立场接近，俄罗斯提出的欧亚经济联盟、"转向东方"、大欧亚伙伴关系、北极战略、北南国际运输走廊等战略举措在与"一带一路"倡议深入对接。未来，中俄双方经济贸易合作将快速拓展，在走廊建设、自贸区和北极航道等新兴领域全方位互利合作或将取得新的突破，进而进一步巩固双方战略协作和互利互惠关系，锻造更加紧密的利益聚合体。同时，两国在双边政治领域高度互信，相互尊重、合作共赢，是新型大国关系的典范。在共同战略利益和经济需求下，"中俄能源命运共同体"的建构将对中国的能源发展起到至关重要的作用，是中俄新时代全面战略协作伙伴关系的生动体现，也将为全球能源治理、新型大国关系和人类命运共同体的建构做出实质性的贡献。

---

① 聂新伟，史丹. 中俄能源合作历史进程、时代背景与未来选择 [J]. 中国能源，2019，41（11）：30-47.

中国煤炭产业生产开发情况与
2019 年政策规范梳理

潘　丽　张　敏

【摘要】煤炭作为中国基础性的能源资源，在能源结构中占据主导地位。由于近年来中国煤炭工业固定资产投资的高位运行，加之当前煤炭市场的需求不足与国际煤炭市场的进口冲击，中国煤炭资源供过于求，产能相对过剩的形势日益严峻。随着一大批煤矿陆续投产，煤炭产能过剩的矛盾将愈加突出，抑制总量扩张的形势变得日益紧迫。与此同时，中国 2020 年能耗总量控制目标与减排承诺，也对煤炭生产与利用方式形成实质性约束。在这一背景下，2019 年煤炭行业继续推进供给侧结构性改革，并与区块链等数字技术进一步融合，改变"谈煤色变"，给予煤炭行业更为广阔的发展空间。报告主要分为三部分。第一部分介绍中国煤炭资源禀赋，煤炭在中国能源结构中占主导地位，并且在短期内不会被新兴能源所替代，因此需要充分肯定煤炭在中国经济发展中所发挥过的并且仍将扮演的重要角色；第二部分总结中国煤炭行业取得的进展以及今后发展中所面临的挑战，毋庸置疑，这些挑战将是今后煤炭政策的着力点；第三部分主要介绍近些年为了引导煤炭产业健康发展而出台的重要政策文件，其核心在于推进供给侧结构性改革，对克服与此相伴生的各种困难给予指导意见。

一、中国煤炭资源的禀赋与地位

(一) 储量与分布等基本情况

得益于储量丰富，煤炭目前在中国能源结构中占主导地位，2018 年度原煤生产总量几乎占能源总量的 3/4，新能源产业短期内难以取代煤炭的主导地位（见图 1）。根据《能源发展战略行动计划（2014—2020 年)》，到 2020 年，煤炭占一次能源的比重仍为 62％左右；到 2030 年，煤炭在一次能源消费结构中的比重仍为 55％左右；中国以煤为基础、多元发展的能源方针不会改变[①]。与世界其他国家相比，我国煤炭资源禀赋非常乐观。据《BP 世界能源统计年鉴 2019》，2018 年底中国煤炭的探明储量为 1.39 万亿吨（见表1），仅次于美国、俄罗斯、澳大利亚，居于世界第四。[②] 但是，煤炭资源的储产量（用年底的剩余储量除以该年度的产量，用以估计剩余储量以该年度的生产水平可供开采的年限）却明显偏低。因此，中国煤炭开发效率较低，长期内煤炭生产能力将受粗放式的开发利用模式约束。此外，尽管中国煤炭资源总量相对丰富，但精查比例较低，人均资源占有量也远低于世界平均水平，且呈下降趋势。因此，从人均储量、环境保护、开发成本、利用效率等角度来说，煤炭一直占据主要地位的能源消费模式难以为继，为实现社会经济的可持续发展必须转型升级。

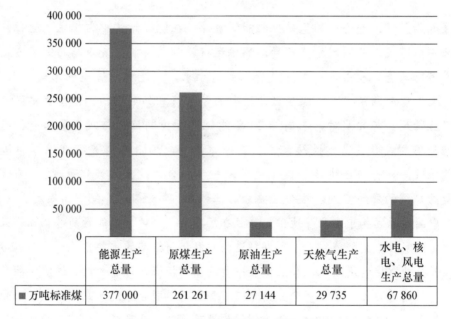

■万吨标准煤	能源生产 总量	原煤生产 总量	原油生产 总量	天然气生产 总量	水电、核 电、风电 生产总量
	377 000	261 261	27 144	29 735	67 860

图 1　2018 年度我国能源生产情况[③]

表 1　2018 年底部分国家煤炭探明储量[④]

国家	美国	俄罗斯	澳大利亚	中国	印度
煤炭资源总量 （百万吨）	250 219	160 364	147 435	138 819	101 363
储产比	365	364	304	38	132

---

① 谢和平等. 煤炭科学开采新理念与技术变革研究 [J]. 中国工程科学，2015（9）.

② BP 世界能源统计年鉴 2019. http://www.360doc.com/content/19/0731/21/32584286_852259661.shtml.

③ 根据国家统计局数据整理. http://data.stats.gov.cn/easyquery.htm? cn＝C01&zb＝A070B&sj＝2018.

④ 同②.

此外，中国煤炭资源存在明显的分布不平衡现象，主要表现为煤炭资源储量及煤种的区域分布不平衡。[①] 资源富集程度存在较大的区域差异，煤炭资源丰富且分布集中的大规模含煤盆地数量相对较少，表现为西多东少、北富南贫的自然分布格局。从煤炭资源省域分布来看，根据国家煤炭资源网数据，煤炭资源主要分布在山西、内蒙古、贵州、四川、河南等中西部边缘省区，经济发达、水资源富足、人口稠密的东部地区虽为煤炭消费的中心，但煤炭资源严重匮乏。就煤种区域分布来看，中国的动力煤资源主要分布在内蒙古、山西和新疆等省区。其中内蒙古动力煤资源最为丰富，约占全国总量的三分之一。炼焦煤则主要集中分布在山西、安徽和山东等省份。总之，中国煤炭资源总量相对丰富，但人均占有量水平较低，且资源分布不均；煤种齐全，但高品质煤种资源储量相对较少，特别是炼焦煤较为稀缺，且集中分布在中西部经济较不发达地区；此外，煤炭开采地质条件较为复杂，多元灾害时有发生，煤炭资源赋存丰度与地区经济发达程度呈现错位分布，中西部煤炭资源丰富，而生态脆弱、水资源短缺，东部地区经济发达、市场需求量大，但资源逐步枯竭，开采条件恶化，煤炭生产基地远离消费中心，资源地域分布不平衡加剧了煤炭运输及其有效供给的压力，也是发展经济的潜在制约因素。

（二）行业宏观生产能力

改革开放以来，中国煤炭产业得到了长足发展，随着各大煤矿的集中开发，煤炭资源在中国能源结构中的主体地位也就此形成，煤炭工业固定资产投资与煤炭产能同步急剧增长。21 世纪以来，中国煤炭资源整合与煤矿改造后陆续投产，并相继进入产能释放期，从而导致煤炭产量的迅速增加。2010 年后，煤炭行业和洗选业新增投入大幅度增加（见图 2）。自 2014 年后，受外部经济环境的冲击和国内能源行业结构性改革的影响，新增固定资产开始呈现缓慢下降的趋势，虽然总体新增固定资产投入仍然保持在较高水平。就煤炭产能的区域分布而言，中国煤炭产能布局与资源赋存格局基本保持一致，大型煤矿与主要产能输出地集中在中西部地区。东部地区生产基本维持稳定，资源开发已经接近临界值，产能增长的潜力不大；中西部地区煤炭产能持续增长，但仍受到人才资源薄弱、市场规模小、水资源缺乏与生态环境脆弱等多种因素限制。

此外，随着中国对煤炭产业开展资源整合工作，"抓大放小"、扶持适度规模的

---

① 滕吉文等. 我国煤炭需求、探查潜力与高效利用分析［J］. 地球物理学报，2016（12）.

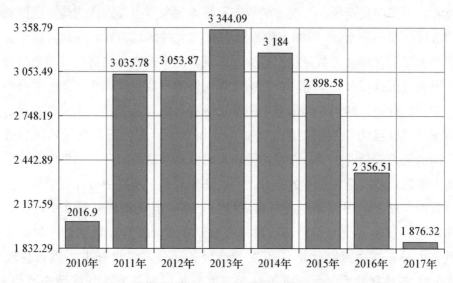

图2　2010—2017年煤炭开采和洗选业新增固定资产（亿元）①

中大型煤炭企业和关停并转小煤矿，政策效应已初见成果，整个煤炭产业集中度与生产效率已明显提高。② 据统计，2005年全国煤矿总数约有2.48万处，而"十一五"末，已经减少到1.5万处左右，煤矿产业集中度明显提高，由此带来的协同效应与规模效应极大地促进了煤炭总产能的增加，自2010年来，煤炭生产量始终保持在350亿万吨左右。同时，也促进了行业整体生产效率的提高，随着市场化越发成熟以及政策规制，地质条件差的矿井、开采历史长且包袱重的衰老矿井、安全事故频发的不安全矿井和经营不好成本高的困难矿井，被关闭、转让或淘汰出局，而据学者分析，经过筛选的大中型企业的全要素生产率和技术效率都要更高。③

　　中国目前煤炭生产开发的技术水平较低，不仅造成大量资源浪费，生态环境遭受破坏，产品附加值低，而且事故频发，导致大量人员伤亡，严重的甚至威胁社会经济秩序的安定。以安全生产技术为例，一些发达地区已经从单纯显现的岩层垮落、透水、瓦斯突出防治理论发展为岩层运移规律、矿井水超前探测、煤岩瓦斯动力灾害发生机理的研究，从木垛支护、自然排水、通风等传统防治技术发展为液压支架自动支护、锚杆锚索联合支护、疏堵结合排水、瓦斯预抽等现代防治技术的应用；再到目前的针对全矿井的煤矿应急通信、指挥决策系统的建立，

---

① 根据国家统计局数据整理.
② 李世祥等. 中国煤炭产业效率及其规制效应分析［J］. 中国人口·资源与环境，2015（11）.
③ 同②.

安全避险装备的研发等全方位的安全保障；后续还要继续研究灾区侦检探测可视化系统、应急救援模拟仿真与演练系统、灾区探测救援机器人等更为先进的安全保障技术。这些安全生产技术实现了从"被动安全"到"主动安全"的转变，从"事后救灾"逐渐转为"灾害预防"，使得煤矿生产的事故率和死亡率大幅下降。[①]而中国煤矿事故中每年的伤亡人数都远远高于发达国家，主要因为安全保障技术和投入的不足。

除此之外，煤炭行业生产开发还要考虑诸如生产安全、水资源与生态环境等影响因素。一方面，中国煤炭生产安全条件已经成为决定煤炭生产能力最重要的前提条件，成为煤炭科学产能的硬约束。当前，中国煤炭典型灾害治理难度较大，特别是地质条件复杂的西南地区，重大以上事故比较集中；由煤炭资源赋存所决定，煤炭资源丰富的矿区数量相对较少，且主要分布在水资源匮乏的中西部地区，例如晋陕蒙宁是煤炭的主产区，但该地区资源性缺水和工程性缺水并存，水资源利用程度相对较高，部分区域依靠外调水来满足发展需要；同时，中西部地区生态环境脆弱，长期的煤炭资源开发给当地造成严重的生态环境的破坏，从成都、西安等地会出现迟迟不散的雾霾天气就可见一斑。煤炭资源开采对矿区生态环境的影响可分为两类，一是短期的生态环境污染，例如工业固体废弃物、工业废水的排放等，这类影响是煤炭产能过剩的软约束，可以通过经济政策激励、管理与技术手段创新等方式加以解决；二是煤炭开采导致的地层结构破坏，主要表现为地表塌陷、地下水系统破坏等，这类影响所导致的生态退化在短期内往往无法恢复。在中国矿区，这些各种各样的破坏都有明显的踪影。

综合来看，中国煤炭生产的数量丰裕，供给充足，短期内市场供需相对宽松。同时，结构性产能过剩的现象也十分明显，如何化解产能过剩问题，改进生产技术，延伸煤炭产业链和产品附加值，是近年来煤炭行业一直探寻的问题。而整个行业生产开发的质量并不高，技术水平有待提高，受资源赋存与水资源、经济发展空间错位的影响，中国煤炭工业发展面临煤炭运输、生产安全、水资源与生态环境约束等多方面的严峻挑战，未来应充分考虑区域生态环境约束。为此，煤炭工业发展应以"转变方式、调整结构、控制总量"为指导思想，推动能源生产和利用方式变革，科学规划煤炭产能，走集约化发展道路。

（三）煤炭开发与利用的重要意义

"长期以来，煤炭作为中国的基础能源和重要的工业原料，有力地支撑着国民

---

① 谢和平等. 煤炭科学开采新理念与技术变革研究 [J]. 中国工程科学，2015 (9).

经济的发展，维系着国民经济的安全，为国民经济建设做出了卓越贡献。"① 中国经济的飞速发展与煤炭产业相互促进，甚至可以说"唇齿相依"，据谢和平等学者的量化分析，煤炭利用对 GDP 总量的贡献率约为 11％～14％。考虑资源禀赋与可获得性等方面的优势，煤炭一直作为主体能源为经济建设服务，不仅带动能源产业的大发展大生产，而且是最主要的消费产品，在未来 20～30 年间对主要矿产资源的消费需求仍然巨大。"中国对煤炭依存度高。以煤为主的能源结构短期内难以改变，煤炭仍将是中国的主要能源。现有能源资源的分布也决定了中国必须以煤炭为主体能源的消费结构。这表明，煤炭乃中国的支柱产业。"② 且从能源独立与安全的角度来讲，利用好本土资源具有不可替代的重要意义。随着中国能源整体对外依赖度不断上升，尤其是石油对外依存度从 21 世纪初的 32％暴增至 2018 年的 69.8％，进口 4.4 亿吨。③ 中国的主要原油进口地包括中东、拉美、非洲等动荡不安的地区，风险性较高，供应安全性很难保障，再加上国际市场上油价波动难以避免地影响国内市场，导致原油消费的脆弱性更加凸显，一旦出现问题，将严重损害全国正常的生产生活秩序。"而对于煤炭，则是一种安全的主体能源，至少在 21 世纪内不会出现危机。全球煤炭生产将保持常态增长，产量增至 92.6 亿吨。亚洲将长期保持全球煤炭主产区的地位，产量占全球的 60％左右。"④ 因此，煤炭仍是中国能源安全和经济安全的基础，在中国能源格局中具有不可替代的地位，正如《BP 世界能源统计年鉴 2015》表明的，煤炭在中国一次能源消费中的比重虽然有所下降，但仍然是能源消费的主要燃料来源，在未来 15～20 年不会发生趋势性改变。⑤ 在全球能源的竞争十分激烈的时候，中国必须更加坚定地立足于本土，在多元化利用世界能源的同时，根据煤炭产业的具体情况拟订方案，有的放矢，稳妥地推动改革，抓住目前转型机遇下的有利条件，实现从"量的繁荣"到"质的飞跃"的最终跨越。那些"谈煤色变"，对煤炭企业"喊打喊杀"、盲目否定的片面的做法不可取，当下固然要实现能源生产结构的优化升级，但考虑煤炭产业不可替代的重要地位，我们不能"把孩子和洗澡水一起泼掉"。

① 谢和平等. 煤炭对国民经济发展贡献的定量分析［J］. 中国能源，2012（4）.
② 滕吉文等. 我国煤炭需求、探查潜力与高效利用分析［J］. 地球物理学报，2016（12）.
③ 中国石油集团经济技术研究院. 2018 年国内外油气行业发展报告.
④ 同②.
⑤ 王彦军. 新形势下煤炭在中国能源格局中的地位研究［J］. 开发性金融研究，2015（4）.

二、煤炭资源生产与开发现状

（一）当前的发展方向与变化

煤炭行业转型升级、深入推进供给侧结构性改革的工作，阻力大、困难多、见效慢，有时候还要付出一定的代价、牺牲一部分主体的利益，因此很大程度上取决于各类参与方和有关主体的积极性、主动性。但是政府部门倾注了大量心血，不仅制定了具有工作指导价值的实施方案，在实施过程中予以关注，而且提供了与时俱进的建议。煤炭企业从管理理念上开始重视，银行等金融机构也积极配合，市场的大环境日益成熟。因而近年来，中国煤炭开发整体水平步入一个新的台阶，资源保障能力有所增强，西部资源探明储量前景看好；生产力水平随产业集中度的增强而提高；科技创新能力正在慢慢进步，综合开采技术取得突破性进展等。煤炭行业自身改革创新与发展进步主要表现在以下几方面：

煤炭行业发展理念转变。总结并吸取国内外煤炭经济的经验和教训，煤炭行业发展观念开始由"以量补价、无序竞争"向"合作协同共赢"转变，发展方式开始由规模速度粗放型向质量效益集约型转变，发展动力开始由要素投入拉动型向科技进步创新驱动型转变，传统的煤炭单一行业发展向产业链延伸与价值链延伸。

煤炭产业结构调整优化。行业发展理念的转变不可避免地推动煤炭产业结构升级。通过深化煤炭供给侧结构性改革，全国煤矿数量大幅减少，大型现代化煤矿已经成为全国煤炭生产的主体。全国煤炭数量由 2015 年底的 12 000 多处，减少到现在的不足 6 000 处，年产 120 万吨及以上的大型煤矿产量占全国的 80% 左右。在多年的不断探索中，煤炭企业以煤为主的产业结构也在不断优化，新产业、新业态、新模式不断创新发展，煤电、煤焦化、现代煤化工、低阶煤分级分质利用等产业链延伸发展，石墨烯、硅烷气、精细化工等新产品不断研发，医药健康、产销协同、新能源等新产业不断发展，煤炭企业形成了格局特色的转型发展模式。

科技创新驱动力增强。日新月异的科学技术推动煤炭产业发展，煤炭地质精细勘探技术为大型现代化煤矿建设提供了基础，大型化、自动化、智能化装备制造技术为智慧煤矿建设提供了可能的支撑，煤炭安全开采基础理论与关键技术不断突破，煤炭生产力总体水平大幅提升。此外，新技术的引用也提高了煤炭清洁高效利用水平，全国燃煤电厂超低排放和节能技术改造完成 8 亿多千瓦，煤粉型工业锅炉技术推广应用，让全国绝大部分的发电和散烧用煤实现了清洁高效利用现代煤化工技术与产业化发展，让煤炭实现了由燃料向原料的转变，煤炭利用方向、途径和范围进一步拓展。同时采煤沉陷区治理、矿区生态环保投入力度加大，矿区生态功能增强，传统矿区正在转变为生态宜居城市。

煤炭行业效益缓慢回升，企业经营好转。煤矿安全生产形势稳定，2018年全国煤矿百万吨死亡率首次下降到0.1以下。煤矿最大危险的隐患是人的不安全意识和行为，坚持"以人为本"，提高从业人员的安全生产意识和技能，既是煤矿安全生产的第一要求，也是从事煤矿安全培训工作者义不容辞的责任。因此煤炭相关企业也在逐步加强管理，保证安全生产主体责任能够落实到位，同时提升安全装备，加大安全投入，从而较为有效地防范安全事故。

（二）面临的挑战与潜在风险

综合分析中国经济社会、能源工业、科学技术发展趋势，中国宏观经济正处于由中高速发展向高质量发展的转型时期，外部环境会更复杂，不确定性和挑战会更多，从2019年旷日持久的贸易战中可见中美两国的博弈日趋激烈，今后相当长一段时间会成为转变发展方式、优化经济结构、转化增长动力的关键时期。而对于能源工业产业来说，也进入了深入贯彻落实"四个革命、一个合作"能源安全新战略思想的推进时期，从由传统能源资源开发促进经济发展向生态环境刚性约束、促进能源清洁高效利用转型的重要时期。中国煤炭行业正处于深化供给侧改革、推动需求侧变革的关键时期，处于向新模式、新业态、新产业、新产品创新发展的转型时期。中国科技发展正处于以第四次工业革命为统领，以大数据化、智能化、绿色化、信息化为发展方向，以5G、区块链技术为重点，加速腾飞、日新月异的创新发展时期。中国生态环境保护正在以"绿水青山就是金山银山"的新理念，改变着传统的资源开发、经济发展、环境治理发展模式，推动人与自然和谐发展和高质量发展，更加有力地推动大型煤炭基地开发利用模式的转变。

因此，煤炭产业作为中国的主要能源产业，对中国经济社会发展、能源安全与独立等有着深刻影响，在百年未有之大变局的背景中，更需要妥善应对各种潜在的挑战，包括行业自身发展不平衡、上下游产业改革不同步、开采区域生态破坏、煤炭企业税负严重以及缺少人力资源等诸多问题，具体表现为：

行业自身发展不平衡问题突出。由于中国煤炭资源赋存条件差异大，新老矿区开发时代不同，企业之间盈利水平、发展潜力、职工收入、产业布局等存在较大差别。与世界主要产煤国家相比，中国的产业集中度仍偏低，利用率较差，产能过剩问题严重，市场过度竞争、供需平衡很脆弱，维护行业平稳运行压力较大。而去产能、促转型亦非轻而易举，关闭煤矿职工安置压力大，国有企业整合地方小煤矿关闭退出难度大，法律风险高，煤炭企业负债率高、债转股难度大，经济风险大。

煤炭上下游产业市场化改革不同步，产业集中度不同、对市场化认识不同，煤炭行业长期被动应对市场变化，积极主动引导市场预期、有效应对市场供需变化的能力和措施还有较大不足。煤炭行业转型升级路径、模式还不清晰，尚未探索出一个行之有效的模板，相关政策措施支持不到位，多数非煤产业项目投资过于盲目、效益低的问题突出。

煤炭资源开发，煤矿建设、生产，煤炭清洁高效利用与矿业权、土地、草原、水资源、村庄搬迁等相关法律法规存在不衔接、不匹配的问题，既损害企业的合法权益和煤矿安全稳定生产，也给当地生态环境造成破坏，影响当地民众日常生活秩序。

煤炭企业税费负担重的问题突出。从煤炭开发、建设、生产、加工、运输、销售到利用的全过程，每个环节都有税和费，包括矿业权价款、资源权益金、资源税、环境税、增值税、铁路建设基金等，税费结构和税基不合理，综合税费水平居高不下。煤炭行业增值税实际税负为10%左右，高于全国工业平均增值税税负两倍多。

建设现代化煤炭经济体、实现高质量发展所需的高端人才和"知识型＋技能型"人才短缺，特别是建设智慧煤矿、企业信息化管理和大数据化管理、研发高端产品与发展高端产业都迫切需要高端人才。目前，煤炭行业不仅高端人才短缺，部分老矿区一线采掘工人不足的问题也很突出。[①]

（三）未来的转型方向

在煤炭生产的机械化水平方面，中国煤炭工业通过提高大中型煤矿采掘机械化程度、关停小煤矿、淘汰落后产能等措施，煤矿数量有所减少，生产机械化程度不断提高，这也是煤炭政策一直坚持的方向之一。尽管煤炭资源长期以来一直是国民经济和社会发展的重要基础性战略资源，总消费量极大，但在当前碳排放约束与能耗总量控制的目标下、在当前建设低碳经济过程中，中国承诺2020年单位GDP的CO_2排放量将比2005年减少40%～45%，这一形势下，提高机械化、自动化水平，淘汰传统的以破坏环境为代价的开发模式，限制粗放型经济对煤炭的不合理需求，是煤炭工业可持续发展的客观需要，也是深入推进供给侧结构性改革的必然要求。

---

① 王迪. 中国煤炭产能综合评价与调控政策研究［M］. 中国矿业大学出版社，2015.

在对清洁生产的认知中，长期以来煤炭行业粗放的发展模式，导致了"谈煤色变"的社会现象。但煤炭本身并不脏，只是当前的利用方式不够清洁。应该注意到，人们对于环保的意识本身就是建立在经济发展的基础上的，而煤炭正是此前推动经济发展的引擎之一。因此，我们决不能在发展过程中贸然抛掉经济的发动机、"把孩子和洗澡水一起泼掉"，而应该在全面考察、仔细分析的基础上用新思路去利用、用新技术去实现煤炭的清洁型发展。煤炭的清洁利用对于中国社会经济的持续、健康发展而言尤为重要，因此，应当对煤炭开采、运输、利用等各个环节的清洁性予以足够的重视，政府、企业、社会和消费者齐心协力，推进煤炭产业清洁生产循序渐进地展开。

在安全生产方面，由于地质、自然条件复杂，安全保障技术较落后，中国煤矿安全事故的发生频率和烈度远远高于发达国家。尽管随着对该问题的重视程度不断增加、相关政策规范文件相继出台以及煤炭开采企业的运作日渐完备有序，从煤炭事故死亡人数与百万吨死亡率两个指标来看，中国煤炭生产安全条件已经逐渐改善，但安全问题必须警钟长鸣，时刻重视，不放过任何可能的漏洞，尽最大的努力改善安全生产各方面的指标，这也是煤炭政策的核心之一。

在相关企业的生产经营方式转变中，要"改变之前粗放型的经营发展方式，更加注重内涵式发展和提高运营的质量与效益。实现由过去粗放式的投资型向效益型转变，煤矿由劳动密集型向信息化、数据化、自动化的技术密集型转变，要围绕提升劳动生产效率、降低成本、清洁产品、稳定安全和可持续发展的目标，大力推进智能矿山、智慧矿山建设，推行采掘生产自动化和安全高效，推进煤矿的生产经营管理集约化，分离煤矿生产辅助、生活服务，实行模块化、专业化和市场化的管理"[①]。

在需求侧方面，促进煤炭产业链延伸，融合区块链等数字技术，加速煤炭产业智能化发展，建设"互联网＋煤炭"，这也将是未来几年煤炭行业发展的新方向。企业要"充分认识买方市场的新特点，深入持续了解用户的新需求，超前把握客户需求，一方面培育和扩展国内外市场需求，通过创新营销模式开拓新的市场空间。另一方面要调整与转变煤炭用途，实现由燃料为主向燃料与原料并重方面转变"[②]，改变我国当前煤炭行业整体上发展粗放、产品附加值低的难题，在需求侧创造新的巨大动力。

---

① 牛克洪. 未来我国煤炭企业转型发展的新方略 [J]. 中国煤炭，2014（10）.
② 同①.

三、煤炭行业的政策导向梳理

（一）2019 年前煤炭行业主要政策回顾

1. 2016 年供给侧结构性改革启动

经过了将近三年半的行业经济形式低位运行后，在 2015 年中央经济工作会议上提出供给侧结构性改革的背景下，煤炭行业供给侧结构性改革的序幕在 2016 年正式拉开。2016 年 2 月 1 日，国务院印发《关于煤炭行业化解过剩产能实现脱困发展的意见》，这也是煤炭行业供给侧结构性改革的顶层设计。此后国家发展和改革委员会、财政部、环境保护部、国土资源部、国家安全生产监督管理总局以及中国银行业监督管理委员会等部委先后发布了 6 个专项政策以落实煤炭行业化解过剩产能。上述意见和政策出台后，各部委又印发了一系列具有针对性的文件，作为落实化解产能、减量生产、人员安置和债务处置的抓手。2016 年底，"十三五"期间能源和煤炭工业发展的指导文件《能源发展"十三五"规划》和《煤炭工业发展"十三五"规划》出台，随后推进能源革命的指导意见《能源生产和消费革命战略（2016—2030）》印发。此外，国家发展和改革委员会还于 4 月印发了《关于发展煤电联营的指导意见》，该意见指出要科学推进煤电联营，建立煤电长期战略合作机制，旨在通过推进煤电一体化，鼓励上下游协同发展。

2. 2017 年继续推进减量置换

经过 2016 年一年的供给侧结构性改革，煤炭行业经济运行形势反转，煤炭价格触底反弹，煤炭企业经营情况有所好转，煤炭行业从供需宽松逐渐转为供需紧张。为了加快落后产能退出，2017 年 4 月 17 日，国家发展和改革委员会等 23 部委印发《关于做好 2017 年钢铁煤炭行业化解过剩产能实现脱困发展工作的意见》。这是政府首次发布年度煤炭行业去产能实施方案，该文件对 2017 年煤炭行业供给侧结构性改革工作提出了明确的要求，提出 2017 年退出煤炭产能约 1.5 亿吨以上，晋陕蒙宁 4 地区 30 万吨/年以下（不含 30 万吨/年）、冀辽吉黑苏皖鲁豫甘青新 11 地区 15 万吨/年以下（不含（15 万吨/年），其他地区 9 万吨/年以下（含 9 万吨/年）的煤矿纳入 2017 年或 2018 年去产能范围的工作任务。

同时，为推进煤炭行业"调结构、促转型"，提高煤炭行业集中度，增加上下游协同性，促进行业健康可持续发展，2017 年 12 月，国家发展和改革委员会等 12 部委印发《关于进一步推进煤炭企业兼并重组转型升级的意见》，支持有条件的煤炭企业之间实施兼并重组，支持煤炭、电力企业通过实施兼并重组，鼓励煤炭与煤化工企业实施兼并重组，推进中央专业煤炭企业重组其他涉煤中央企业所属煤矿，实现专业煤炭企业做强做优做大。

2017年还是"煤炭保供"政策频发的一年。动力煤价格在"迎峰度夏"和"迎峰度冬"两个消费旺季再次上涨至高位，为此国家发展和改革委员会等部委先后发布多项政策，促使动力煤价格回到"合理区间"。除了控制煤炭价格之外，针对长期以来煤化工投资的乱象，国家能源局、国家发展和改革委员会、工业和信息化部先后发布了《煤炭深加工产业示范"十三五"规划》和《现代煤化工产业创新发展布局方案》，为今后一段时间的现代煤化工发展提出发展方向和任务。

3. 2018年继续深化改革

继2017年发布首份煤炭行业去产能实施方案之后，2018年煤炭行业去产能延续了这一传统。2018年去产能实施方案提出化解煤炭过剩产能1.5亿吨左右，确保8亿吨煤炭去产能目标三年内实现的工作任务。针对煤炭行业去产能的过程中国有资产损失处置存在的问题，财政部和国务院国有资产监督管理委员会联合印发了《关于钢铁煤炭行业化解过剩产能国有资产处置损失有关财务处理问题的通知》，对去产能企业确认和处理去产能过程中发生的资产损失合理入账。为了降低煤炭价格波动，推动动力煤价格回到绿色区间，国家发展和改革委员会针对几种鼓励情况出台政策提高了指标折算比例，对自然保护区、风景名胜区、水源保护区等地区的煤矿和灾害严重煤矿以及煤电联营的矿区等多种情况加以支持。

（二）2019年度政策总结

在已取得的能源行业改革成果的基础上，继续推动供给侧结构性改革，加快建设能源网络，推进能源革命是2019年煤炭行业的政策导向。

1. 深入推进供给侧结构性改革

2019年3月8日，国家发展和改革委员会、国家能源局发布《关于深入推进供给侧结构性改革进一步淘汰煤电落后产能促进煤电行业优化升级的意见》，提出了七类需要淘汰关停的煤电项目。同时，提出等容量替代原则的思路，即新增煤电总规模应该小于等于关停的总规模。随后，国家发展和改革委员会、工业和信息化部、国家能源局联合发布《关于做好2019年度重点领域化解过剩产能工作的通知》。其中《2019年煤电化解过剩产能工作要点》提出，2019年目标任务是淘汰关停不达标的落后煤电机组，依法依规清理整顿违规建设煤电项目。

2019 年 8 月 28 日，国家发展和改革委员会、财政部、自然资源部、生态环境部、国家能源局、国家煤矿安全监察局联合印发了《30 万吨/年以下煤矿分类处置工作方案》，提出对 30 万吨/年以下煤矿进行分类处置，加快退出低效无效产能，提升安全生产保障水平，促进煤炭行业高质量发展。提出通过三年时间，力争到 2021 年底全国 30 万吨/年以下煤矿数量减少至 800 处以内，华北、西北地区（不含南疆）30 万吨/年以下煤矿基本退出，其他地区 30 万吨/年以下煤矿数量原则上比 2018 年底减少 50％以上，为未来几年煤炭行业深入去产能制定了规划。

在国家对煤炭供给侧结构性改革的指导下，各省政府也结合自身情况推出改革方案。例如山西省政府办公厅印发《关于推进全省煤炭洗选行业产业升级实现规范发展的意见》，提出今后山西原则上不再新建社会独立洗选煤企业，逐步淘汰落后过剩洗选产能，提高清洁煤炭供给保障水平。

但改革短期内无法一蹴而就，在政策落实过程中会存在多种难题待克服，需要具体情况具体分析，各地发挥主动性，因地制宜，灵活调整。具体来说，2016 年以来，煤炭行业起稳回升、稳中向好，自身存在的结构性矛盾在某种程度上有可能被掩盖，行业转型升级的意愿不强，深化改革、化解过剩产能、行业脱困、优化结构、转型升级的压力仍然艰巨；不同地区的转型升级难度差异很大，例如老工业基地面临资源枯竭、管理体制和观念落后及社会包袱重等问题，在这些地区，煤企必须转型，这也是企业生存的需要；社会负担重也在一定程度上影响了煤炭行业的转型升级——人员安置、安置资金、企业办社会功能转移等诸多难题仍是阻碍煤炭转型进度的因素；煤矿大部分资产都投入井下巷道，矿井一旦关闭退出，巷道关闭且基本无法回收，其资产难以通过市场化手段进行处置成为普遍现象……可以说，推进煤炭行业供给侧结构性改革相当于重塑煤炭行业，不仅会影响煤炭开发，整个上中下游产业链都需要深入配合调整。

2. 加快建设能源网络，推进能源革命

推进能源产业的智能化、数据化，与最新科技成果融合，在新一波科技革命的浪潮中抢占高地也是改革的重要部分。在 2019 年 5 月 29 日召开的中央全面深化改革委员会第八次会议上，作为国内煤炭主产区和能源基地的山西省，正式成为全国首个能源革命综合改革试点。2019 年 9 月 16 日山西省召开全省能源革命综合改革试点动员部署大会，力图通过综合改革试点，努力在提高能源供给体系质量效益、构建清洁低碳用能模式、推进能源科技创新、深化能源体制改革、扩大能源对外合作等方面取得突破，争当全国能源革命排头兵。

此外，在 2019 夏季全国煤炭交易会上，中国煤炭贸易区块链标准与检测工作小组正式宣布成立，标志着区块链技术的应用研究正式与煤炭贸易市场相对接，将有力促进煤炭产业与金融、技术的高度融合，加快煤炭贸易智慧供应链的成型。同时，为深化供给侧结构性改革，保障能源安全稳定供应，中国将大力推进煤炭产供储销体系建设。

同样地，省域层面也积极构建智能煤炭网络。2019 年 11 月 25 日，山东省出台《山东省煤矿智能化建设实施方案》，方案自 2020 年 1 月 8 日起施行，有效期至 2025 年 1 月 7 日，旨在融合先进技术推进山东煤矿智能化发展。

除此之外，随着当前区块链等数字技术的应用领域不断扩展，可以预见未来"互联网＋"也将与煤炭行业深入融合，建设和完善能源互联网、煤炭互联网是今后煤炭行业发展的方向之一。例如：2019 中国国际清洁能源博览会暨中国智慧能源产业峰会（CEEC2019）就以"清洁能源融合发展"为主题，聚焦清洁能源科技成果、清洁替代、电能替代。国务院国有资产监督管理委员会办公厅副主任范建林指出，2019 年国务院国有资产监督管理委员会联合工业和信息化部、国家能源局等有关部委共同支持建设网络安全及能源智慧信息平台。此外，为了进一步加强能源产业融合，中能融合智慧科技有限公司以及中国智慧能源产业联盟也应运而生。这一平台的建设是国务院国有资产监督管理委员会推动能源企业加快"互联网＋"应用及解决能源行业网络信息安全问题，促进能源行业高质量发展的重要举措，在推进能源领域数字化、信息化升级方面具有十分重要的意义。这一系列举措都表明，建设能源网络、构建安全高效的能源体系是中国煤炭产业可持续发展的必然要求，对保障中国能源安全与生产秩序平稳运行具有长期不可小觑的意义。

3. 继续强调安全开采与生态防护

在 2019 年初，国家煤矿安全监察局办公室发布通知要求全国采深超千米的冲击地压煤矿和煤与瓦斯突出煤矿立即停产进行安全论证，当地有关部门提出限产、停产、关闭等处置措施，以切实防控煤矿重大安全风险，有效防范遏制重特大事故。

考虑到煤矿冲击地压事故频发，特别是山东能源龙矿集团龙郓煤业有限公司"10·20"事故损失惨重、教训深刻，党中央、国务院高度重视煤矿冲击地压防治工作，多次做出重要批示，要求切实落实安全生产责任制，深入研究冲击地压灾害源头治理措施，加快灾害隐患突出矿井淘汰关闭。为深入贯彻落实党中央、国务院重要批示精神，有效遏制煤矿冲击地压事故，国家发展和改革委员会等部委于 2019 年 5 月 6 日印发《关于加强煤矿冲击地压源头治理的通知》，要求高度重视煤矿冲击地压防治工作，准确把握冲击地压源头治理总体要求，严格落实安全生产责任制。相应地，山东省政府办公厅于 7 月 16 日印发《山东省煤矿冲击地压防治办法》，这是全国煤矿首部冲击地压防治的地方法规。除了对煤矿冲击地压造成的危险进行预防和治理，对于煤炭行业其他潜在的风险，中央和地方政府也在不断补充相应政策加以管理。例如：山西省政府从对矿工人员的管理入手，山西省煤矿安全监察局、山西省应急管理厅和山西省总工会联合印发《山西省煤矿班组安全建设规定》，进一步加强煤矿班组安全建设工作，充分发挥煤矿班组安全生产第一道防线的作用，提高煤矿现场管理水平，促进全省煤矿安全生产形势持续稳定好转。这也为其他省份提高煤矿开采的安全性、加强对开采人员的管理提供了借鉴意义。

除了重视煤矿开采的安全性外，绿色清洁开采也是另一个核心方面。自然资源部办公厅于 2019 年 6 月布《关于做好 2019 年度绿色矿山遴选工作的通知》，推动矿业绿色发展，加快绿色矿山建设。该通知进一步提高煤炭行业对环保的重视，增强人们建设绿色矿山、保护自然环境的意识和积极性。毋庸置疑，先进技术的应用也将大大提高清洁性和环保性。例如：宁夏推出了《全区燃煤自备火电机组超低排放改造计划方案》，计划到 2020 年底前，对 9 家企业燃煤自备电厂 25 个火电机组进行超低排放改造，旨在提高全区燃煤自备火电机组超低排放能力和水平，确保坚决打赢蓝天保卫战，有效改善全区环境空气质量。

为了进一步保障安全性和环保性，煤矿行业的行政管理体系不断完善，行政问责和执法问题的重要性多次强调。2019 年 5 月 10 日，国家煤矿安全监察局印发《全面推行行政执法公示制度执法全过程记录制度重大执法决定法制审核制度实施办法（试行）》，全面推行行政执法公示制度、执法全过程记录制度和重大执法决定法制审核制度，促进严格规范公正文明执法。2019 年 7 月 6 日，国家煤矿安全监察局又印发《关于煤矿企业安全生产主体责任监管监察的指导意见》，进一步提升企业安全管理能力和水平，坚决防范和遏制煤矿重特大事故。此外，在 2019 年 12 月 6 日，国家煤矿安全监察局再次印发《煤矿整体托管安全管理办法（试行）》，以有效防范和遏制煤矿重特大事故，规范煤矿托管管理工作，切实加强托管煤矿安全监督监察。同时，为了配合煤炭行业全面升级，国家煤矿安全监察局于 2019 年 11 月 28 日批准发布 33 项煤炭行业标准，对一系列技术和装置提出了具体要求。

总之，煤矿的安全开采和矿区的环保问题始终是煤炭行业重要问题之一。党的十八大提出"五位一体"的总体布局，从经济建设、政治建设、文化建设、社会建设、生态文明建设五个方面制定了新时代的战略目标。近年来，"绿水青山就是金山银山"的理念也愈发强化，环保意识的提高关系到经济社会生活的方方面面，煤炭作为经济的动力之一自然也不例外。据预测，全球煤炭消费目前尚处转型上升通道，煤炭消费峰值大概在 2040 年才能出现，而煤炭作为中国主要能源的地位和作用难以改变，开发西部煤炭是保障国家能源安全的重大需求，西部煤炭开发和生态环境保护矛盾尖锐，未来几年对煤炭清洁性的重视应该不会改变。换言之，煤炭是支持中国经济的动力之一，这是由中国自然资源禀赋和国内外能源和经济发展形势所共同导致的，并且短时间不会被新能源所替代；但同时由于中国煤炭资源自然分布与经济较发达地区的错位，西部煤炭丰富省份经济相对落后且生态环境脆弱，这要求煤炭行业要通过理念创新、技术进步、设备升级等提高煤炭的清洁性和开采的安全性。

随着政策效应逐渐发挥出来，新一轮数字化、信息化科技革命的溢出作用，人民的能源消费观念逐渐转变，且中国能源格局也进入深入调整期，2019年煤炭开发布局得到了进一步优化，产业结构调整、转型升级步伐加快，煤矿自主创新能力显著增强，矿区生态文明建设取得积极进展，市场化改革稳步推进，安全生产形势明显好转。但是，在煤炭行业改革发展的过程中还面临许多深层次的、不可掉以轻心的矛盾和问题——全国总体煤炭产能相对过剩的态势没有改变，市场供需平衡的基础还比较脆弱，行业发展不平衡不充分的问题突出，生产力水平有待提升，去产能和"三供一业"分离移交难、人才流失与采掘一线招工接替等问题仍然突出，煤炭行业改革发展依然任重道远。

贸易战背景下的中美能源合作

赵 莉 苏 畅

【摘要】近年来，中美能源合作日益成为双边经贸关系中的重要方面。自特朗普政府执政以来，中美能源合作出现诸多变局。从能源合作现状来看，双方能源合作互补性进一步增强，合作领域开始从清洁能源向传统化石能源倾斜，合作方式则仍以能源贸易与能源投资为主。2018 年中美贸易战爆发，中美采取多轮关税互征措施，所涉产品波及能源领域，对中美能源合作产生了复杂影响。一方面，针对能源及相关产品征税被当作双方贸易制裁的关键"杀手锏"，在一定程度上对两国能源贸易投资造成了冲击；另一方面，深化能源合作，尤其是中国增加美国能源进口，也有望成为缓解双方贸易争端的重要途径。然而，仅从能源贸易层次扩大合作还不足够，未来中美能源合作存在广阔空间，双方可以继续开拓页岩油气开发与技术合作、洁净煤技术合作等领域。

随着页岩油气革命的成功突破，美国在近年来迈入了一个油气生产全盛的"能源新时代"。而大洋彼岸的中国，在经济持续高速增长的同时，其能源需求也在不断上升。中美双方能源国家属性的变化，使得推动中美能源合作成为两国的共识。然而，2018 年以来不断升级的中美经贸摩擦给两国目前的能源合作蒙上了一层阴影，在带来诸多不确定性的同时提供了更大的机遇空间。

一、特朗普时期中美能源合作的现状

(一) 中美能源合作互补性进一步增强

随着以页岩油和页岩气为代表的能源技术革命取得成功，美国日益成为能源生产大国，乃至能源净出口国。根据美国能源信息署（EIA），2009 年美国取代俄罗斯成为世界最大天然气生产国，2017 年美国超过沙特成为世界最大石油生产国。根据国际能源署（IEA）发布的《世界能源展望 2018》报告，页岩革命将继续撼动全球油气市场，预计至 2025 年，全球近 1/5 的石油和 1/4 的天然气将产自美国，至 2040 年美国将贡献全球油气生产增量的 75％和 40％。[1] 据 EIA 预测，由于美国原油、天然气等产量的增加以及国内能源消费的缓慢增长，预计到 2020 年美国将成为能源净出口国，并将持续到 2050 年。这样一来，美国将兼具能源消费国和能源生产国双重属性，随着美国日益实现能源独立[2]，美国对国际能源市场的影响也将日益增强。2000—2017 年美国原油和天然气出口量见图 1。

图 1　2000—2017 年美国原油和天然气出口量

数据来源：王震，侯萌. 中美经贸摩擦对双边能源合作的影响［J］. 国际石油经济，2018（10）：2.

与此同时，伴随着经济规模的不断增长以及能源需求的日益转型，中国已经成为世界主要的能源消费大国和能源进口大国。中国虽然煤炭资源丰富，但相对贫油少气，在不断优化能源结构的总体政策趋势下，中国对石油、天然气的需求日益增长，而这种需求缺口则主要依靠进口来弥补。中国继 2017 年超过美国成为全球第一大原油进口国之后，又在 2018 年超过日本成为全球第一大天然气进口国。近十年来，中国原油和天然气的对外依存度逐步上升，在 2017 年更是突破历史新高，分别达到 69％和 39％（见图 2 和图 3），照目前来看，这种趋势还将继续延续一段

---

① 富景筠. 页岩革命与美国的能源新权力［J］. 东北亚论坛，2019（02）：113–126.

② U. S. Energy Information Administration. Annual energy outlook 2019. https://www.eia.gov/pressroom/presentations/capuano_01242019.pdf.

时间。据预测，2035 年中国原油和天然气对外依存度分别将达到 70％和 50％左右。[①] 由此可见，目前中国依赖国际市场能源供应的现状在相当长时期内仍无法改变。

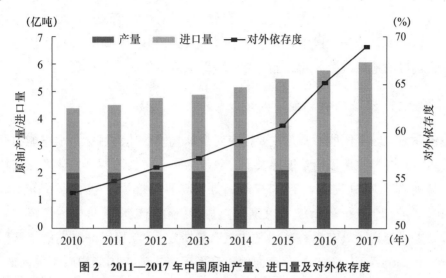

图 2 　2011—2017 年中国原油产量、进口量及对外依存度

数据来源：程蕾. 新时代中国能源安全分析及政策建议［J］. 中国能源，2018（2）：12.

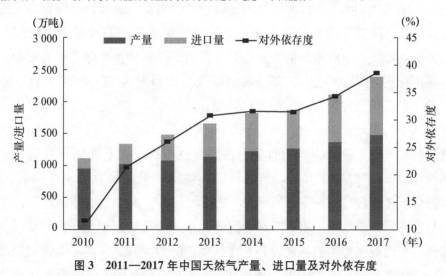

图 3 　2011—2017 年中国天然气产量、进口量及对外依存度

数据来源：程蕾. 新时代中国能源安全分析及政策建议［J］. 中国能源，2018（2）：12.

　　基于上述中美两国能源基本现状，双方的能源国家属性已经从过去均为能源消费大国，部分地转变为能源消费大国和能源供应大国的关系，这意味着自 2017 年

---

　　① 吴凡，桑百川，谢文秀. 贸易摩擦视角下的中美两国能源合作现状、空间及策略［J］. 亚太经济，2018（06）：56.

以来,中美在能源供需方面的互补性进一步增强,合作而非冲突成为双方能源关系相当一段时期内的根本基调。对于美国而言,中国具有巨大且增长强劲的能源消费需求,无疑是一个重要的目标市场,有助于美国输出日益增长的能源产能,同时缩小对外贸易逆差,对内创造就业、带动经济增长;对中国而言,增加从美国的能源进口,可以帮助降低能源成本,并推动油气进口渠道多元化,以此提升能源议价优势,而且美国的地缘政治风险较低,有助于保证能源供应安全稳定。

(二)能源合作领域从清洁能源向传统化石能源倾斜

奥巴马时期,美国能源政策主要以应对全球气候变化为目标,中美能源合作领域的重点也相应地主要以清洁能源及能源效率为主,包括共同开发洁净煤与核电技术等。特朗普政府执政后,于 2017 年 1 月 20 日公布了"美国优先能源计划"(America First Energy Plan),旨在通过重振传统化石能源促进国内经济发展和提升就业,并且退出了具有里程碑意义的《巴黎协定》,与奥巴马时期的"气候行动计划"(Climate Action Plan)背道而驰,这不仅标志着美国能源政策导向的转变,而且也进一步增加了中美在传统化石能源领域的合作契机。

作为一项国内能源产业政策,特朗普政府"美国优先能源计划"旨在优先发展石油、天然气、煤炭等传统能源行业,而相对忽视了新能源及可再生能源行业发展。一方面,特朗普政府采取措施放松对化石能源开发和生产的监管与限制,不仅要求重新审查甚至废除奥巴马时期颁布的涉及石油和天然气行业的所有法律法规,例如推翻了奥巴马政府针对近海油气产区的开发禁令等,而且放宽了对煤炭开采与使用的管制,为煤炭行业一直以来受到的环保约束"松绑",例如不再要求新建煤电厂捕获碳排放等。此外,特朗普政府还在财政方面对化石能源行业给予大量支持,例如在 2020 年财年预算中,能源部和环境保护署的预算分别被削减 11% 和 31%,但化石能源研究办公室预算增加 12%。[①] 另一方面,在新能源及可再生能源领域,与奥巴马政府致力于引领全球新能源技术的政策目标相比,特朗普政府除了在核能开发方面展示得比较积极以外,在其他新能源尤其是风能、太阳能等可再生能源方面总体上缩减了支持力度,例如在 2020 年联邦预算中将能源部能源效率和可再生能源办公室的经费削减了 87%,还取消了国防部高级研究规划署有关尖端能源研发的孵化器项目。[②]

随着特朗普能源新政的实施,美国可再生能源行业的发展势头受到一定遏制,

---

① 周琪,付随鑫. 特朗普政府能源政策效果评估及前景预期 [J]. 国际石油经济,2019 (10):2.
② 周琪,付随鑫. 特朗普政府能源政策效果评估及前景预期 [J]. 国际石油经济,2019 (10):4.

而石油、天然气、煤炭等传统能源则拥有逐渐趋于宽松的发展环境。由于国内政策的外溢效果，美国国内能源政策的调整势必对其国际能源合作产生一定影响。因此，奥巴马时期中美两国在携手应对气候变化及共同开发可再生能源这一领域的合作一定程度上受到削弱。在中国能源消费结构仍以传统化石能源为主力的客观现实下，特朗普能源新政会进一步推动中美能源合作领域逐步向传统化石能源领域倾斜。

（三）能源合作方式以能源贸易与能源投资为主

随着近些年来中美油气贸易不断增长，以油气为主的能源贸易成为中美能源合作的首要方式，而且未来具有广阔的合作空间。从美国油气出口来看，根据 EIA 数据，2017 年美国向中国出口的 LNG 总量占美国 LNG 出口总量的 14.6%，中国成为仅次于墨西哥和韩国的美国第三大 LNG 出口目的国；除了 LNG 以外，中国也是美国原油的重要海外市场，2017 年美国对中国出口的原油量占美国原油出口总量的 19.1%，中国成为仅次于加拿大的美国第二大原油出口目的国。从中国油气进口来看，根据中国国家统计局的数据，2017 年中国从美国进口原油 765.4 万吨，仅占中国进口原油总量的 1.8%，从美国进口 LNG 总量 138 万吨，只占中国进口 LNG 总量的 4%。尽管目前从美国进口的能源占中国能源总进口份额不高，尤其是美国在中国原油进口来源国中仅排第 14 位，但是由于来自美国的油气对于中国分散进口渠道、提升能源安全而言具有重要意义，未来两国能源贸易增长空间巨大。此外，特朗普政府的国际能源政策客观上也为促进两国能源贸易长足发展提供机遇，例如历史性地改变美国历来对能源出口所施加的严苛限制与管控，着力推动美国能源出口。[①]

中国企业针对美国能源基础设施建设的投资及并购则是双方能源合作的又一重要方式，包括油气上游开采、运输及冶炼等领域。尽管特朗普政府旨在扩大油气出口，但这一目标严重受制于美国国内滞后的能源基础设施建设，包括 LNG 出口终端、油气管道等。由于美国政府债务负担较重，且大萧条以来，一直未有大规模的基础设施建设，美国国内基建队伍、建设能力、专业化水平均难以胜任；中国基础设施建设的经验能力、技术水平、专业队伍、设备制造能力领先全球，可以弥补美国基建能力的不足。[②] 特朗普上任后大力推动油气管道、LNG 处理站、存储站等能源基础设施的建设，不仅迅速批准重启了奥巴马时期被搁置的"拱心石"和达科他

① 李巍，宋亦明. 特朗普政府的能源与气候政策及其影响 [J]. 现代国际关系，2017（11）：34.
② 梅冠群. 当前中美能源领域的博弈与合作 [J]. 国际经济合作，2018（09）：50.

输油管线建设项目，还要求尽快大规模地修缮和扩建美国的油气管道网络。[①] 这为中国参与美国能源基础设施建设提供了契机。2017年11月特朗普访华期间，中美两国企业在两场签约仪式上共签署总金额为2 535亿美元的经贸合作协议，其中能源合作项目的金额达到1 700亿美元以上，大部分涉及美国油气开发建设。例如由中国银行牵头的价值430亿美元的中美联合开发阿拉斯加LNG项目，该项目将建设由北坡气田供应到阿拉斯加湾尼基斯基（Nikiski）港的长输管线，以及2 000万吨/年的液化厂等设施，再如中国国家能源投资集团有限责任公司在西弗吉尼亚的页岩气开发项目，拟投资837亿美元。

二、中美贸易战与两国能源合作变局

从2017年8月美国正式对中国发起"301调查"，到2018年3月美国对进口中国钢铁征加关税，中美贸易摩擦初见端倪。2018年7月，美国对第一批价值340亿美元中国商品加征关税措施开始生效，中美贸易战正式爆发。其后，双方进行多轮交锋，先后实施了多轮互征关税措施。特朗普政府对华发动贸易战有多种诉求，一是以减少贸易逆差、进一步打开中国市场为核心的经济诉求，二是以赢取和巩固国内支持为核心的政治诉求，三是以防止技术扩散、遏制中国经济崛起为核心的战略诉求。而能源领域作为经济、政治、战略的交汇点之一，势必遭受波及，从而引起两国能源合作的变局。总体而言，贸易战对双方能源合作的影响存在两面性，一方面针对能源及相关产品征税被当作双方贸易制裁的"杀手锏"之一，从而在一定程度上对两国能源贸易投资造成了冲击，另一方面，深化能源合作也被视为中美贸易谈判的重点领域之一，尤其是中国增加美国能源进口，有望成为削减美国贸易逆差和实现合作共赢的重要方式，从而成为改善中美经贸关系的"润滑剂"。

（一）中美贸易摩擦波及能源领域

2018年7月6日，美国打响贸易战第一枪，中国随即采取同等规模反制措施，此后一年多以来，尽管双方围绕经贸冲突进行了多轮贸易磋商，但是大多无果而终，与此同时，中美贸易摩擦愈演愈烈，双方互征关税措施不断升级，所涵盖产品的金额及范围也日益扩大，能源领域也遭受波及。

2018年伊始，中美在经贸领域就摩擦不断。1月23日，美国宣布将对进口太

---

① 李巍，宋亦明. 特朗普政府的能源与气候政策及其影响 [J]. 现代国际关系，2017（11）：33.

阳能电池和太阳能板以及大型家用洗衣机征收临时性关税。3 月 23 日，特朗普正式签署公告，决定于当日起，采取"232 措施"对进口钢铁和铝商品分别加征 25％、10％的关税。作为反制，中国国务院关税税则委员会决定自 2018 年 4 月 2 日起，对原产于美国的 7 类 128 项、约 30 亿美元自美进口商品中止关税减让义务，在现行适用关税税率基础上加征关税，其中对鲜水果、干果等 120 项拟加征 15％关税，对猪肉、回收铝等 8 项拟加征 25％关税。就能源领域而言，中国相应对原产于美国的钻探石油及天然气用的各种型号的钻管、导管及加工设备等加征 15％的关税。

在第一轮正式关税交锋中，美国政府于 2018 年 6 月 15 日发布关税清单，拟对总额约 500 亿美元中国商品加征 25％关税，其中针对约 340 亿美元商品的关税措施自 7 月 6 日起生效，同时就约 160 亿美元商品加征关税措施开始征求公众意见。6 月 16 日，中国国务院关税税则委员会宣布，也将对约 500 亿美元美国商品加征 25％的关税，其中约 340 亿美元商品自 7 月 6 日起实施加征关税，其余约 160 亿美元商品加征关税的实施时间另行公布。在此轮交战中，中美两国征税清单均涉及石油、天然气和化工产品，范围涉及整个石油石化产业链，能源领域成为中美贸易摩擦的主战场之一。① 美国公布的对华产品加税清单中，涉及润滑油及其添加剂、聚乙烯、聚丙烯、聚酰胺等 150 余项石化产品，而在中国对美的 500 亿美元反制清单中，则涉及煤炭、原油、石脑油、聚乙烯等 100 余项化工产品。

在第二轮交锋中，美国贸易代表办公室于 2018 年 8 月 23 日正式公布对 160 亿美元中国商品加征 25％关税的清单，新的关税措施 8 月 23 日正式生效。中国立即予以同等回击。8 月 8 日中国国务院关税税则委员会宣布，自 8 月 23 日起对约 160 亿美元美国商品加征 25％关税。相较于 6 月 16 日的旧清单，新的反制清单更为分散，所涉商品除了增加了多项汽车商品及贱金属商品等外，并在剔除原油基础上，保留了汽油、柴油、气态天然气等多项能源商品。随后，美国对价值 2 000 亿美元中国商品加征关税措施将中美贸易战带入第三轮交锋。2018 年 9 月 24 日，美国对 2 000 亿美元中国商品加征 10％关税举措付诸实施，同日，中国也开始对美国约 600 亿美元商品分 25％、20％、10％和 5％四档加征关税，值得注意的是，在这轮反击中，中国首次将美国液化天然气也列入拟征收 25％关税的商品清单中。

随着贸易摩擦的不断升级，双方开展多轮贸易磋商却都止步不前，在 2019 年 5

---

① 王震，侯萌. 中美经贸摩擦对双边能源合作的影响 [J]. 国际石油经济，2018 (10)：4.

月初第十一轮中美经贸高级别磋商陷入僵局的背景下，2019年6月29日中国国家主席习近平同美国总统特朗普在日本大阪G20峰会上举行会晤，双方同意重启两国经贸磋商，大阪会晤则为日益紧张的双边关系"降温"，使双方重新回到寻求贸易协议的轨道上来。2020年1月15日，在历经23个月、多达13轮高级别经贸磋商之后，中美双方终于在华盛顿签署中美第一阶段经贸协议。至此，中美贸易摩擦实现阶段性"止战"，朝着最终解决问题的方向迈出切实一步。在这个过程中，无论是"战"是"和"，能源领域都发挥着重要而关键的作用。

（二）贸易摩擦对能源合作形成冲击

在中美两国剑拔弩张的局势之下，对能源及相关产品加征关税成为双方在贸易战中的"杀手锏"之一。不管是在传统能源领域还是在新能源及可再生能源领域，此举都将在一定程度上对两国能源贸易投资造成冲击。

首先，在油气贸易方面。在贸易摩擦的冲击下，许多中国企业大幅减少甚至停止了对美国油气的采购。2018年8月至9月，中国暂停了从美国进口原油，9月中国暂停了从美国进口天然气。[①] 这客观上导致了中美油气贸易量的轻微下滑，根据EIA数据，中国从美国进口原油及石油产品数量从2017年的16 319.3万桶下降至2018年的13 663.2万桶，而中国从美国进口液态天然气数量的降幅相对更大，从2017年的5 341.9万桶下降至2018年的2 928万桶。[②] 因为美国油气在中国进口来源中所占份额不大，中国的加征关税措施，从短期来看对中国企业油气成本影响不大。从长期来看，由于中国作为买方在美国油气出口中占有重要地位，中国对其征税会给美国能源生产商带来较大打击。未来十年，中国将成为全球最大的LNG进口国，而美国的一些供应商也在积极寻求与中国企业签订LNG长期合同。受此轮贸易摩擦影响，中国买家与美国企业迅速达成LNG长期合同势必将面临更大的障碍。

其次，在油气基础设施建设与投资方面。由于油气产品生产链上，管道、钻机和加工设备等都严重依赖钢铁，受对华钢铁产品加征关税的影响，美国油气基础设施的建设成本将有所提高。并且根据中方所列清单，中国对原产于美国的钻探石油及天然气用的各种型号的套管、导管、钻管及无缝钢管，中止关税减让义务并加征

① 王永中，周伊敏. 中美油气贸易投资的状况、潜力与挑战 [J]. 国际经济评论，2019（03）：113.

② U. S. Energy Information Administration. Total crude oil and products exports by destination. https://www.eia.gov/dnav/pet/pet_move_expc_a_EP00_EEX_mbbl_a.htm.；U. S. Energy Information Administration. Natural gas liquids exports by destination. https://www.eia.gov/dnav/pet/pet_move_expc_a_EPL2_EEX_mbbl_a.htm.

15％的关税，这将提高美国油气勘探开采设备出口至中国的价格，影响美国油气设备制造业在中国的业务发展，也会在一定程度上提高中国油气企业采购油气勘探开发设备的成本。同时，中国对美油气基础设施投资也将受影响。2018 年，美国通过立法加强了外商投资国家安全审查，增大了中国对美国能源投资的难度与风险，从而可能打击中国企业在美进行油气投资的积极性。2018 年 8 月 13 日，美国《外国投资风险评估现代化法案》（FIRRMA）正式由特朗普签署生效，该法案包含针对美国外资审查机制的诸多重大改革，核心是增强了美国外资投资委员会（CFI-US）的权能，使其可以对外商投资施加更加严格的审查限制。由于能源行业属于美国国家战略性行业，事关国家安全，能源基础设施也属于关键性基础设施，因此与此相关的外资项目的审查预期将大大增加投资者的时间和金钱成本，甚至极有可能遭到 CFIUS 的否决。无论 CFIUS 是否会对外国能源投资施加实质性限制，该项立法改革都将对旨在赴美投资的中国企业造成较大的心理冲击。

再次，在石化产品方面。对中国而言，由于其对美的征税清单中包括聚乙烯、丙烷等石油化工产品，中国这些产品的进口及相关市场可能受到一定影响。在对产自美国的聚乙烯加征关税后，中国必然会减少相应的进口量，短期内对中国聚乙烯市场带来一定影响在所难免。但从长期看，全球聚乙烯产能快速扩张，中东的聚乙烯资源充足，中国可以找到替代美国聚乙烯的进口源。[①] 而对丙烷加征关税则将对中国的液化石油气市场造成冲击，美国是中国重要的丙烷进口来源国，高关税将导致中国的丙烷进口成本大幅提高。对美国而言，关税战将对其乙烯和甲醇等产品的出口产生突出的负面影响。对于大多数石化产品而言，美国产品在中国进口产品中所占份额相对较小，但美国一些产品出口至中国的数量占总出口量的比重却相当可观。例如：2018 年美国出口至中国的乙烯量占美国乙烯总出口量的 35％。此外，中国被认为是美国潜在的巨大甲醇出口市场，受中美贸易摩擦影响，严重依赖中国市场的美国公司会推迟投资决策或寻找替代出口市场。

复次，对煤炭行业而言，中美贸易摩擦加剧对该领域的影响可忽略不计，这是因为中美煤炭贸易的体量相对较小。尽管中国进口炼焦煤中部分产自美国，但假如中国对美国进口煤炭施加一定关税限制，反而会对国内焦煤交易形成一定利好支持。不过，目前美国对中国钢材的关税措施会对中国煤炭行业形成一定间接影响，因为煤炭是钢材的上游品种，若如果钢材出口受限，原料端整体将承压。[②]

最后，在新能源及可再生能源领域，由于美国对华发起的贸易战实际上具有技

---

① 王震，侯萌. 中美经贸摩擦对双边能源合作的影响 [J]. 国际石油经济，2018（10）：5.
② 封红丽. 中美贸易摩擦对能源行业影响及对策研究 [J]. 新能源经贸观察，2018（07）：61.

术遏制的内涵，中国在新能源发展层面承受了许多来自美国的压力。第一，在光电方面，美国对中国太阳能电池和组件增加关税，造成中国光伏产品对美国的出口数量下降，损害中国光伏企业出口利益。第二，在风电方面，风力发电机组也被列入美国增税名单，金风科技和中国船舶重工集团等少数中国厂商受到波及。第三，中国的新能源汽车产业在此次贸易摩擦中受到了明显影响。从美国对华征税清单中可以发现，美国对中国确定的十大高科技产业加以征收关税，而新能源汽车产业正是其中确定的高科技产业之一，被美国重点打压。在美国"301调查"清单中，就涵盖了许多新能源汽车相关产品。近年来中国新能源汽车产业发展迅猛，随着其出口量的不断增长与国际化进程的日益加速，也更加容易受到国际政治经济形势的影响。

（三）能源或成贸易摩擦的重要润滑剂

从关税战开打到达成第一阶段经贸协议，中美贸易摩擦不断升级、边打边谈，呈现严峻性、长期性的特征。在这样的背景下，加强与深化中美能源合作将成为改善中美经贸关系的重要"润滑剂"。此次贸易战的谈判中，深化能源合作具体表现在扩大能源贸易上，后者作为缓解中美贸易不平衡的重要抓手，是中美贸易磋商的重点领域之一，实际上对中美贸易摩擦起到了润滑作用。

能源领域之所以有望成为破解中美贸易战的关键钥匙之一。基于双方的基本能源国家属性，正如前文所述，中美在能源领域的互补性日益增加，加强合作不仅有助于美国开拓海外能源市场，而且有助于保证中国能源供应安全。不过，除了这一基本原因外，两国贸易结构和美国国内政治这两方面因素也在一定程度上增强了能源合作的"润滑剂"作用。

一方面，近年来美国对华存在总体保持较高水平的贸易逆差，而能源合作有助于削减美国对华贸易逆差。根据中国商务部发布的《关于美国在中美经贸合作中获益情况的研究报告》，2018年中美贸易逆差额，无论是中国统计的3 233.3亿美元，还是美国统计的4 191.6亿美元，体量都十分巨大。① 特朗普正是着眼于现存贸易逆差，不断向中国施压，发起一轮又一轮的关税战。而在能源贸易互补性大于竞争性的前提下，中国扩大对美能源进口可在一定程度上有效削减故有贸易逆差、实现合作共赢。按照合理稳健的进口增长率测算，假设2020年中国进口美国原油占中国进口总量的比重可达到8%~13.5%，那么可削减贸易逆差71亿~161亿美元；

① 苏轶娜. 中美能源形势对比及合作建议 [J]. 中外能源，2019 (10)：14.

假设中国进口美国天然气占中国进口总量的比重可达到10%~22%，那么可削减贸易逆差52亿~113亿美元。① 尽管相对于体量巨大的总体贸易逆差，扩大能源贸易带来的缓解是有限的，但却可以充当双方贸易摩擦的"润滑剂"，为双方贸易磋商提供可谈判的实质性内容。

另一方面，加强能源合作也符合特朗普曾对选民许下的竞选承诺，有利于特朗普进一步巩固以及扩大其选民基础。特朗普在竞选期间，就曾承诺在执政之后将着力促进经济增长和创造更多就业，特朗普能源新政正是围绕这一政策目标应运而生。特朗普能源新政具有重视传统化石能源、轻视可再生能源的特征，这主要由于美国选举政治的约束。尽管太阳能发电能够为美国贡献为数最多的能源行业岗位，但这些产业利益集团历来是民主党的重要支持力量。与之相对，宾夕法尼亚、弗吉尼亚和俄亥俄等关键"摇摆州"才是特朗普着力争取的选票仓，这些州作为传统锈带，集中分布大量煤炭工业，这里为数三四万的煤炭工人才是特朗普重要的选民基础，这是特朗普新政旨在振兴煤炭行业的主要原因。而且，特朗普还撤销了对传统能源开采的多项管制，认为这有利于在未来7年内使美国每年多创造1 000亿美元的GDP，创造50万个工作岗位，为工人增加300亿美元的收入。② 在油气方面，特朗普与中国在油气贸易和基础设施建设方面加强合作，实际上也迎合了得克萨斯州能源行业的利益诉求。得克萨斯州作为美国传统的"红州"选区，是共和党的坚实支持力量，同时是美国第一大油气资源开采州。根据美国经济分析署（BEA）数据，2017年得克萨斯州油气开采业实际GDP占全美总值的54.47%，该州由油气开采所创造的就业占全美油气开采总就业的39.68%。

正是由于上述原因，能源贸易在历次中美经贸对话中，始终是谈判桌上的焦点之一。2018年5月19日，中美两国在华盛顿就双边经贸磋商发表联合声明，双方同意有意义地增加美国农业产品和能源出口。2020年1月15日，中美第一阶段经贸协议正式签署。根据协议文本，在2017年基础上，中国2020—2021年将扩大对美国采购和进口制成品、农产品、能源产品和服务不少于2 000亿美元。具体在能源方面，中国将在2017年基数之上，2020年与2021年分别增加美国能源产品进口不少于185亿美元和339亿美元，其中包括液化天然气、原油、石化产品和煤炭。③

---

① 吴凡，桑百川，谢文秀. 贸易摩擦视角下的中美两国能源合作现状、空间及策略［J］. 亚太经济，2018（06）：58-59.

② 付随鑫. 对特朗普政府能源政策的分析与评估. http://www.ciis.org.cn/chinese/2018-01/19/content_40194364.htm.

③ 中华人民共和国财政部. 中华人民共和国政府和美利坚合众国政府经济贸易协议. http://www.mof.gov.cn/zhengwuxinxi/caizhengxinwen/202001/W020200116399420644146.pdf.

当前，中美经贸谈判只是达成了第一阶段协议，鉴于此前特朗普政府在谈判中展现出的强势进攻与反复无常的特点，以及中美贸易战的长期性与复杂性，中美经贸关系的未来走向与后续谈判协议仍然存在许多未知。因此，中国政府应该继续保持战略理性，力图在贸易战变局中打好"能源牌"，既要巧妙发挥出对美能源关税措施的"杀手锏"作用，增加对美博弈筹码，又要把握住中美能源合作这个双方利益交汇点，早日解决中美经贸冲突，为中国经济增长及能源行业发展创造稳定环境。

三、贸易战第一阶段之后：中美能源合作的未来

近年来，随着美国页岩革命的成功与中国经济的不断增长，中美双边能源格局发生了深刻的变化，为深化双边能源合作、实现互利共赢提供了难得的机遇。2018年以来，中美贸易摩擦的不断升级给两国能源合作格局带来了一些变数，不可避免地使双方的能源合作具备更多博弈的色彩。贸易战第一阶段达成的经贸协议以扩大能源贸易为核心，因此在不发生其他变数的情况下，未来中国将从美国进口更多的煤炭、油气及石化产品。然而，仅从能源贸易层次扩大合作是不够的，在未来，中美能源合作需把握机遇、创新模式，在更多能源领域使更多的主体参与合作进程。

（一）朝页岩油气开发与技术合作方向迈进

美国之所以能够从能源消费国转变为能源生产国并加速实现能源独立，离不开页岩革命的贡献，而中国正是由于缺乏先进的页岩油气开采技术，才使得油气对外依存度始终居高不下。实际上，中国的页岩油气资源并不匮乏，根据 EIA 数据，中国技术上可开采的页岩油资源达 32 亿桶，仅次于俄罗斯（75 亿桶）和美国（58 亿桶），位列全球第三，而中国技术上可开采的页岩气资源达 1 115 万亿立方英尺，位列全球第一。[①] 但是，目前中国尚不具备以较低成本大规模商业化生产页岩油气的技术条件，因此加快中国页岩油气开发，能够有效降低中国能源对外依存度，符合中国能源安全的长远利益。

鉴于美国在页岩油气技术处于全球领先地位，积极推进中美页岩油气开发与技术合作，有助于加快中国页岩油气开发进程。具体而言，中国企业应当继续响应"引进来"和"走出去"的号召，一方面积极开展针对美国油气行业的投资并

---

① U. S. Energy Information Administration. Shale oil and shale gas resources are globally abundant. https://www. eia. gov/todayinenergy/detail. php? id=11611.

购，努力参与美国页岩油气开发及技术研发领域，争取通过并购获得美国页岩油气相关技术及人才，另一方面也要欢迎美国企业参与中国油气开采，尤其是页岩油气的勘探开发领域，不仅可以通过技术外溢效果学习美国先进技术，而且有助于营造竞争环境，激发国内企业早日取得技术创新。但是，需要注意的是，在中美战略竞争的大背景下，美国对华战略的主要目标之一就是遏制中国崛起，尤其是防止中国在高端技术领域挑战美国优势，因此中美企业在页岩油气开发技术领域的合作将会遭到来自美国政府的阻碍，尤其是中国企业赴美并购要格外留意可能遭到 CFIUS 的严厉审查。其实，放开美国页岩油气行业对中资的限制，也有利于美国企业的经济利益，与常规油气行业通常由大型国际油气公司和国家油气公司构成不同的是，美国页岩油气行业主要由大量中小型企业构成，资金实力相对较弱，盈利水平较低，迫切需要引入外部资金来扩大勘探和生产。此外，如果美国向中国输出页岩油气技术，也能在中国充分发挥规模经济效益，获得丰厚资金回报。[①]

(二) 不断深化洁净煤技术合作

一直以来，洁净煤技术合作都是中美清洁能源合作的重点之一，在中美清洁能源联合研究中心、能源效率行动计划、中美清洁能源务实合作论坛等平台上，都有双方在洁净煤技术领域的合作计划内容。[②] 对于中美双方实现减排目标而言，发展清洁能源技术具有重要的支撑作用。当前，中国能源消费结构中以煤炭为主的格局还将持续，同时特朗普政府的"美国优先能源计划"明确重振煤炭行业，这给中美双方深化洁净煤技术合作提供了宝贵的机遇。

从资源禀赋出发，中国富煤少油缺气的基本能源状况决定了长久以来煤炭在中国能源消费结构中的主导地位。对于中国而言，尽管如今随着能源消费的日益转型，煤炭在一次能源消费中的占比有所下降，但在未来，以煤炭为主的能源消费结构在相当长时期内仍旧难以发生根本性改变，煤炭仍将占到中国一次能源消费的一半以上。因此，在减少碳排放、保护环境的发展目标下，洁净煤技术的研发和广泛采用对中国发挥着十分重要的作用。而在美国方面，特朗普政府上台之后，结束了奥巴马时期对"肮脏能源"的战争，宣布不再与煤炭"为敌"。特朗普入主白宫后即推出的"美国优先能源计划"，主张大力发展洁净煤技术，明确提出"要重振美

---

① 王永中，周伊敏. 中美油气贸易投资的状况、潜力与挑战 [J]. 国际经济评论，2019 (03)：112.
② 吴凡，桑百川，谢文秀. 贸易摩擦视角下的中美两国能源合作现状、空间及策略 [J]. 亚太经济，2018 (06)：57.

国煤炭行业",并特别指出"美国煤炭行业长期遭受打击"。[①] 在这样的政策引导下,美国各州可以自行确立燃煤电厂排放标准并可以对其进行适当放宽,从而重新振兴美国煤炭行业的发展。因此,结合中国的能源消费现实与美国当前的能源政策导向,双方在洁净煤技术领域的深化合作符合双方的共同利益,具有广阔的前景。中国可以通过借助美国的部分技术优势进一步优化煤炭利用,降低总体能源消费带来的环境污染。而同时美国可以借助中国的广阔市场,重振国内煤炭行业的发展。

---

① The White House. An America first energy plan. https://www. heartland. org/_ template-assets/documents/An％20America％20First％20Energy％20Plan. pdf.

附录：2019 年中国能源国际合作大事记

原苏联地区

6 月 27 日　由中国电建携手哈萨克斯坦最大国有能源开发公司——萨姆努克能源公司控股投资的哈萨克斯坦谢列克一期 60MW 风电项目正式开工建设。建成后年等效发电小时数达 3 800 小时以上，将有效促进哈萨克斯坦电力结构调整，极大地缓解哈萨克斯坦南部地区缺电问题。该项目于 2017 年 9 月列入哈萨克斯坦投资部和中国产业海外发展协会"中哈产能合作重点项目清单"，成为中国电建在俄语区控股投资的首个新能源项目。

8 月 27 日　天津口岸首次装卸亚马尔项目 LNG，"冰上丝绸之路"送来北极天然气。近年来，中俄领导人会面时曾多次提及开展北极航道合作，共同打造"冰上丝绸之路"，"鲁萨诺夫"号正是来自中俄两国大型能源合作项目——亚马尔项目。作为"一带一路"倡议提出后在俄罗斯实施的首个特大型能源合作项目，亚马尔项目于 2017 年正式投产，这个位于北极圈亚马尔半岛的项目是全球最大天然气液化工厂建设项目之一。据了解，俄罗斯将通过这条"冰上丝绸之路"，每年向中国稳定供应至少 400 万吨液化天然气。

中东地区

2 月 22 日　国家主席习近平在北京会见沙特王储穆罕默德，强调两国要加强发展战略对接，加快签署"一带一路"倡议同沙特"2030 愿景"对接实施方案，推动能源等双边务实合作不断取得新成果。双方签署了《中华人民共和国国家发展和改革委员会和沙特阿拉伯王国能源、工业和矿产资源部关于共同推动产能与投资合作重点项目（第二轮）的谅解备忘录》。双方还围绕国际产能合作、新型工业化与石化产业、改善营商环境等议题进行了深入探讨。

7月22日　国家主席习近平在北京同阿联酋阿布扎比王储穆罕默德举行会谈。双方旨在推进高质量共建"一带一路"，巩固和扩大能源领域长期、稳定、全方位的战略合作。会谈后，双方签署《中国国家能源局和阿联酋能源和工业部关于和平利用核能合作的谅解备忘录》等文件。

非洲地区

8月19日　金山大学、比陀大学、南非工业与科学研究理事会（CSIR）与北京化工大学、中国可再生能源学会、中国石油和化学工业联合会6家单位在约翰内斯堡举行新闻发布会并宣布，成立中南清洁能源联合研究中心。该项目是中南两国落实两国元首关于中南科技合作精神，在清洁能源领域开展深度合作的旗舰项目，为推动中南科技创新合作和绿色"一带一路"建设发挥示范作用。

3月7日　中国电建承建的津巴布韦最大电力能源工程——旺吉扩建工程7号机组主厂房第一方混凝土浇筑仪式在施工现场举行，这标志着该机组正式开工建设。该项目是"投建营"一体化项目典范，也是中国第一个使用优买贷款融资的投建营一体化项目，标志着中非基础设施合作进入了新时代。

亚太地区

9月20日　中国-东盟博览会的重点专业论坛"2019中国-东盟电力合作与发展论坛"在南宁召开。本届论坛的主题是"'一带一路'引领中国-东盟电力合作新机遇"，针对中国和东盟能源国际合作机制、"一带一路"沿线国家清洁能源发展前景、区域能源互联等议题展开交流讨论。致力于为中国和东盟国家能源电力项目、业务合作和信息往来搭建高效互动平台，对落实国家"一带一路"倡议，促进中国和东盟各国实现多层次、多领域能源合作起到积极作用。论坛同期，还召开了由中国南方电网有限责任公司主办的第六届澜湄国家电力企业峰会和首届澜湄区域电力合作中资企业沟通合作峰会，取得了实效成果。

12月6日　由中国电建投资开发的澳大利亚塔斯马尼亚州牧牛山风电项目举行首批风机并网发电仪式。这标志着中国电建进入发达国家的首个投资项目顺利投产，也为中国电建海外投资实施新能源发展战略辟出新路。牧牛山风电项目位于塔斯马尼亚州中央高地，总投资约3.3亿澳元（约合15亿元人民币）。项目总装机容量为148.4MW，通过4千米220KV输电线路与澳大利亚国家电网连接，投产后年均上网发电量约4.4亿度，可为超过6万个家庭提供优质清洁能源，并可创造数千个就业岗位。

美洲地区

4月13日　中国驻牙买加大使田琦与牙买加外交外贸部长约翰逊-史密斯代表

两国政府，在牙买加首都金斯敦签署《中华人民共和国政府与牙买加政府关于共同推进丝绸之路经济带和 21 世纪海上丝绸之路建设的谅解备忘录》。截至 2019 年 4 月，与中国签署双边协议的拉美国家共有 19 个，约占 34 个拉美国家的 56％。

11 月 4 日　为抗衡"一带一路"，美国启动"蓝点网络"（Blue Dot Network）计划。在此次东盟峰会期间，美国推动召开了平行会议"印太商业论坛"。在这个 1 000 人参加（包括 200 多名美企高管）的论坛上，美国海外私人投资公司（OPIC）宣布启动"蓝点网络"计划。OPIC 发布的声明称，"蓝点网络"将根据"普遍接受的原则和标准，对提名的基础设施项目进行评估和认证，以促进印度太平洋地区和世界各地市场驱动的、透明的、财政可持续的基础设施发展"。

欧洲地区

4 月 4 日　国家能源局局长章建华在北京会见英国石油（BP）集团首席执行官戴德立一行，双方就 BP 扩大在中国的业务发展、与中国企业在"一带一路"沿线国家的合作，以及中国最新能源政策等议题交换意见。

11 月 11 日　国家电网有限公司董事长寇伟与希腊国家电网公司（IPTO）董事长兼首席执行官马诺斯共同签署了《希腊克里特岛联网项目股权投资意向协议》，促进电力基础设施互联互通，深化中希能源领域务实合作，服务和推进"一带一路"建设。

图书在版编目（CIP）数据

中国能源国际合作报告. 2019/2020：厚积薄发的中国能源发展 / 许勤华主编. --北京：中国人民大学出版社，2022.9

（中国人民大学研究报告系列）

ISBN 978-7-300-30969-9

Ⅰ.①中⋯ Ⅱ.①许⋯ Ⅲ.①能源经济-经济合作-国际合作-研究报告-中国-2019－2020 Ⅳ.①F426.2

中国版本图书馆 CIP 数据核字（2022）第 162410 号

中国人民大学研究报告系列
中国能源国际合作报告 2019/2020
——厚积薄发的中国能源发展
主　编　许勤华
Zhongguo Nengyuan Guoji Hezuo Baogao 2019/2020
——Houji Bofa de Zhongguo Nengyuan Fazhan

出版发行	中国人民大学出版社			
社　　址	北京中关村大街 31 号		**邮政编码**	100080
电　　话	010－62511242（总编室）		010－62511770（质管部）	
	010－82501766（邮购部）		010－62514148（门市部）	
	010－62515195（发行公司）		010－62515275（盗版举报）	
网　　址	http://www.crup.com.cn			
经　　销	新华书店			
印　　刷	北京昌联印刷有限公司			
规　　格	185 mm×260 mm　16 开本		**版　　次**	2022 年 9 月第 1 版
印　　张	13.75 插页 1		**印　　次**	2022 年 9 月第 1 次印刷
字　　数	244 000		**定　　价**	68.00 元